# 東と西の宇宙観

# 西洋篇

荒川 紘
Hiroshi Arakawa ……………… 著

紀伊國屋書店

**口絵1◆** マクロビウスによる『スキピオの夢』注釈本の挿図(14世紀)。ローマとカルタゴの建物が見える地球のまわりには惑星と恒星の天球と天の川が描かれている。人物像はスキピオの夢に現われた祖先たち
(Michael Hoskin ed., *Cambridge Illustrated History of Astronomy*, Cambridge University Press)

**口絵2◆** イスラムの大アーミラリ天球儀と天文家たち。16世紀の写本より
（Michael Hoskin ed., *Cambridge Illustrated History of Astronomy*, Cambridge University Press）

# はじめに

人間の生き方を根底から問い直さねばならない現代において、宇宙観の歴史を学ぶ意義は小さくない。神話や宗教が支配していた時代にはもちろん、科学の時代を迎えても、宇宙についての思索は人間の生の探求とも不可分のことと見られていた。そうであれば、宇宙観の歴史は、われわれの生き方についてもわれわれの気づかない貴重な示唆を与えてくれるのではなかろうか。

パスカルの言葉を借りれば、宇宙は私を一つの点のように包みこんでいるのだが、考えることによって、私は宇宙を包みもする。宇宙は生きる人間の心の中にもあるのだ。人間というのはか弱い葦ではあるが、それでも人間であるかぎり、宇宙を思索することのできる「考える葦」である。しかも、過去に生きた人々に抱かれていた宇宙観も学べるという強みをもつ。そこで、この私という葦も、夜空の星を観測した人々だけでなく、心の眼を宇宙にむけた人々の証言をもとに、西の宇宙観がどのような展開をたどってビッグバン説にゆき着いたかについて考えてみたい。

宇宙観の歴史もシュメールからはじめることができる。前三〇〇〇年ごろに最初の都市文明をメソポタミアの地に築き、文字を発明したシュメール人は、どのようにして天と地が生まれたかを語る神話を粘土板の文書に残してくれた。宇宙観の歴史は文明の歴史とともに古い。シュメール人の宇宙観はシュメール文明を引き継いだバビロニア人に継承され、バビロニアの叙事詩『エヌマ・エリシュ』に書き留められた。そこには、バビロンの英雄神マルドゥクが水の神ティアマトを二つに切り裂いて天と地からなる宇宙を造りだしたという壮大な宇宙創成の神話が描かれていた。そうして生まれた宇宙は、深海に浮かぶ円盤の大地を天が覆う巨大な宇宙であった（第1章）。

バビロニアの衰退とともに『エヌマ・エリシュ』の物語も忘れられてしまう。しかし、バビロニアの宇宙創成論はユダヤ教に受け継がれる。遊牧生活からパレスティナの地に定住、農耕と牧畜に生きたユダヤ人はバビロニアの宇宙創成の神話を民族の神の信仰と結合させ、旧約聖書の『創世記』をつくりあげた。そこでは、「初めに、神は天地を創造された」と宣せられる（第2章）。

地中海の対岸において商工業を経済の基盤にポリス社会を形成したギリシア人はバビロニア人から水に浮かぶ円盤の大地の観念を学び、そこから宙に浮かぶ地球のまわりを天体が回転するという天球地球説の宇宙論を手にする。そこでは対称性という美の秩序が宇宙の原理とされた。地動説も唱えられはしたが、地球を中心にして太陽と月をふくむ惑星と恒星の同心的な天球が同心的に回転するというアリストテレスの宇宙論がギリシアの宇宙論の本流となった（第3章）。

前四世紀になると、ギリシアの宇宙論は科学の中心地となったエジプトのアレクサンドリアで新しい展開をみせた。精密な天体の観測と数学の応用によって天体の構造と運動を詳述する科学的な宇宙論が生まれる。それを大成したのがプトレマイオスである。建築や土木技術を発展させたローマ帝国では科学的な宇宙論には関心がよせられなかった。天体の観測は暦の作成や占星術のためだけでよい。そのかわり、ストア学派のような宇宙を人間の生き方とむすびつけた哲学が人々の心をとらえた（第4章）。

しかし、やがてローマ帝国を席巻するのはユダヤ教を母体に生まれたキリスト教である。ローマの皇帝崇拝はもとより、科学的な宇宙論もストア学派の哲学も追放された。そして、ユダヤ教の神とキリストにたいする信仰が長くヨーロッパを支配する。全能の神が天地万物を創造したのであり、この世の終末のときにはキリストが審判者として全人類を裁くと信じられていた（第5章）。

十二世紀、イスラム教徒のアラビア人のものとなっていたアリストテレスやプトレマイオスの宇宙論がヨーロッパに回帰し、キリスト教の宇宙創成論とギリシア科学の宇宙構造論が統合された。ここが西洋的宇宙観の山であり、これによって西洋的宇宙観の基本が成立したといえる。要約すれば、宇宙は神によって無から創造されたのであるが、その宇宙というのは階層的な構造をもつ美的な天球地球の宇宙である。源流はメソポタミアの宇宙論にさかのぼれても、様相を一新させた宇宙論の出現であった。それは、ローマ教会を頂点とするキリスト教の階層的社会を象徴する宇宙、ギリシアの宇宙論は復活はしたが、主役はキリスト教の神である。科学はあくまでも「神学の侍女」、ユダヤ的なものがギリシア的なものを従える。壮麗な宇宙もそれを創造した神を称えるためである。神の全能性が宇宙の原理とされた（第6章）。

市民が主役となるルネサンスの時代をむかえて、宇宙の主役も交替する。侍女であったギリシアの科学の自立が人間の神からの解放への道を開いてもくれた。ギリシアの地動説も復活、キリスト教と不可分となっていた天球地球の宇宙論を放逐する。コペルニクスからニュートンまで、天地の創造者や維持者としての神はみとめられても、陰の役にすぎなくなる。宇宙はあたかも錘りやゼンマイで動く機械時計、時計師である人間と時計を動かす科学の法則がすべてと考えられるようになる（第7章）。

ギリシア的なものがユダヤ的なものに勝利した。現代の科学者もギリシアの自然哲学者がそうであったように宇宙に美の秩序を発見することにつとめる。宇宙の創成と構造を統一的に説明する理論を発見、ビッグバン宇宙論への道を開いたアインシュタインも生涯を宇宙の美の追求に賭けた物理学者であった。そうであっても、アインシュタインを無神論者とはいえない。「神即自然」を唱えたスピノザに共感をしめしていた。宇宙に美と神をみとめる西洋的宇宙観の継承者だったのである（第8章）。

しかし、科学は地上の自然を自由に加工し、制御する有効な手段として威力を発揮するが、この科学技術の世界では美も神と関わることはない。全能の神の地位をしめるのは、「神学の侍女」であった科学となる。その科学は「技術の侍女」として近代ヨーロッパに生まれた資本主義にとりこまれ、それによって、さらに強力なものとなった。いまや、人間を神から解放するための手段となった科学は全地球をまきこんだ経済的戦争のためのすぐれた武器となった。それは勝利者をかぎりなく豊かさにせる。が、地球の半分を飢えに苦しむ土地に変えた。グローバル化とは地球全体を醜い惑星に変えることであった。

地球にどうしたら本来の美と真の豊かさをとりもどせるのか。物と金の信仰からぬけだせるのか。それを教えてくれるのが、宇宙観の歴史ではないのか。それは物と金だけに生きたのではない人間がのこしてくれた歴史でもあるのだ。私は宇宙観の探求にそのような意義も見ようとしている。

# 東と西の宇宙観
# 西洋篇

目次

◆東と西の宇宙観　東洋篇　目次



造本・装丁　妹尾浩也（iwor）

# 東と西の宇宙観

# 西洋篇

# 第1章　神々の天地――メソポタミア神話の宇宙観

　前三〇〇〇年ころ、遥かな平原のつづくティグリス川とユーフラテス川の下流域を占めるシュメールの地に、キシュ、ウルク、ウル、ニップール、ラルサ、ラガッシュ、ウンマなど多くの都市国家が出現した。

　日干し煉瓦でつくられた建物が立ち並ぶ都市のなかで目立つのは巨大な角錐状の塔ジックラトである。近くには都市の守護神を祀る神殿と王の住む宮殿が建ち、そこでは神官、役人がはたらいている。戦士がおり、葦のペンで楔形文字を粘土板に刻んで文書をつくる書記もいた。

　神殿や王宮の周辺には、商人のほか、陶工、鍛冶工、金細工師、車大工、家具師などの職人が住む。陶工は轆《ろく》轤《ろ》をつかい、鍛冶工は銅に錫を混ぜた合金の青銅を材料にして、道具や武器を製造していた。通りには原料や製品を運ぶ牛や野生のロバのひく二輪車が往来し、近くを流れる川や運河には瀝青《れきせい》（アスファルト）で防水をほどこした葦製の船が航行する。

　ギリシアの都市国家ポリスを思わせる風景であるが、ギリシアとはちがってシュメールの都市国家の主権は神にあった。その神の代理者とされた王が行政と軍事を掌握していたのである。そのため神殿は政庁でもあり、都市の商工業を支配していただけでなく、都市のまわりには広い耕地を所有していた。そこでは、自作農のほかに、神殿に所属する農民が耕作に従事する。畑を起こすのには牛のひく鋤《すき》もつかわれたこのような都市では神々を称える神話が語られており、書記はそれを粘土板に記していた。地中から発掘された粘土板の文書には、天の神アン、大気の神エンリル、水の神エンキ、大地の女神ニンフルサグなどが登場し、天地や人間を創造した物語も含まれていた。ノアの箱舟の原型と推察される洪水神話を記した粘土板も出土した。人類最古の宇宙論はシュメールの大地に埋もれていたのである。

シュメールが衰退したのち、アラビア出身のセム系の民族がメソポタミアに侵入、前二〇〇〇年の少し前ごろからバビロニア人の勢力が拡大、ハンムラビ王の時に版図を最大に広げた。使用する言語がアッカド語に変わっても、それを表記するのにはシュメール人の楔形文字をつかった。宇宙論もシュメールの宇宙論を継承、宇宙の創成を語る『エヌマ・エリシュ』が生まれ、それを粘土板に記していた。バビロンの主神マルドゥクが水の女神ティアマトを殺害して天と地を創成、また神の血から人間をつくったという壮大な神話である。それは、バビロニアの帝国の成立を物語る神話でもあった。

『エヌマ・エリシュ』は天と地からなる宇宙の構造も語る。円形と考えられていた大地の上空を丸い天が覆い、天には地上に命をくだすアヌ（シュメールのアン）のもとに多数の神々が住む。その天と地を結ぶと考えられていたのがジックラトであった。隣りには、マルドゥクを祀る神殿エ・サギラがあり、バビロニアの王はマルドゥクに守られて政務を執った。宇宙観は国家体制と不可分のものと考えられていた。

『エヌマ・エリシュ』に見られるメソポタミアの宇宙論はユダヤ教とギリシア科学にも大きな影響をあたえ、そうして西洋の宇宙観の原型となった。現代世界を支配する西洋的宇宙観の性格を考えるためにも、私たちはメソポタミア人の宇宙観にまで立ち戻らねばならない。

# 1　宇宙論もシュメールにはじまる

## 最初の都市国家

メソポタミアでも前五〇〇〇年ころまでさかのぼると、世界の各地に見られた新石器時代の農村と変わらない風景が見られた。ティグリス川とユーフラテス川の中流・下流域の村落では、ウバイド人といわれた人々が、大麦・小麦・野菜の農耕や羊・山羊・牛の牧畜に従事していた。北の丘陵地帯に住んでいた人々がメソポタミアに移動、平地での農業をはじめたと見られている。

しかし、都市国家をつくりだしたのはウバイド人ではない。ウバイド人に一〇〇〇年以上遅れて山岳地帯からメソポタミアに到来、ティグリス川とユーフラテス川の下流地帯に移り住んだシュメール人であった。そこには二つの川が肥沃な土を運んでくれたが、ときおり起こる洪水は耕地と住宅を呑みこんでしまう。そこで灌漑が必要となった。両河に堤防を築いたうえに、運河を掘って耕地に水を引き込んだ。こうしてメソポタミアの地に広大な沃地が生み出された。運河は洪水のときの氾濫を防ぐ役割も果たし、物資を運ぶ舟の航行にも利用された。堤防や運河の建設工事、毎年おこなわねばならない浚渫作業、そのためには、組織化された共同体が必要となった。大河とともに生きるための大規模な水利事業の必要性がシュメール人を都市国家の形成に向かわせたのである。

そうして肥沃な耕地が出現したが、メソポタミアは資源が乏しい土地であった。資源といえるのは楔形文字も生んだ粘土と葦。金属や宝石だけでなく、石材や木材もほとんど産しなかった。それを外国に求めねばならない。そのときにも二つの川と運河は役に立った。家具や容器のための木材は北のレバノンから陸路とユーフラテス川

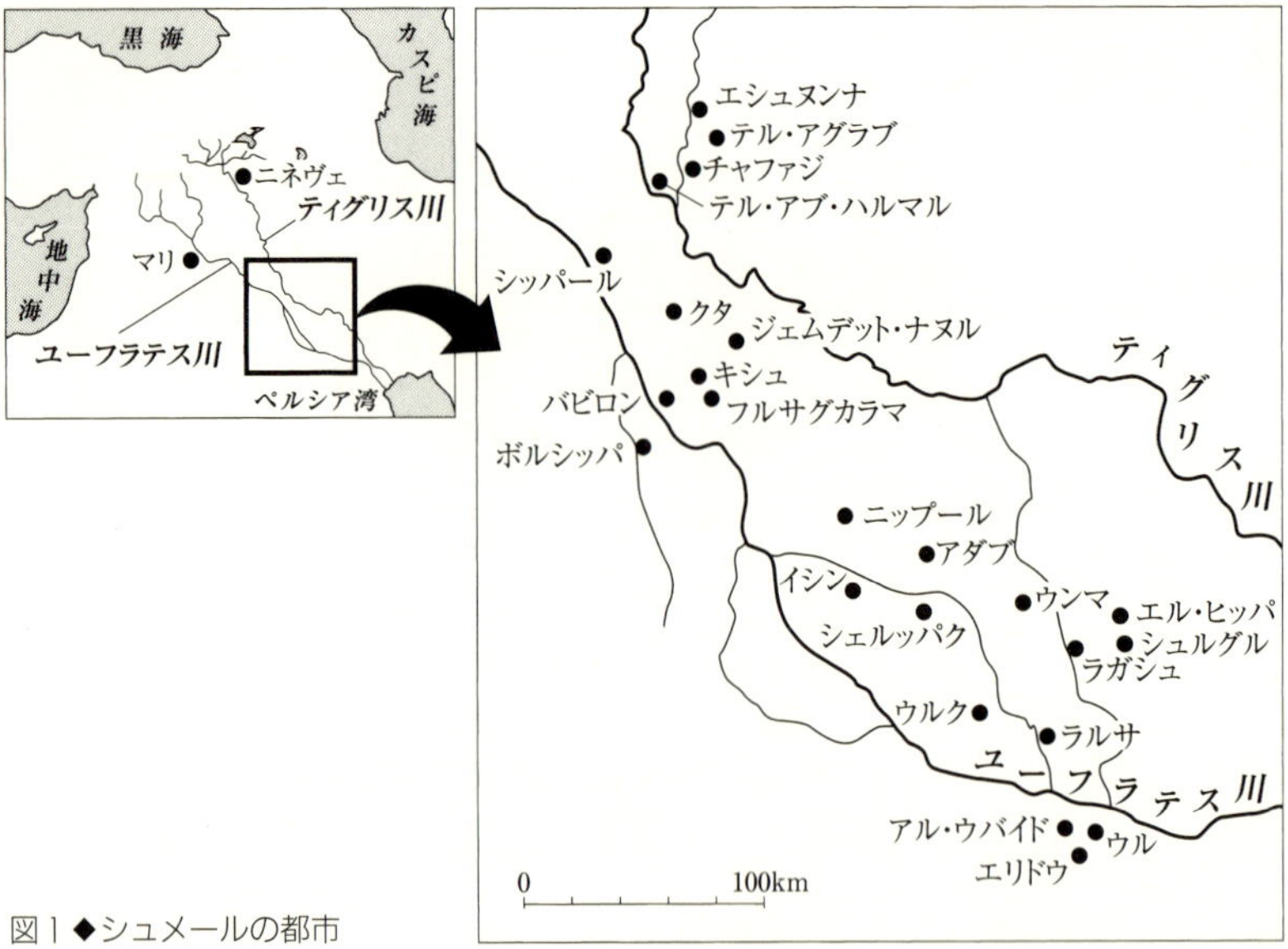

図1◆シュメールの都市

を利用してメソポタミアに運ばれた。銅は東のエラム(イラン高原)と小アジア(トルコ)から、スズはシリア方面から、銀は黒海のクリミア地方から手に入れた。金や宝石も遠方からもたらされた。シュメール人が愛好した青い宝石のラピスラズリはエラム産のもののほか、インドやアフガニスタンからも運ばれてきた。

シュメール人はメソポタミアの地で生産された余剰の穀物、ナツメヤシ、羊毛などと交換交易をしただけではない。輸入した材料を加工して作られた、家具、容器、牛やロバの車、農具、青銅製の武器、象眼細工、楽器などを各地に輸出していた。シュメールの特産といえる印章もエジプトやインドに運ばれた。[◇1] そして、工業と商業がシュメールの都市を発達させた。都市は川や運河にそってつくられ、波止場が設けられていた。

シュメールの都市文明を象徴するのが文字の発明である。シュメールの時代の三〇〇〇年ころまでには粘土板に葦のペンで描かれた絵文字が発生、二八〇〇年ころには楔形文字に発展する。商業活動での必要性から生まれたのであろうが、国家行政のためにも文字は有効であったにちがいない。専門の書記が生まれ、書

(a)

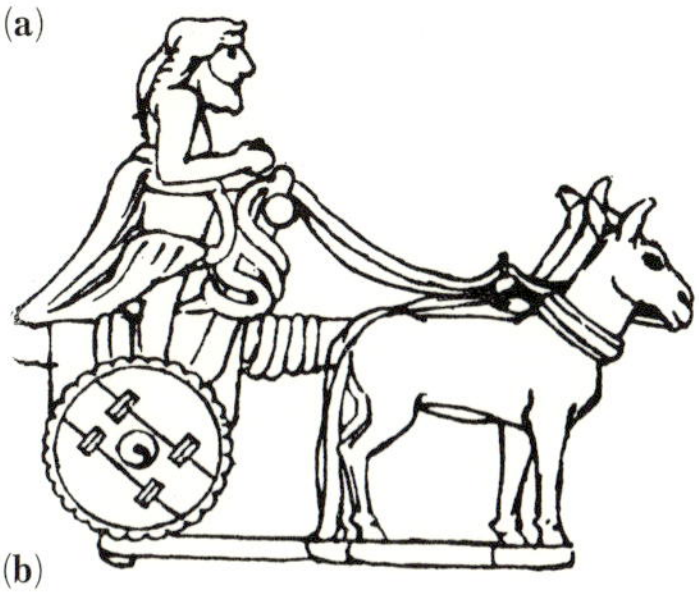

(b)

図2◆野生のロバのひく戦車。シュメール、前3千紀。(a)モザイク「ウルのスタンダート」に描かれた四輪車、(b)銅製模型の二輪車(Ch. シンガー『技術の歴史2』筑摩書房)

記を育成するための学校も各地に存在していたようである。[◇2] やがて、シュメール人は歴史の舞台から姿を消すが、粘土と葦というどこでも手にできる材料を手段とする楔形文字はその後にメソポタミアを支配した人々にも受け継がれ、また北方のウガリットやヒッタイトにもとり入れられて紀元前後まで使われつづけた。

## シュメールの統一王朝

シュメールの各都市には聖塔ジックラトが建造され、都市の守護神を祀る神殿がつくられた。守護神は都市によってまちまちで、天の神アン、大気の神エンリル、水の神エンキ、豊饒の女神ニンフルサグなどの神が知られている。都市は神主権の共同体であって、神の代理者とされた王が行政と軍事を掌握する。もちろん、実力で政権を獲得した王が、その正統性を守護神にもとめたのである。

これらの都市国家間の関係はつねに平和的であったのではない。抗争もあった。それに、堤防や運河の工事の規模も大きくなる。とくに、永続的な耕作により生じた土地の塩化が運河の拡大を余儀なくさせた。[◇3] そのためには、諸都市が統一されねばならない。

シュメールの都市が統一にむかったのが初期王朝時代（前二九〇〇―二三五〇）とよばれる時代である。シュメールの一都市ウンマに起こったルガルザゲシは隣国のラガシュを征服、ウルクその他をうち従えてシュメールを統一、その領土をティグリス川とユーフラテス川の上流にまで拡大した（図1）。この統一にはシュメールで開発された牛や野生のロバの牽く車が戦車としてもその威力を発揮した[◇4]（図2）。

シュメールを統一したルガルザゲシはシュメールの最高神となったエンリルから「ウルク王、（シュメールの）国土の王」との王号が授与された[◇5]。諸都市を統一した王が出現するのに対応して、神々にもヒエラルキーが生まれ、アンとエンリルが最高神の座にすわるようになった。シュメールの王はアンやエンリルから委任されたとされたことで、絶対的な権限を行使できたのである。

ところが、やがて北から東セム系の遊牧民アッカド人のサルゴンが新しい武備を装った部隊を率いてシュメール方面に進出、ルガルザゲシを破ってメソポタミアを統一、首都をアッカドとするアッカド王朝（前二三五〇―二一〇〇）を打ち立てると、シュメールは戦闘力にすぐれた遊牧民のまえに屈する。その版図は「上の海から下の海まで」つまり地中海からペルシア湾までの全メソポタミア、それに東のエラム、ペルシア湾の西岸、小アジアのハリス川流域にまでおよび、シュメールを凌駕する帝国を築く。公用語はシュメール語からセム系のアッカド語にかわるが、文字をもたなかったアッカド人はシュメール人が発明した楔形文字を借用した[◇6]。

サルゴンは「全土の王」つまりシュメールとアッカドの王を名乗ったが、その四代目の王ナラムシンは「全土の王」に代えて「四方世界の王」と称した[◇7]。全世界を支配する王の意味である。王の称号もしだいに拡大する。

アッカドの王朝も二〇〇年の治世ののち、東北の山岳地から侵入した民族グティムに滅ぼされる。グティム支配の約一〇〇年の間にラガシュを中心に活躍するグデア王の登場も見られたが、やがて混乱期を迎えると、シュメール人が蜂起、グティムを追放して、ウルナンムがウルを首都とするウル第三王朝を建てた（前二一〇〇―二

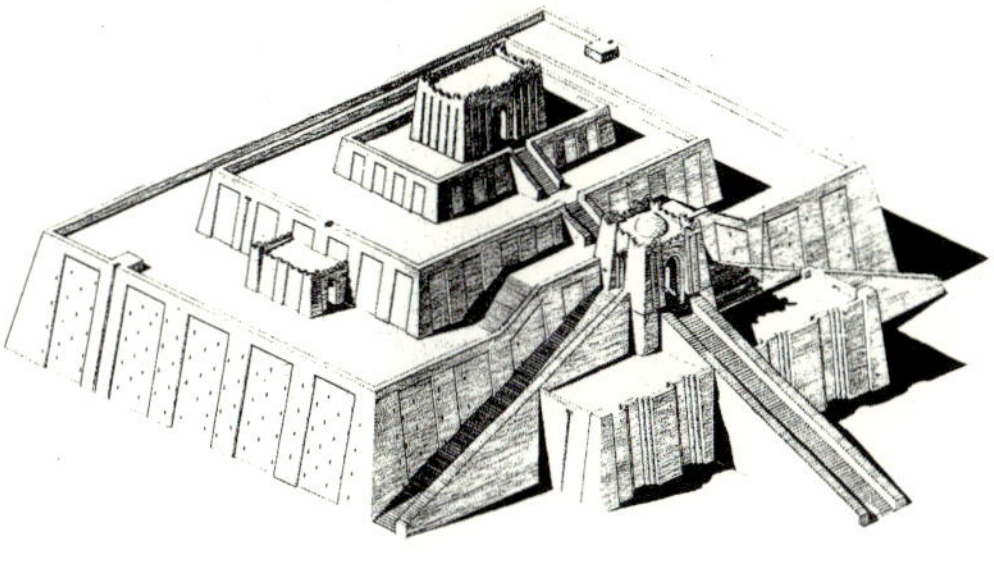
図3◆ウルのジックラト・復元図。基盤の大きさは61×46メートル（Ston Lloyd, *The Archaeology of Mesopotamia,* Thames and Hudson）

〇〇四。初期王朝時代にウル第一、第二王朝があった）。ウルナンム王は「四方世界の王」ではなく、「シュメールとアッカドの王」を王号としたが、二代目の王からは「四方世界の王」にもどる。

セム系の民族の攻勢をはねのけてメソポタミアを再統一したシュメールの新王朝は、その版図の大きさだけでなく、王権の理念と制度を確立したという点でメソポタミア史の頂点をなす時代であった。度量衡と暦の統一事業もすすむ。王宮はウルに置かれ、ジックラトが築かれた（図3）。しかし、最高神エンリルはニップールに祀られていた。

神々への信仰に生きたシュメール人は、シュメール人の宇宙観を物語る神話を残してくれた。その宇宙観も農耕の時代から都市国家、統一王朝の時代と変遷するにしたがって変化する。宇宙観も国家の体制を反映していたのである。

## 豊饒の女神ニンフルサグと水の男神エンキ

セム系の民族の侵略をうけながらも、人類最初の都市文明を築いたシュメール人はみずからの生きる世界をどのようにみていたのか。他の新石器時代の農耕民たちもそうであったように、メソポタミアで農耕をはじめたシュメール人の目は大地にむけられていた。先住のウバイド人たちも豊饒を願って大地母神像を製作していたが、遅れてメソポタミアの地に進出したシュメール人も豊饒の女神を信仰する（図4）。シュメールの神話で伝えられてきた大地母神にはニンフルサグやイナンナがある。ケシュ、ラガッシュ、アル・ウバイドの守護神であったニンフルサグの意味は山の女主人、ニンマー、ニンスィキル、ニントゥ、それにダンガルヌンナといった多くの名が伝わっているのは大地母神がメソポタミアの広い地域で古くから信仰されたためであろう（図5）。イナンナはのちのバビロニア時代に愛の神イシュタルと同一視された女神である。ウルク、マリ、ニネヴェなどで信仰されていた。

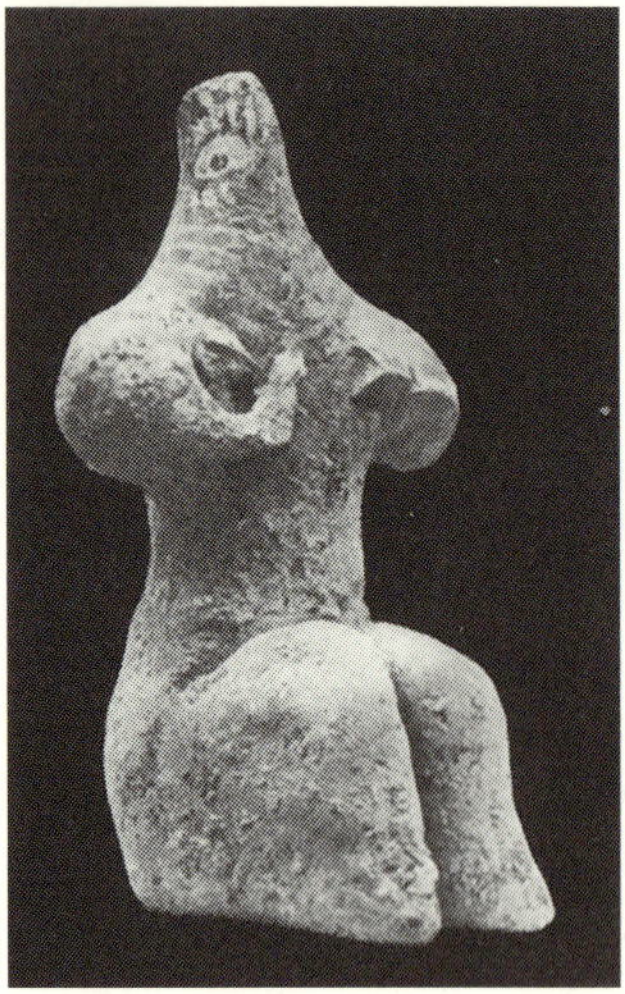

図4◆メソポタミア出土の大地母神像。ウバイド期（『世界考古学大系10』平凡社）

豊饒の女神であるニンフルサグの語る神話に『エンキとニンフルサグ』がある。神話の舞台は「浄《きよ》く、輝く土地」のディルムンで、聖書のエデンの園の原型とみられることもある。そこに、ニンフルサグは夫である水の神のエンキと一緒に住む。ところが、ディルムンには水がない。そこで、ニンフルサグは「あなたの町を国土の穀物倉とするように！」とエンキに水を供給するように懇請する。そこで、エンキは大地から水を湧き出させた。その結果、『エンキとニンフルサグ』はいう。

彼女（ニンフルサグ）の町は国土の穀
　物倉となった。
ディルムンは穀物倉となった。

図5◆中央の雨のなかに立つのが大地母神ニンフルサグ。円筒印章（S. H. フック『オリエント神話と聖書』吉田泰訳、山本書店）

図6◆一番右側が水の神エンキ。円筒印章（S. N. Kramer, The *Sumerians*, The University of Chicago Press）

ニンフルサグは大地の女神であるが、豊饒をもたらしてくるのは水の男神のエンキとされている（図6）。主役が女神から男神へ交替している。

この神話には、メソポタミアにおける農耕技術の革新が反映していると思われる。そこに記されているように灌漑が欠かせなかったのであり、そのためには、国家的な権力のもとでの作業が必要となった。ティグリス川とユーフラテス川の下流域に、ウルク、ニップール、ラガッシュ、ウル、キシュといった都市国家が形成された背景には灌漑の拡大があった。水の神エンキは知の神ともされているが、それは、農業用の水が人間の知恵、つまり政治権力と技術によってもたらされた水であることを示唆している。

## シュメールの宇宙論――エンリルによる天地の分離

しかし、統一王朝が成立するとともに、エンキの地位はアンやエンリルにとって代わられる。アンやエンリルが全シュメールの最高神としてシュメールの王の任命者となった。それとともに、アンとエンリルが天地の創成にかかわる神話が語られるようになる。

シュメールの神々の一覧を記す粘土板には、「海」をあらわす女神ナンムウが天地を生んだ母なる神として記載されている。[8] シュメール人は天と地は原初の海から創られたと考えていた。しかし、『家畜と穀物』に「天と地の山の上で」と述べられているように、分離以前は天と地はひとつの山であったらしい。この山の二分については、『エンリルと鶴嘴の創造』に、

有用なものをもたらす主、
そのみこころを変えることなき主、
地中から〈国〉の種子を芽生えしむるエンリルは、
地を天から離そうと企てた。

とある。[9] 天と地を分離したのはエンリルであった。

ここから、クレーマーはシュメールの宇宙の創成をつぎのようにまとめた。はじめに原初の海があった。そこに天と地を孕《はら》む宇宙的な山が生じた。その天の神アンと地の神キとの子として生まれた大気の神エンリルが、天と地を分離した。天地の創造神をエンリルと見たてたのは、天と地のあいだに大気が存在することに対応するとともに、分離の原因を嵐として荒れ狂う大気の威力によるとみていたからのようだ。[10]

「海」の女神ナンムウは大地母神ニンフルサグと一体の神であり、豊饒の大地としてのニンフルサグは「海」であるナンムウの上に浮かぶともみられていた。ニンフルサグの配偶神となるエンキはナンムウの子ともみられる。[11]

この天と地について、『ギルガメッシュとエンキドゥと冥界』は、

天が地から移り去ってのち、
地が天から分かれたのちに、
人間の名が定められたのち、
（天の神）アンが天を運び去ったのち、
（大気の神）エンリルが地を運び去ったのち……

と記す。[12]アンは天を運び去り、エンリルは大地を運び去った。天と地の分離を語る神話であるが、大気の神のエンリルの登場とともに天の神のアンが登場することに注目いただきたい。

天地の創成がアンとエンリルの力によるものであれば、この両神が統一王朝に王権を賦与する権能をもつとみなすのは自然の理であろうか。天と地の創成を語る神話が統一王朝の成立と結びついていることを物語る。荒地を灌漑して肥沃な土地に変え、それによって都市国家が誕生したことを背景にして大地母神のニンフルサグと大地と水の神のエンキをめぐる神話が生まれたが、より大規模な灌漑が必要となり、そのためにメソポタミアの広大な領域を支配する中央集権的な統一王朝の成立がもとめられたとき、その強大な権限を反映して、アンとエンリルによる天地創成の神話が生まれたと推察される。そのとき、天の神のアンは権威の象徴であり、天地を分離したエンリルは権力の象徴であって、統一王朝の王は王権をアンやエンリルから授与されるようになった。

天地の思想は中央集権的国家の産物ともいえる。こうして、メソポタミアでは国家は宇宙のミニュチュア、天が地上を支配する「宇宙国家」であった。[13]国家の体制は神々のヒエラルキーに対応する。

### 人間の創造

大地母神のニンフルサグは人類を創造した神でもあった。ノアの洪水の原型をいまに伝える『洪水伝説』では、アン、エンリル、エンキとともにニンフルサグが人間を創造した神であると語る。そこでは創造の方法については記されていないが、ニンフルサグと同一神であるナンムウについて語る神話の中で、人間は海に漂う泥土からつくられたとされる。[◇14]その目的は、神にかわって働くためである。神話の『人間の創造』でも、

「天地の紐《ドウルアンキ》」にあるウズムアにおいて、
あなた方は二人のラムガ神を殺して、
彼らの血でもって人間を造るのです。
（今まで）神々が（になってきた）仕事は（今や）彼ら（人間）の仕事でありますように。

と、人間の創造は神々の労役の軽減のためであったことを語っていた。

『家畜と穀物』とよばれる神話でも、「彼ら（神々）の清き羊の群、この佳《よ》きものを世話するために、人間に生命の息吹が与えられた」とある。[◇15]苛酷な労働に従事せねばならない小作人や農奴についての神話である。神の血から造られた人間は、神々とその代行者である王のために働かねばならない。

### 人類の絶滅——洪水神話

人類創造の神話の一方で、人類の絶滅を語る神話も伝えられていた。神は大洪水を引き起こし、一握りの人間をのぞいて滅ぼしてしまう。シュメールの『洪水伝説』では、アン、エンリル、エンキ、ニンフルサグによって

図7◆肩から光を放つ太陽神ウトゥが山の間（門）から現われる。円筒印章（A. Heidel, *The Babylonian Genesis*, The University of Chicago Press）

創造された人間の滅亡が回顧されているのだが、その様子は、聖書のノアの箱舟とよく似た内容である。神々は洪水を起こして「人類の種（子孫）」を滅ぼすことを決定する。粘土板が破損していて読みとれない部分に、謙虚で従順な王のジウスドゥラにだけ船の建造を示唆した話が載っていたと推測されている。

洪水が〈首都〉の上を暴れすぎた。
七日七晩、
洪水が国中で暴れすぎてから、
（そして）巨船が洪水の上を大風によって（あちらこちらと）
吹き漂わせてから、太陽が昇ってきて、天地に光を放つ。
ジウスドゥラは巨船に窓を開いた。
英雄ウトゥは彼の光線を（その）巨船の奥深くさし込んだ。

ジウスゥドラらは助けられ、「人類の種」が救われる。ジウスドゥラはアンとエンリルによって神と同じような永遠の命をあたえられ、太陽の昇る東方の地ディルムンに住まわされる（図7）。

そのとき、王であるジウスドゥラ、
動物と人類の種を救済した（彼を）、

（海を）渡った土地ディルムンの山、太陽の昇る土地に彼らを住まわせた。

ディルムンは『エンキとニンフルサグ』で「浄く、輝く土地」と詠《うた》われた土地であり、水の神エンキと大地母神ニンフルサグの夫婦神が住んだところでもある。ノアの箱舟とおなじく、人間の滅亡を語りながらも、人類（と動物）の復活をかたる神話でもある。この洪水神話はより完全なかたちで、バビロニアの叙事詩『ギルガメシュ』のなかに伝えられる。

## シュメールの滅亡

一世紀ほどで、シュメールのウル第三王朝も衰退、滅亡してシュメール人は歴史の舞台から退場する。その原因のひとつが、南メソポタミアでは耕地が長いあいだ使用された結果による土地の塩化とみられている。バビロニアの神話『アトラ・ハーシス物語』に、「黒い田畑は白くなり、広大な草原は塩で枯れてしまった」と述べているように、耕作にとって塩化は致命的で、麦の生産力は極度に低下する。土壌の塩化を食い止めるにはつねに水を流しつづけねばならない。そのため、以前にまして大規模な灌漑の整備が必要とされた。それでも、南メソポタミアの生産力は低下する。

その結果、農業の中心は北に移るが、そこで力をつけてきたのが、前三千年紀の末にメソポタミアに進出してきていた西セム族（シリア砂漠の遊牧民）のアムル人、つまりバビロニア人であった。彼らは傭兵や農耕者として定住し、群雄割拠の小国家を築く。なかでも優勢であったのは南メソポタミアのイシンとラルサであった。そして、第五代の王イビシンは東方のエラムに捕らえられ、前二〇〇四年にウル第三王朝は滅ぶ。

## 2 バビロニアの天地創成神話――『エヌマ・エリシュ』

### ハンムラビの帝国とマルドゥク

ウル第三王朝の滅亡後、混乱状態にあったメソポタミアで勢力を強めていたセム系のバビロニア人は、前一八三〇年ころにはメソポタミア中部、ユーフラテス川に面した都市のバビロンを首都にバビロン第一王朝を築いた。バビロン第一王朝の六代王に即位したハンムラビは、エシュヌンナ、エラム、マリ、ラルサなどを制圧して、全メソポタミアをふたたび統一した。前一七九二年であった。

ハンムラビはシュメールの文明を受け継いで国内の治水工事、灌漑用水路の拡充につとめ、首都のバビロンには巨大な神殿を建設、全バビロニアにたいする支配を強化した。それまで神殿の祭司が独占していた司法権を王朝の権限とし、そのために『ハンムラビ法典』を制定した。しかし、神殿の司法権は王朝のものであっても、王朝の権威はバビロンの守護神マルドゥクから委任されたものと見なされていた。『ハンムラビ法典』の序文にも、アヌ（シュメールのアン）とエンリルはマルドゥクにエンリルのもっていた王権を与えたが、同時に、アヌとエンリルは国土に正義を顕し、邪悪なものを滅ぼし、強者が弱者を虐げることのないようにハンムラビを召し出したと記していた。ハンムラビはマルドゥクの代理者として王の任務を実行する。一方で、ハンムラビによるメソポタミアの統一とともに、バビロンの守護神であったマルドゥクは他のすべての都市の神々の頂点にたつ。

マルドゥクを祀っていたのがバビロンのジッグラトの南隣りにあったエ・サギラの神殿である（図8）。エ・サギラには金銀や宝石で飾られたマルドゥク像が安置されていた（図9）。この神殿を中心にして毎年バビロニア暦の正月であるニサンの月（春分のころ）の第一日から一二日まで新年祭が挙行されたが、それはバビロンの

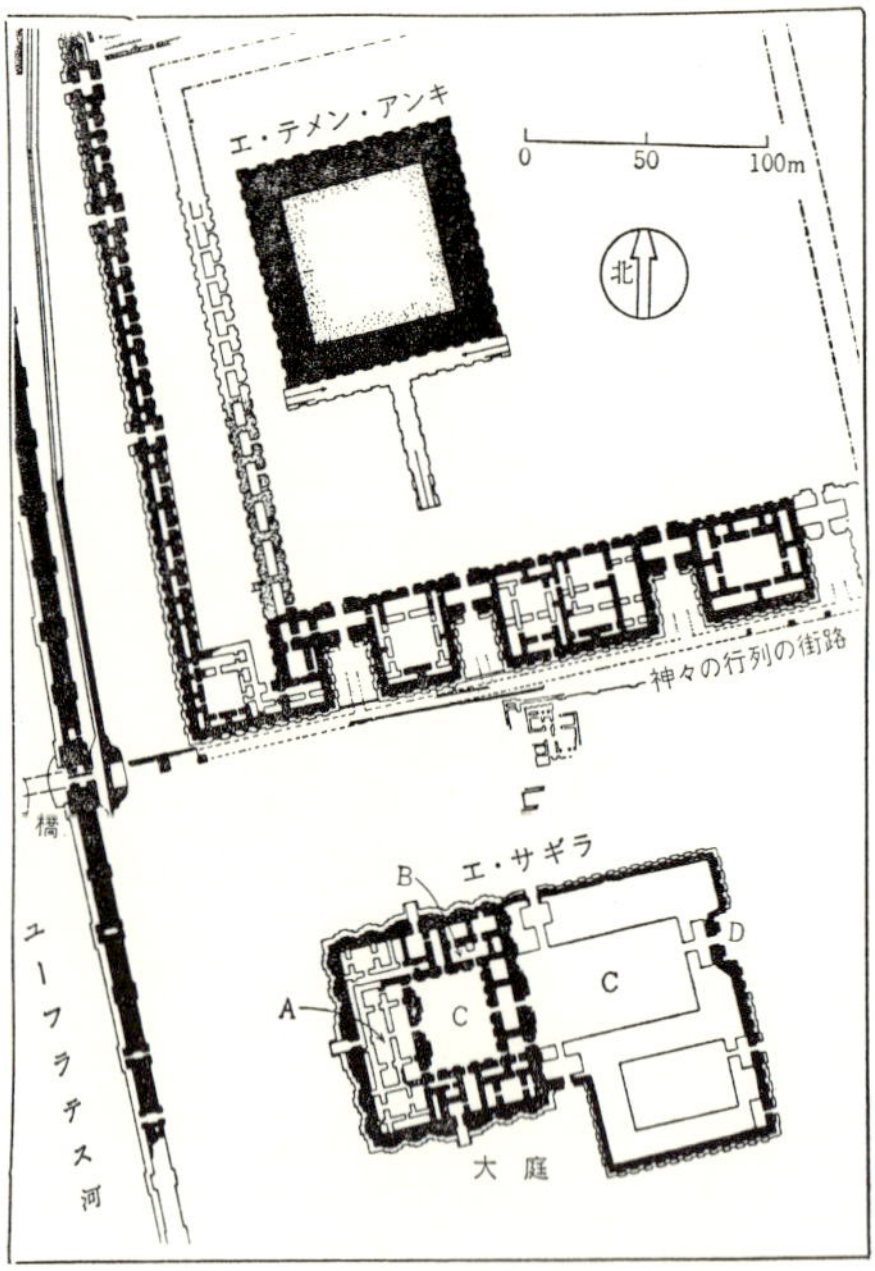

図8◆バビロンのエ・テメン・アンキ（ジックラト）とエ・サギラ。Aにマルドゥクの像が置かれた（『古代オリエント集』筑摩書房）

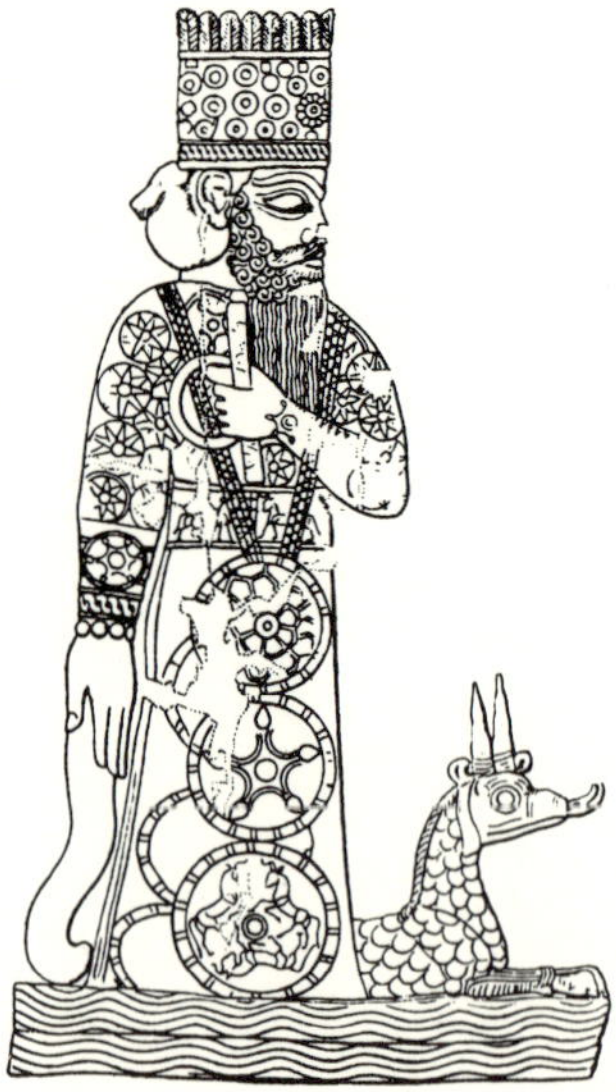
図9◆ラピスラズリ製のマルドゥクの像。エ・サギラ発掘のときに出土。戦いで敗ったティアマトを従えている（A. Heidel, *The Babylonian Genesis,* The University of Chicago Press）

王権更新の儀式でもあった。そのさい、マルドゥクを称える叙事詩の『エヌマ・エリシュ』が朗詠《ろうえい》された。それは、宇宙の創成を語る神話でもあった。[◇16]

## 『エヌマ・エリシュ』の宇宙創成論（1）

シュメールの粘土板から読みとれる宇宙観は断片的なものだったが、バビロン第一王朝の時代に成立したと考えられる『エヌマ・エリシュ』は天地創成の神話を詳しく伝えてくれる。

十九世紀の中頃にメソポタミアの北部の都市のニネヴェから発掘された粘土板文書のなかに『エヌマ・エリシュ』もふくまれていた。その解読にあたったのが、大英博物館で粘土板文書の整理をしていた独学の青年ジョージ・スミス、公にされたのは一八七五年のことであった。全体で七枚の粘土板からなるが、まず私たちの興味を引くのは、第I粘土板の冒頭に記されたマルドゥクの祖先についての物語である。男神アプスーと女神ティアマトにはじまり、バビロニアの英雄神マルドゥクの父にあたるヌディムンドにいたる神々の系譜を述べる。

上ではまだ天空が命名されず、
下では大地が名づけられなかったとき、
かれら（神々）をはじめてもうけた男親、アプスー（「淡水」）、
ムンム（「生命力」）、かれらをすべて生んだ女親、ティアマト（「塩水」だけがいて）、
かれらの水（淡水と塩水）が一つに混り合った。
草地は（まだ）織りなされず、アシのしげみは見あたらなかった。
神々はいずれも（まだ）姿をみせず、
天命《つとめ》も定められていなかったとき、
（そのとき）神々がその混合水のなかで創られた。
（男）神ラㇵムと（女）神ラハムが姿を与えられ、そう名づけられた。
かれらの年が進み、背丈がのびていく間に、
アンシャルとキシャルが創られ、かれらにまさるものとなった。
かれらは日を重ね、年を加えていった。
かれらの息子がアヌ、父祖に並ぶもの。
アンシャルは長子アヌを（自分と）瓜二つにつくった。
そうしてかれの生き写し、アヌはヌディムンド（エア）をもうけた。

世界のはじまりのときに存在していたのは男神アプスーと女神ティアマトとムンムの三神。このアプスーとティアマトからは男女神のラㇵムとラハムが生まれ、ラㇵムとラハムからは男女神アンシャルとキシャルが誕生する。そして、アンシャルから生まれたのが男神アヌ、アヌは男神ヌディムンドを生む。ヌディムンドは一般にはエアとよばれていた。

このマルドゥクの祖先神にあたるアプスー、ティアマト、ムンムも、そしてアヌとヌディムンドも、元来、自然神であった。メソポタミアは多神教の世界、自然には神の力が内在すると考えていた。アプスーとティアマトは淡水と塩水の神である。アヌはシュメールの天の神アンのバビロニア名、ヌディムンドとよばれるエアはシュメールの水の神エンキのバビロニア名である。エアは地下の淡水で、そのため大地の神ともみられていた。エアもエンキと同じく知恵の神ともみなされた。

とすると、『エヌマ・エリシュ』の冒頭の神統譜は、淡水のティグリス川とユーフラテス川であるアプスーと、ペルシア湾の海水であるティアマトが混じり合った結果として天と地が生成されたという宇宙創成論を潜ませた物語とも読める。ラㇵムとラハム、アンシャルとキシャルについて、Th・ヤコブセンは、ラㇵムとラハムを沈泥の神、アンシャルとキシャルを「天の地平線」の神と「地の地平線」の神と解釈する。[17] その「天の地平線」「地の地平線」と「瓜二つに」に、天アヌがつくられ、また、アヌと「生き写し」にヌディムンド、つまり大地と解せるエアが出現した。要約すれば、上下の区別もつかない原初の混沌の水から、泥が生まれ、それは地平線まで広がって、その結果、天と地下の水が生じた。そして、ヤコブセンはアンシャルとキシャルにつづくのは、ほんらいはアヌとヌディムンド（エア）ではなく、アヌ（天）とキ（大地）であったと推測する。このほうが確かにすっきりする。詩の第一句、「上ではまだ天空が命名されず、下では大地が名づけられなかったとき」の「天空」と「大地」に対応するといえよう。

天と地の生成を自然神の神統譜の形で語る。このような宇宙創成論を「なる」型とよぶことができよう。似たような「なる」型の宇宙創成論は第3章でとりあげるギリシアのヘシオドスの『神統記』にも認められる。この「なる」型にたいして、第2章のテーマとなる旧約聖書の『創世記』が記す、神による天地の創造は代表的な「つくる」型の宇宙創成論である。

その後『エヌマ・エリシュ』の物語は、マルドゥクの祖先神であるアンシャル、アヌ、エアらの神々が始祖の神であるアプスーとティアマトに対立、エアがアプスーを殺害する話へとすすむ。そして、エアはアプスーの上にみずからの家を造り、それを「アプスー」と名づける。大地の下に広がる原初の水アプスーの上に位置する水の神のエア（地下水を蔵する大地であろう）、新旧の水の神が上下の関係でとらえられているのだが、古いアプスーの地位に新しい神のエアがとってかわったことを語っているようである。その「アプスー」でエアの子として、バビロニアの最高神となるマルドゥクが生まれる。その母はダムキナで、初期のシュメールでは、ダムガルヌンナともよばれていた大地母神である。◇18

## 『エヌマ・エリシュ』の宇宙創成論（2）

しかしながら、『エヌマ・エリシュ』で天と地の創成を明確に語るのはその後、第IV粘土板のエアの子のマルドゥクを主人公とする物語においてであった。私たちにとって興味のそそる場面である。

アプスーが殺害された後、女神ティアマトはキングを総司令官に立て、復讐に打って出るが、子孫の神々はエアの子であるマルドゥクを指揮官としてティアマトに戦いを挑む。そのときマルドゥクはアヌによって「神々の王」となり、「なんじ（マルドゥク）の命令は（最高神）アヌのそれだ」という。

そのとき、ティアマトは龍蛇の神として登場、みずから産んだヘビやサソリなどの怪物を従える。一方、マルドゥクは「嵐の戦車」に乗って出陣、「南風、北風、東風、西風」と「凶風、砂風、雷雨といった悪風《イムフラ》」といった風を味方とした。マルドゥクは、悪風をティアマトの口に吹き込んで腹をふくらませ、矢を放って心臓を射抜

図10◆ティアマト退治の図。円筒印章（A. Heidel, *The Babylonian Genesis*, The University of Chicago Press）

き、縛り上げて斬り殺す（図10）。

主《ペール》（マルドゥク）はティアマトの脚にのり、
かれの仮借ない三つ又の鉾で頭蓋骨を打ち砕いた。
かれが彼女の血管を切ると、
北風がその血を（どこか）分からないところへ運び去った。
かれの父祖たちは（これを）見て、喜び、歓呼の声をあげ、
かれらはかれにお祝いの贈りものの数かずを送った。
主は（手を）休め、肉魂（?）を分断して
手の込んだ美事な作品でも創ったらどうか、と彼女の死骸
　を眺めていた。
かれは干し魚のようにそれを二つに切り裂き、
その半分を固定し、天として張りめぐらした。
かれは（それに）閂《かんぬき》を通し、番人たちをおき、
かれらにその水分を流出させてはならないと命じた。

マルドゥクによるティアマトの殺害は天地の創造でもあった。マルドゥクはティアマトの体を二つに分断、その一方で天を形成した。ティアマトは龍蛇の怪物である水の神であった。だから、その体の半分からつくられた天には水が湛《たた》えられているの

であって、天から雨が降るのもそのためである。ときには、豪雨となり、洪水がおこる。そうさせないよう天には「門」を設け、「番人」を置いたともいう。

分断された体のもう半分は大地となった。第Vの粘土板には、「かれは（彼女の骸《むくろ》の半分を）張りめぐらし、地を堅固にかためた」との記述がみとめられる。こうして、天地つまり全宇宙はマルドゥクのものとされる。『創世記』が記す神による天地の創造によく似た、「つくる」型の宇宙創成論である。

## マルドゥクは宇宙の創成の役もエンリルから受け継ぐ

このバビロンの守護神マルドゥクを称える詩である神話の主題は、淡水の男神アプスーと塩水の女神ティアマトの子孫であるエアの子のマルドゥクがティアマトを二分して天と地を創造したところにあった。しかし、その冒頭にはアプスーとティアマトからアヌ（天）とヌディムンド（エア、大地）形成の神話も載せていた。この原初の水にはじまる創成神話はシュメールの「原初の海」ナンムウにはじまる創成神話と同類の神話であるとみることができるかもしれない。「初めに水があった」という意味において。

さらに、「原初の海」のなかに天地の一体物「宇宙の山」が出現、同時にそこに生まれた大気の神エンリルによって「宇宙（天地アンキ）の山」は二つに分離されて天アンと地キが作り出されたというシュメール神話は、マルドゥクのティアマトを二つに分離して天地を創造した物語の原型ではないか。しかも、マルドゥクは風でもってティアマトの腹をふくらませ、殺害した。風を武器とする神である点でも、マルドゥクは大気の神エンリルの性格を継承していた。

マルドゥクが宇宙の創造者となったのは、この神がバビロンの守護神だったからにほかならない。もともとは農業神あるいは太陽神であったが、バビロニア第一王朝が成立し、ハンムラビによって強大な帝国が形成されるとともに、エンリルのものであった最高神の地位を手にする。その結果、マルドゥクは王権とともに、宇宙の創成の役もエンリルから受け継いだ。

## 龍の神ティアマト

それにしても、水の神のティアマトが龍蛇の神として登場するのはなぜか。この龍蛇の神は、天水や小河川に依存していた新石器時代の農耕社会において水のシンボルとみなされていた蛇の信仰にさかのぼれるであろう。エジプトのエラウエス、インドのナーガ、中国の龍、古ヨーロッパのドラゴンにそれが見られ、そして日本でも縄文時代の土器に蛇の文様が彫られていた。

メソポタミア人がティグリス川とユーフラテス川の灌漑による農業に移行したとき、蛇は大蛇の龍《ドラゴン》に変えられたようである。[◇19] しばしば洪水でメソポタミア人の生産と生活を脅かす大河には小さな蛇は似つかわしくない。二つの川の洪水は、ナイル川の洪水のように一定の時期に一定の水嵩《みずかさ》を増すのとはちがって、その時期も水嵩も一定していない。人の手で統御されねばならない暴れ川であった。どちらかといえば、治めやすかったのは河床が高く、流れがゆるやかであったユーフラテス川で、厄介なティグリス川の灌漑が進むのはバビロン第一王朝の成立以降であった。[◇20]

こうして、マルドゥクによる龍蛇の神ティアマトの殺害は、ティグリス川とユーフラテス川を統御するバビロン第一王朝の政治権力の偉大さの象徴でもある。同時に、古い神ティアマトの殺害はバビロニア人がシュメール人に代わり国土の支配者となったことを主張する政治的神話とも読める。アヌ、エアらバビロニアの主神の指揮のもとに「嵐の戦車」で出陣するマルドゥク軍が旧勢力のティアマトとキングらの率いる怪物軍団と熾烈な戦いを交え、最後には勝利するという物語には、ハンムラビがメソポタミアを統一した歴史が投影されているにちがいない。

しかし、ティアマトはなぜとくに塩水の神であったのか。これまでの議論からいって、宇宙の原初は海であったというシュメールの神話を受け継いだと推測されるが、それとともに、バビロニア人も土壌の塩化と戦わねばならなかったことが想起せねばならない。バビロニアでも穀物生産は国家の生命線、塩の退治のための灌漑は国家的大事業であった。それゆえ、ティアマトは大河のシンボルである龍蛇の神であるとともに、塩水の神でもあらねばならなかったのではなかろうか。

## 「天地の神々の王」マルドゥク

『エヌマ・エリシュ』は、宇宙の創成を語りながら、他方でバビロン第一王朝が旧勢力を退け新しい権力を確立した歴史をも語ろうともした。マルドゥクはティアマトの軍勢を撃退し、「天地の神々の王」（第V粘土版）となる。こうしてマルドゥクが神々のパンテオンに君臨するように、バビロンの王は全メソポタミアを統治した。バビロニアも宇宙的国家であった。

『エヌマ・エリシュ』には冒頭のアプスーとティアマトという水（の神）から天と地（の神）が生成されたという「なる」型の宇宙創成論と、それにつづくマルドゥクのティアマトの殺害による「つくる」型の創成論の両者がふくまれている。したがってこの二種類の創成論は本来は独立した神話であったことが推測できる。「つくる」型の創成論の創造者であるマルドゥクを「なる」型の創成論のエアの子に位置づけることで、マルドゥクによる天地創造の神話とティアマトとアプスーに起源する天地生成の神話とを結合したのだ。

バビロニア人によって信じられていた天地創造の物語はマルドゥクによる「つくる」型の神話のほうであった。もともとは水からの天地の生成を語る神話であった「なる」型の宇宙創成論は、ここではマルドゥクの出現を語り出すための神統譜として利用されている。そこではアヌ、エアなどはマルドゥクの祖先神とされているのだが、天と地を創造した後、マルドゥクはアヌとエアにはそれぞれ天空と地下世界の統治を委任した。大気はエンリルに委ねた。

こうして、バビロンの守護神マルドゥクの権威は他の神々を圧倒する。一神教とはいえなくても、ある神が特に重要視される単一神教の世界に移行していった。なお多くの神々が存在していたのだが、マルドゥクの存在は群を抜く。

こうしたとき、天地の創成も「なる」型ではなく「つくる」型がふさわしくなる。多数の神が寄与して宇宙を生成する「なる」型の創成論にたいして、「つくる」型ではたったひとりの神で説明可能となる。もちろん、なお、宇宙創造のための材料である神は必要としたのだが。

### 人間の創造と滅亡

人間の創成も「つくる」型であった。『エヌマ・エリシュ』の第VI粘土板では、

わたし（マルドゥク）は血をまとめて骨をつくりだし、
最初の人間をつくろうと思う。その名は《人》《アメール》だ。
わたしは最初の人間、《人》を造りだそうと思うのだ。
神々の夫役が（かわりに人に）課せられ、
かれらは心が和もうというものだ。

というマルドゥクの言葉が見られる。このマルドゥクの意志にしたがい、エアの手でティアマト軍の総司令官キングが殺されて、その血から人間が創造された。こうして、神々はきつい労働から解放された。マルドゥクから人間が創造されることで、人間もまたマルドゥクのものであった。

この人間の創造の方法や目的もシュメールの神話を継承したものである。シュメールの神話『人間の創造』に

は、それまで神々が担ってきた仕事を肩代わりさせるために、二人のラムガという神を殺し、その血から人間がつくられたとあった。アッカド語の『アトラ・ハーシス物語』でも、かつては神々が苛酷な労役に従事していたことを述べるとともに、それからの解放のためにエンキがある神の肉と血を粘土に混ぜて人間をつくったと語っていた。

『エヌマ・エリシュ』には人類の滅亡について語るところはないが、バビロニアの叙事詩『ギルガメシュ』には、シュメールの『洪水伝説』と同旨の物語が挿入されている。親友のエンキドゥを失ったギルガメシュが、永遠の命をもとめて、海のかなたに住むウトナビシュティムを訪ねたときに聞かされたつぎのような話である。

ウトナビシュティムはエア（シュメールのエンキ）の警告にしたがって「間口と奥行きは等しい」箱舟を造り、家族や身内のもの、動物や職人を乗せた。そこに洪水が襲う。すべての人間が粘土に帰したが（人間は粘土からつくられたから）、ウトナビシュティムの家族と動物は救われた。箱舟はニシル山にとどまり、そこから偵察のために鳩、燕《つばめ》、大烏《おおがらす》を順に解き放ち、大烏が帰ってこなかったことから、水が退いたのを確かめた（第Ⅺ粘土板）。シュメールの『洪水伝説』よりも聖書のノアの箱舟の話に近くなっている。

聖書とメソポタミアを結びつける端緒となった『ギルガメシュ』の洪水神話を発見したのは、『エヌマ・エリシュ』を解読したジョージ・スミス、『エヌマ・エリティ』を公にする三年前の一八七二年のことであった。

### 『エヌマ・エリシュ』の宇宙構造論

天と地の創造者であったマルドゥクはその天の秩序の形成者でもあった。『エヌマ・エリシュ』の第Ⅴ粘土板では、黄道十二宮の星座について、つぎのように述べている。

かれら（神々）の似姿であるそれぞれの星、十二宮の星座を置き、

一年をさだめ、基礎的割りふりをしてから、
十二の月にそれぞれ三つの（旬日の）星座を配置した。
かれは一年の日日に区切りをつ［けた］のち、
誰も秩序を乱すようなことを仕出かしたり、
ずぼらにならないよう
木星《ネビル》の場所（天の赤道＝アヌの道と黄道の交点）を設け、
それらとの関係を決めた。

マルドゥクは黄道十二宮をさだめた。それにつづいて、各宮を三分割、全体を三六の星座に分けた。一〇度（約一〇日）を単位とする天の座標であり、そこを運行する太陽の位置から年の初めが決められる。バビロニアの時代、年の初め（ニサンの月の第一日）は日の出のときフンガ星（牡羊座のα星）が見えはじめた日と決められていた。春分のころにあたる。[◇21] 一年は太陽シャマシュ（シュメールのウトゥ）の運行による一方で、日次と月次は月の満ち欠けで決められる太陰太陽暦であった。月次と季節のずれを調整するための閏《うるう》月も設けられていた精度の高い太陰太陽暦が使われていたのである。木星《ネビル》というのはマルドゥクの星、第Ⅶ粘土板には、マルドゥクの別名のひとつに「ネビル」をあげ、「ネビル（木星）はかれ（マルドゥク）が空にきらめかせた星」とある。惑星のなかでも木星は特別視されていた星であった。

つづけてエンリルとエアの道、太陽の運行について述べる。

かれはそれと共にエンリルの（北の道）と
エア（の南の道）の位置を定め、

（天）の南側に（太陽）の門を開け、
左（東）と右（西）の門に差し木を頑丈にとりつけた。

マルドゥクは天上におけるアヌとエンリルとエアの統治域をさだめた。「アヌの道」は天の赤道を中心に太陽その他の惑星が運行する天の高い部分、「エンリルの道」は北極星を中心にしてつねに地上に観測される部分、「エアの道」はほとんど時間を地平線下に隠す南の天の部分であった。アヌ・エンリル・エアがそれぞれ天・空・大地の神であるのに対応する。

気象の最終的な統轄者はマルドゥク、エンリルは大気の神でもあるのだが、マルドゥクがひきついだ。雲をつくったのもマルドゥク、風雨も寒暖もマルドゥクの手中にあった。

太陽の運行については、東西に太陽の出入り口の「門」が設けられ、夜明けに東の門から出た太陽は夕方には西の門に姿を隠す（図7）。時間はこの太陽の位置で測られるが、夜は星の位置から決められる。月については、太陰太陽暦の基本となる月の満ち欠けに関心が寄せられる。

かれは彼女（ティアマト）の体の内側に
　上の世界をしつらえ、
天の光《ナンアル》（月神《シン》）を輝かせて、夜を委せ、
それを日を知らせるための夜の装飾《かざり》と決めて、（こういった）。
絶えず月ごとの冠の形で旅立て。
月の初めに地を照らしはじめ、
角（の形）で輝いて六日間日を知らせ、

七日目に冠は［半分に］なる。
［月］半ばごとに
　満月の日におまえは（太陽神《シャンマシュ》と）向かいあうだろう。
太陽神《シャンマシュ》が空の（果ての）地平線で
　おまえ［に追いつくようになる］と、
次第におまえは欠けていって、元［に］もどるのだ。
（おまえが見えなくなる）新月の日
　おまえは太陽神《シャンマシュ》の道に近づき、
（その日）二十九日目に再び太陽神《シャンマシュ》に向いあうだろう。

月の満ち欠けが太陽の位置との関係で決まると認識されている。月の始まりは新月のとき、ただ新月は見えないので、三日月（「冠の形」のとき）となったときに、さかのぼって月の第一日とした。月の満ち欠けの周期は二九日、新月が半月（弦月）となるまでは七日。週の観念がみとめられる。そして、月と太陽は「夜と昼の見張り」を担う。

天につづいて、マルドゥクはティアマトの半分から大地の細部も工作する。

またかれは彼女の頭を固定して、そのうえに山を築き、
地下水《いずみ》を開いて川を流れくだらせ、
彼女の両眼をティグリスとユーフラテス両河の源とし、
彼女の鼻孔をふさいで、［……］を残すようにした。

かれは彼女の乳房のところに立派な山を築き、
豊富な清水を湧きださせるために大きな泉を掘り抜いた。
かれは彼女の尻尾をひねって、
天の「最高の結び目《ドゥルマハ》（北極星）」につないだ。

ティアマトの半分からティグリスとユーフラテス両河と地下水という水をもたらしてくれる大地がつくられたが、もう半分からつくられた天とティアマトの尻尾でつながっているという。

『エヌマ・エリシュ』とは別のバビロニア時代の資料（ＫＡＲ３０７）によると、天と地はそれぞれ三重の構造をもつという。天についていうと、アヌが統治する最上層の天はルルダーニートゥという石でできており、そこには三〇〇柱の天の神々イギギが住む。この神々はサッギルムトという石からなる中間の天を支配するが、そこにはマルドゥクがラピスラズリの玉座に座り、イルメーシュという石からできた灯火に灯をともす。碧玉製《へきぎょく》からなる最下層の天は、星の領分で星座が配される。大地については、上から人間の住む地上、エアの支配する中間層の地、六〇〇の地下の神アヌナンキが閉じ込められている最下層の地からなる。[22] 天と地が構造的にも対に考えられていることがわかる。

これらの資料だけでは天地の全体的な形態はとらえがたい。とくに、大地の平面的な構造がはっきりしない。それを補ってくれるのがバビロニア人の世界像を描いた粘土板の「バビロニアの世界図」（大英博物館蔵）で、前六〇〇年ころに製作されたと推定されているが、その世界像はより古い時代にさかのぼれると考えられている（図11）。

図11で注目すべきはバビロンをほぼ中心として描かれた同心円で、内側の円は大地をあらわし、そのまわりの円環形は大地をめぐる大洋、鹹水《かんすい》の海である。この海が入りくんだペルシア湾に流れこむユーフラテス川やその

水源の山も描かれている。円環の大洋の外側には七つの三角形（一部破損している）が見られるが、それは海の彼方の未知の世界である。三角形は山をあらわしているのであろう。『ギルガメシュ』では、主人公のギルガメシュが訪れたウトナヴィシュティムが住むのもこの大洋の外側の山中であろう。

大地の下には地下の世界が考えられていたが、詳しくはわからない。それでも大地は全体として水の上に浮かんでいると考えられていたと思われる。大地はメソポタミアで使われていたクファという平底で丸い船のようであるともいわれていた◇23（図12）。

「バビロニアの世界図」には天は描かれていないが、M・ハクスリーは多くの資料から判断して、古代メソポタ

図11◆バビロニアの世界図。粘土板、前600年ころ。円形に大洋の外側にある三角形（一部破損）は神々のすむ山（O. A. W. Dilke, *Greek and Roman Maps*, Thames and Hudson）

図12◆クファでティグリス川を渡るアラビア人（G. Maspero, *The Dawn of Civilization*, Society for Promoting Christian Knowledge）

ミア人は天を球と考えていたと推察した。[24] そして、天体が配されている球形の天（碧玉でできている）は円環状の大洋の外側の縁と重なっているとした。天が球形であるから、その水平面による断面は円形なのである。そうであれば、ヤコブセンが「天の地平線」と解釈したアンシャルはこの大洋の外側の縁をしめす円形にあたる。ここは神々が住む。同様に、「地の地平線」と解釈したキシャルは大地の輪郭をしめす円形となる。こうして、球形の天と円形の大洋と円形の地は一体のものとして秩序だった構造をなしていた（図13）。さらに、ハクスリーは天は北極星にむかう軸を中心に回転していると考えていたとも主張し、その理由に大熊座を「荷車座」と称していたことをあげる。[25]

## ジックラト——宇宙国家バビロニアの象徴

神々の宇宙的な秩序は王を中心とする政治的な秩序と一体のもので、神の権威によって王の権力は正当化される。王の命令はアヌやエンリルの命令とされた。『ハンムラビ法典』はそれを法的に規定したものであった。

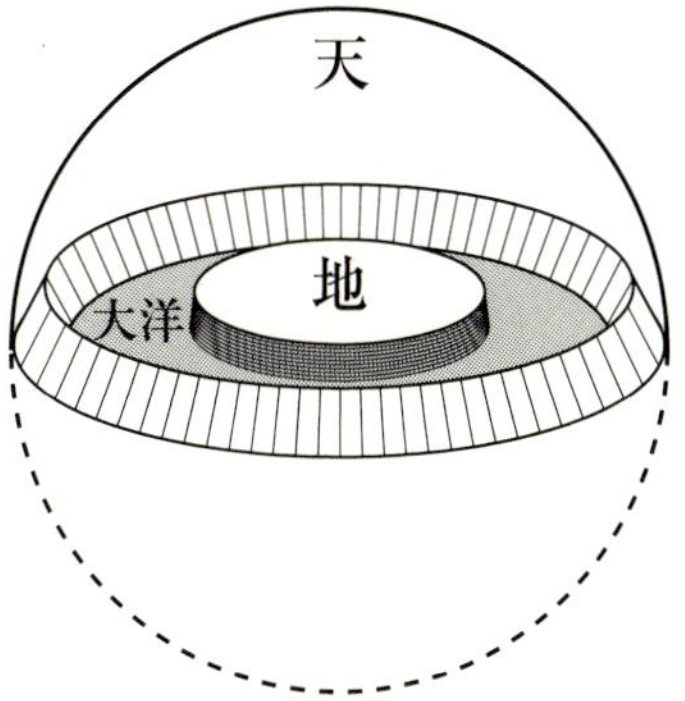

図13◆バビロニア人の宇宙

　この宇宙と政治の秩序を象徴するのが、頂上に神殿をもつ巨大なピラミッド状の構造物ジックラトである。『エヌマ・エリシュ』の第V粘土版でも、マルドゥクが、「偉大な神々の家（バビロン）」を建造する計画をたてたことが記され、第VI粘土版には、神々の手でレンガがつくられ、それによってジックラトと神殿エ・サギラが造営されたとある。前五世紀に活躍したギリシアの歴史家ヘロドトスが『歴史』巻一・一八一で報告しているように、新バビロニア王朝時代（前六一二年—五三九年）のバビロンにもジックラトやエ・サギラは存在していた。その遺構によると、ジックラトの正方形の基底の一辺が九一メートル、高さは約九〇メートル、七層の階段状で、頂上には神殿があった推定されている（ヘロドトスの『歴史』では八層と記す）。[26]

バビロンのジックラトは別名エ・テメン・アン・キ（天と地の家）という名に示されるように、天と地をむすぶ宇宙軸であり、小宇宙であった。バビロンは天アヌに直結する都で、このジックラトが聖書でいうところの神を怒らせた「天まで届く塔」（『創世記』一一・一九）である。一般に「バベルの塔」とよばれる。ジックラトの南に隣接するエ・サギラはマルドゥクを祀る神殿であって、新バビロニア時代には「主（マルドゥク）の神殿」とか「天と地の宮殿」と称された。[27] マルドゥクと天アヌの関係を物語る神殿であった。こうして、宇宙・ジックラト・マルドゥクは象徴的に重なる。バビロニアの王朝は宇宙的国家であり、その宇宙は国家的宇宙であった。支配の原理が宇宙論にもつらぬかれる。

ジックラトが建設されるようになるのはシュメールの時代で、その最初期のものに、前三千年紀前半につくられたウルクのジックラトがある。ウル第三王朝下でもさかんに建造され、また再建された。シュメールの主神エンリルの町ニップールのジックラトはドゥル・アン・キ（天地の結び目）という名とともに「山の家」や「嵐の山」という名でもよばれていたが、この「山」という呼称は、ジックラトの起源が山の信仰にあったことを示唆する。ジックラトはシュメール人の信仰の山に代わる人工の山である。[28] このことは、山岳地帯から進出してきたシュメール人には天とむすびついた山岳信仰があったことも推察させる。シュメールの創成神話では原初の海に宇宙が現われ、エンリルによって天と地に分離されたとされていたが、「宇宙の山」はこのシュメールのジックラトの思想から生まれたと見ることができよう。

バビロニアの宇宙的国家を象徴する別の証拠に、バビロニア暦の正月にあたるニサンの月にエ・サギラで催される新年祭がある。豊饒の祭りであるとともに、王権の更新の儀式でもあった新年祭の内容を記す『バビロンの新年祭』は、粘土板の破損のために部分的にしか明らかになっていない。それでも、エ・サギラのマルドゥク像の前で王と大祭司が挙行するクライマックスの場面では、大祭司が『エヌマ・エリシュ』を唱詠して、神マルドゥクと王都バビロンを称え、ついで、王はこの一年間政治と祭祀を怠らなかったことを宣誓する。マルドゥクの勝利と宇宙の創成が王権更新と一体化していることを示す。

マルドゥクが天地と人間の創造者であるように、マルドゥクと一体化するバビロンの王は国土と人民の支配者である。人間創造の目的について、『エヌマ・エリシュ』の第VI粘土板は、「神々の夫役《ぶやく》が（かわりに人に）課せられ」るようにするためであると述べており、支配者階級が都市の建設や神殿の造営などの苛酷な労役を人民に課す正当性を与えている。

## バビロニアの占星術と暦法

天と地が相関するという考えをもとにバビロニア人は占星術を生み出した。メソポタミアでは古くから、羊や山羊《やぎ》の肝臓の組織を観察することから吉凶を判断する占いがおこなわれていたが、バビロニア時代になると天体の運行から未来を予言する占星術が出現した。『バビロンの新年祭』が「広大な天はあなたの心（肝臓のこと）をことごとく表わします」と述べているように、天には肝臓と同じように未来の出来事が記されていると考えられていた。

天においてとくに注目されたのが惑星と黄道十二宮の関係や惑星どうしの関係である。たとえば、

もし火星が、逆行した後さそり座に入れば、王は警戒を怠ってはならない。このようにとても不吉な日には、王は王宮の外へ出るような冒険をしてはならない。

もし北魚（水星）が大犬（金星）の近くに来ると、王は強力になり、その敵は圧倒されよう。

とされていた。[29] それ以外にも、日・月食の生起、彗星・流星の出現が重視され、その観測から王やその家族の死、洪水、飢饉、外敵の侵入、戦争の帰趨などを占う。太陽による季節の変化や月による潮の干満といった天と地の関係が他の天体にも敷衍《ふえん》されたと見ることができる。

天と地をつなぐジックラトの頂上は天体観測所につかわれた可能性が大きい。バビロンにあるジックラトの頂上の神殿もそのためにつかわれていたのだろう。このジックラトが七層であったのは七つの惑星（月・太陽・水星・金星・火星・木星・土星）に対応させた結果であるのかもしれない。のちに新バビロニアの滅亡とともに、バビロニアの占星術師は地中海域に亡命し、占星術を広めた。ローマでカルディア人とよばれたのは新バビロニア人のことである。

もちろん天体の観測は暦の作成のためにも必要であった。暦はシュメール時代に成立、ウル第三王朝時代には月と季節のずれを調整するために八年に三回の閏月を挿入する太陰太陽暦を使用していた。『エヌマ・エリシュ』にも見られたように、バビロニア人も太陽の運行や月の満ち欠けを観測して太陰太陽暦を作成していた。前五世紀には一九年に七回の置閏法《ちじゅんほう》が採用される（ギリシア人の天文学者メトンの名をとってメトン法とよばれる）。[30]

太陽の運行の測定には日時計がつかわれた。バビロニアでは平面盤に垂直の棒を立てたノーモン式の日時計と半球面の時間盤をもつポロス型日時計が存在した。それは時刻の測定にもつかわれた。日常生活では、季節によって変化する昼と夜の時間の長さにあわせて、それぞれ六等分する不定時法であった。時間の単位はベールーである（江戸時代の一時《とき》と同じ、現在の二時間に相当）。ただし、天文家は一日を一二等分する定時法をつかった。ベールーは六〇分割される。天文家は水時計も用いていた。[31]

## バビロニアの終焉

栄華を誇ったバビロニアにも衰退のときがくる。インド・ヨーロッパ語族のカッシート人の侵入についで、北メソポタミアに勢力を増していたセム系のアッシリアがバビロニアに圧力をおよぼすようになる。カッシート人もアッシリアも、馬にひかれ輻《や》(スポーク)をもつ車輪をつけた最新の戦車で軍事力を増強していた。

紀元前七一〇年にバビロニアはアッシリアの支配下にはいる。その後アッシリア王となったアッシール・バニバルはエジプトをも含む大帝国が築く。バビロニアを抑えたアッシリアはバビロニア文化を受け継いだ。『エヌマ・エリシュ』や『ギルガメシュ』を記した粘土板文書はアッシール・バニバルが首都のニネヴェに建てた大図書館に所蔵され、それが十九世紀に発掘されたのである。

アッシール・バニバルが死ぬとアッシリアも衰退、メソポタミアの覇権はふたたびバビロニア人の手に移り、前六二五年にナボポラッサはバビロンを首都に新バビロニアを興し、前六一二年にはアッシリアを滅ぼす。ナボポラッサの子のネブカドネザル二世は、ハンムラビ王を範に国力と文化の充実をはかり、前述のように、バビロンのジックラトや神殿を復興した。かつてのバビロンの栄華が伝説化するのはこの時代のことで、多数のユダヤ人をバビロンに連行したのもネブカドネザル二世の治世のときである。この「バビロンの捕囚」については、つぎの章でとりあげる。

新バビロニアの栄華は長くはつづかなかった。前五三九年にはインド・ヨーロッパ語族のアケメネス朝ペルシアのキュロス二世によって滅ぼされる。そのペルシアも三三一年にはアレクサンドロス大王の下にくだる。馬の戦車を主力とするペルシアのダリウス三世の軍を騎馬のアレクサンドロス大王の軍が打ち破った。大王はバビロンをみずからの帝国の首都にしようとしていたが、遠征中に客死したため、バビロンの栄華が甦ることはついになかった。

メソポタミアはつねに外部勢力によって脅威にさらされ、しばしば侵略された。そのため王朝の興亡も繰り返される。それでも、新しい権力者は高度なシュメールやバビロニアの文明を受け継ぎ、発展させてきた。バビロニアが滅んだあとでも、マルドゥクの神話は語られつづけた。前二九〇年ごろにバビロンで活躍していた神官のベロッソスは地中海のコス島に渡り、バビロニアの歴史をギリシア語で記した『バビロニア誌』(断片のみ伝来)を書き残しているが、それによると、ベル(マルドゥクのこと、ゼウスと訳される)はタムテ(ティアマトのこと)を切断して天地をつくり、暗黒も切断して光を生んだという。◇32

シュメール人が開発した楔形文字も後代の民族に継承された。言語がかわっても、楔形文字で自分たちの言語を表現してきたのである。シュメール語は日常語にはつかわれなくなったが、中世ヨーロッパのラテン語のように、古典語として生き残っていた。しかし、メソポタミア文明の歴史的役割は新バビロニアの崩壊で終わりを迎える。

# 3　メソポタミアとエジプト

## エジプトの環境

エジプトのナイル川流域にも、シュメールとバビロニアのメソポタミア文明と並行して、都市が生まれ、独自な文明が形成されていた(図14)。エジプトはメソポタミアと異なり外敵の侵略をうけることが少なかったことが独自な文明を生み出した理由の一つにあげることができよう。前七世紀以降アッシリアによる征服につづきペルシア、マケドニア、ローマの支配を受けるようになるが、それまでは前十七世紀に馬の戦車で攻めてきたヒックソス人の侵略と支配をうけたのを例外にして、ハム系の民族であるエジプト人の王朝がつづいた。ナイル川の流域の東西には砂漠が横たわり、南は山岳で遮られ、北は地中海、自然の地形が外部からの侵略を防いでくれたのである。

それでも、そこには先進のメソポタミアの文明の影響もみとめられる。第一王朝時代（前三一〇〇ころ―二八九〇ころ）に現われるエジプトの文字は、シュメールの絵文字に触発されて生まれた可能性が大きい。エジプトの文字も絵文字から出発し、ヒエログラフのような高度な象形文字をつくりだしたが、自生のものであれば見られるであろう稚拙さの段階の絵文字は見いだせない。当初からほぼ完成された文字が使用されていたのであって、

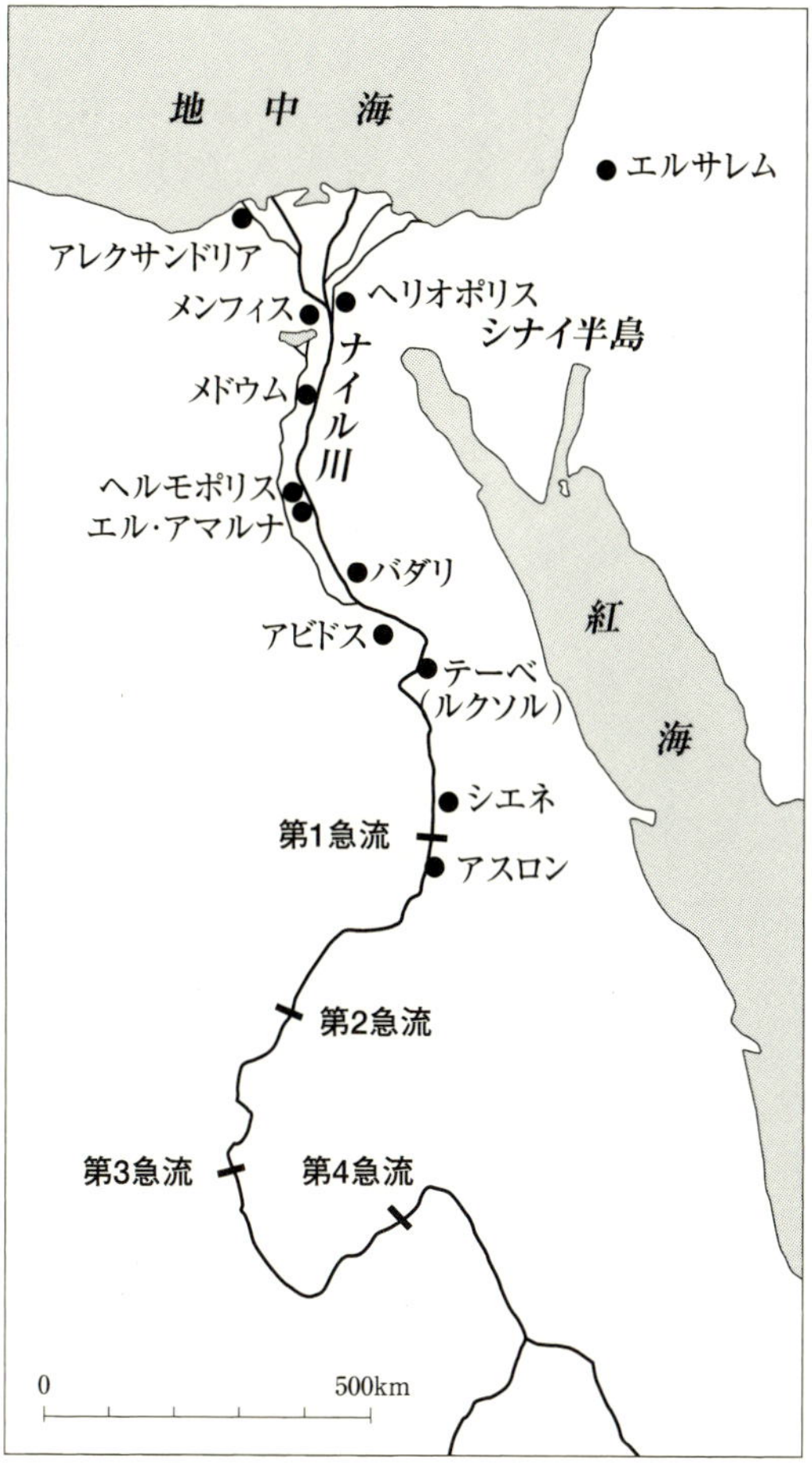

図14◆古代のエジプト

そのため、シュメールの絵文字をそっくり模倣したのではないにしろ、その影響のもとに、エジプトの絵文字が生まれたと考えられている。[33]

メソポタミア文明で特徴的な円筒印章はエジプトにも伝わり、第一王朝でも盛んに製造されている。ただ、円筒印章もエジプト式に変容した。材料は木製となり、そこには象形文字が彫られていた。使用目的も護符となった。[34]

エジプトの第一、二王朝に見られる日干し煉瓦造りの王墓もメソポタミアに共通するところがある。形は方形、一階建てのマスタバとよばれる墓であるが、第三王朝（前二六八六ころ―二六一三ころ）になると、マスタバを重ねた階段状ピラミッドが出現する。ジッグラトに似た構造となる。これらエジプトの初期の建築技術もシュメールの影響が指摘されている。[35] 材料はナイル渓谷から切り出される石灰石にかわる。

エジプト文明とメソポタミア文明の相違は大河にたいする意識の違いにもよる。両文明とも共通して大河が運んでくれる沃土がもたらしてくれる農業生産を基盤にしているが、メソポタミアでは大河の洪水を制御することが政治であったのにたいして、エジプトでは洪水は自然の恵みであった。洪水が収まった後、洪水が運んできてくれた沃土に麦の種を蒔《ま》き、渇水期に収穫するという洪水と共存した生産と生活があった。類似と差異、それが宇宙観にも反映していた。

### エジプトの宇宙創成論

古代エジプト人の宇宙観は、ヘルモポリス、ヘリオポリス、メンフィス、プシリスの神殿に属していた神官によって語り伝えられ、前三千年紀後半期にピラミッド・テキスト（ピラミッドの内部に記された碑文）に記された神話から読みとれる。そのなかでも重要なのはヘルモポリス、ヘリオポリスの神話である。[36]

ヘルモポリスの神話によると、世界は初め混沌の水ヌンに覆われていた。それは深淵と無限と暗闇と不可視と

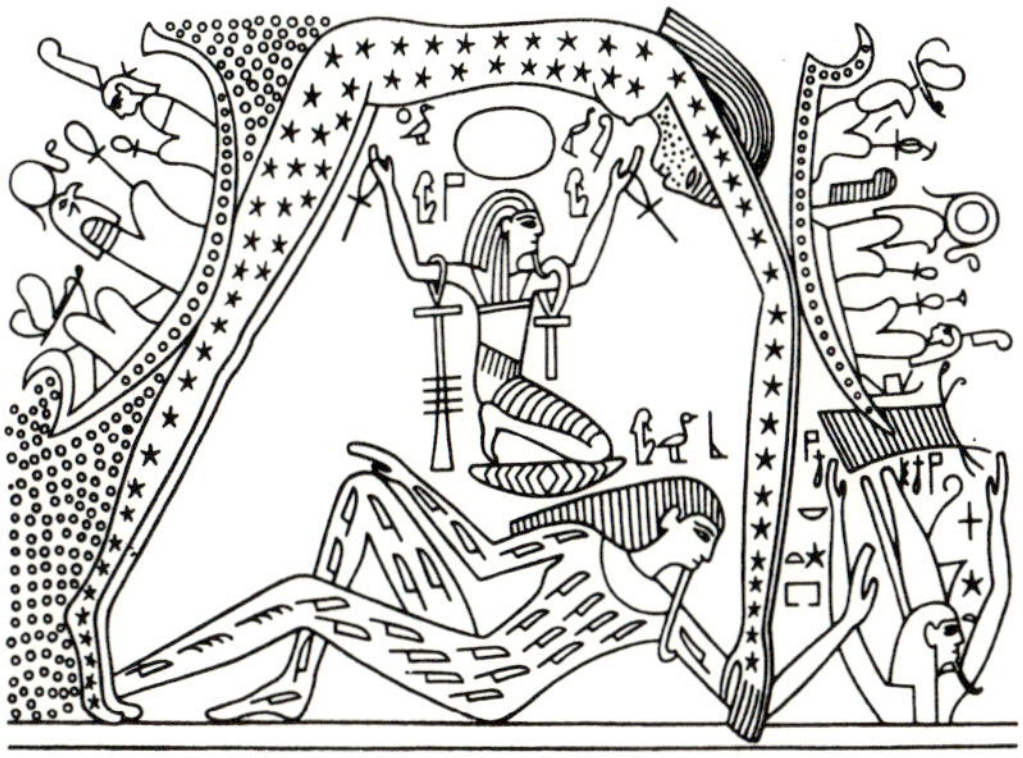

図15（上）◆シュウがヌト（天）とゲブ（地）を引き離す（J.チェルニー『エジプト神話』六興出版）

図16（右）◆ホルスを抱くイシス（Veronica Ions, *Egyptian Mythology*, Newnes Books）

いう四つの性格をもち、それぞれは一対の男女神として考えられていた。その後に八神のどのような働きによって天地が創成されたのかは語り伝えられていない。

ヘリオポリスの神話では、混沌の水ヌンから神アトゥムが原初の丘として出現、それは太陽神ラーと融合、ラー＝アトゥムとも称された。陸と光の出現を意味するアトゥムは、大気の男神シュウと湿気の女神テフヌトを産む。この二神から天の女神のヌトと大地の男神ゲブが誕生するが、ヌトとゲブは抱き合っていたので、大気の神である父のシュウは二神を切り離し、天と地を形成したという（図15）。「なる」型と「つくる」型が混合された宇宙創成論といえよう。

ヌトからは、オシリス、イシス、セト、ネプチュスの四神が生まれ、オシリスとイシスの兄妹は夫婦となる。オシリスは弟のセトに殺されるが、イシスは「二つの国

（上下エジプト）の王」とよばれるようになるホルスを生み育てる。それによって、現実の王ファラオは「生きるホルス」と称された。イシスはあたかも聖母マリアであるかのようである（図16）。

エジプトでも「初めに水があった」。混沌の海がもとになって生まれたヌトとゲブが、シュウによって分離されて天地が形成されたのである。話の細部は別にして、マルドゥクが水の神ティアマトを二分して天地を創造したという『エヌマ・エリシュ』の物語との類似性は明らかである。しかし、シュウにはマルドゥクのような王権との結びつきはない。王と結びつけられるのは、オシリスとイシスの子供であるホルス、そのホルスと王は同一視された。

王権の象徴にはナイルの神であるコブラのウラウエスもつかわれ、王は首をもたげるコブラの像を額につける。メソポタミアでは龍蛇の神ティアマトが王権の敵対者であったのと対蹠的である。

ナイル川と共存した生活と生産に、エジプトに生まれた王権の思想が見てとれる。ナイル川は肥沃な土を定期的に運んでくれる、あくまでも豊饒の川であった。したがって、ナイル川の蛇の神ウラウエスも豊饒のシンボルとなる。だからであろう、男性的なコブラが豊饒の神となったように、豊饒の神ミンも男神であった。それに対応して、エジプトでは、大地の神は男神、天の神は女神となる。メソポタミアでは逆であった。

人間の創造については、太陽神ラーが人間をはじめ動植物を創造したとの神話がつたえられるが、古くは羊神のクヌムが製陶用の轆轤《ろくろ》の上でつくったされる、粘土からの創造神話が伝わっていたという。粘土による人間の創造はメソポタミアをはじめ世界各地に見られる神話であった。◇37

## エジプトの宇宙構造論

神話からは宇宙の構造もよみとれる。平らな皿型の大地が原初の深淵ヌンに浮かぶ。そのまわりをヌンが囲んでもいた。バビロニアの宇宙に共通する点である。ヌンはあらゆる水の源泉で、ナイルの水もヌンから流れ出ると考えられていた。大地の上方には大気の神シュウが持ち上げている天が懸かる（図15）。
東の山の間から昇った太陽は船に乗って天を航行、西のヌンに沈むが、そこで夜の船に乗り換えて、地下の暗闇を航行して、翌朝に東の空に姿を現わす。あるいは、太陽は夕方には天の女神のヌトの口に入り、夜のあいだは女神の体の中を通って朝にはその膝からふたたび生まれるとも考えられた。[◇38]

エジプトにもバビロニアと同じように恒星を三六等分したデカノスの観念があった。ただし、バビロニア人が太陽が通過する黄道にそった星座（黄道十二宮）を考えていたのにたいして、エジプト人は天の赤道にそった星座に注目した。[◇39] バビロニアとちがってエジプトでは惑星の運行による占星術が重視されなかったこととも無関係ではないだろう。惑星が運行するのは黄道の近くである。

そのかわり、恒星の観測が重視されていた。恒星のシリウスが日の出の直前の東の空に出現するようになると、エジプトの大地を肥沃にしてくれるナイル川の氾濫がはじまるのである。そこで、エジプトではシリウスを基準とする太陽暦が採用された。

エジプトの太陽暦はユリウス・カエサル（シーザー）によってローマに取り入れられ、前四六年から実施された。一年を三六五日とし、四年ごとに閏月をおくユリウス暦である。それはキリスト教とともに西方世界に広まり、東方世界にも運ばれた。

# 第2章 唯一神による万物の創造——ユダヤ教の宇宙観

バビロニア人と同じくセム系の民族であったユダヤ人は、カナンつまりパレスチナの地に定着する以前にはメソポタミアで牛、羊、山羊の群れを追う遊牧民であった。旧約聖書の『創世記』によると、「国民の父」であるアブラハムは南メソポタミアのウルに生まれ、ユダヤ人を率いて北メソポタミアのハランから「約束の地」のカナンに入ったという。この旧約聖書の記事の読み方は難しいが、メソポタミアにバビロン第一王朝を打ち立てたアモリ族などをふくむ民族の移動のひとつであったと思われる。

カナンは地中海気候の農業に適した土地、『申命記』は、「平野にも山にも川が流れ、泉が湧き、地下水が溢れる土地、小麦、ぶどう、いちじく、ざくろが実る土地、オリーブの木と蜜のある土地である」（八・七—八）と記す。前三千紀の中頃にはカナン人が住み、小王国を形成していた。ユダヤ人はその地に入ったのだが、そのときには定住することなく、エジプトへむかったとされている。ところが、エジプトでは奴隷的な生活が強いられた。このユダヤ人を救ったのがナイル川に捨てられながらパロ（ファラオ、エジプト王のこと）の王女に拾われ、エジプトの宮廷で育てられたモーセであった。モーセに率いられたユダヤ人はエジプトを脱出、前一二〇〇年ころからカナンに定住した。軍事的な侵略であったのか、平和的な浸透なのか、明らかにはされていない。

カナンに定住したユダヤ人は農耕と牧畜に従事、先住のカナン人の文明を受け継ぎながらみずからの王国の設立にむかう。サウルを王とする最初のイスラエルの王国が建てられたのは前一〇二〇年ごろである。それにつづくダビデ王は強力な王権によって国家を繁栄させ、エルサレムに神殿を建設した子のソロモン王の時代は「ソロモンの栄華」と讃えられた。そのために、住民は重税に苦しまねばならなかったのだが。

この遊牧の民を結束させたのは、祖先を同じくするとの同族意識と共通の神ヤハウェにたいする信仰であった。ヤハウェが唯一の神で、ヤハウェ以外の神を信仰してはならない。多神教の土地に生きながら、ユダヤ人は唯一神のヤハウェにみちびかれた。

前九二二年にソロモンが世を去ると、王国は北のイスラエル王国と南のユダ王国に分裂、その後、イスラエル王国はアッシリアの軍門にくだり、ユダ王国も新興の新バビロニアの王ネブカテアドネザル二世によって破壊され、多くのユダヤ人がバビロンに移された。

このバビロン捕囚はユダヤ人の宇宙論の歴史を画する意味をもつことになった。バビロンの地で、ユダヤ人はバビロニアの神話に接する。バビロニアの主神マルドゥクにたいする信仰を受け継ぐことはなかったが、水の神ティアマトを殺害して天と地からなる宇宙が創造したという『エヌマ・エリシュ』の創成神話の影響もうけながら旧約聖書の『創世記』第一章の天地万物の創造の物語を生み出したと考えられている。天地創造の神はみずからの信仰していた神ヤハウェと同一視されたエロヒームとされ、宇宙の材料は水の神ティアマトではなく物質的な水となる。神話的な怪獣は消える。それでも、ユダヤ人は宇宙論の構想はバビロニアから学んでいた。

唯一神による宇宙創造は西洋的宇宙観を貫く思想となる。

## 1 唯一神の誕生

### カナン定住とヤハウェ信仰

『出エジプト記』でヤハウェはモーセに、「わたしは主、あなたの神、あなたをエジプトの国、奴隷の家から導き出した神である」（二〇・二）との前文につづいて、旧約聖書の律法の基本である十戒を述べるが、その第一戒は「あなたには、わたしをおいてほかに神があってはならない」（二〇・三）であった。ヤハウェのみが民族を救済し、「約束の地」のカナンへ導いてくれる神であるという（図17）。

カナンの地では多くの神が信仰されていた。大麦・小麦、オリーブ、ブドウなどが生産されたカナンではあるが、河川に恵まれてはいない。メソポタミアのような灌漑農業は発達せず、天からの雨にたよる農業であった。そのため、多くの神のなかでも雨の神バアルの信仰は際立っていた（図18）。バアルはパンテオンの最高神エル（旧約ではエール、複数形はエロヒーム）につぐ偉大な神、あるいはエルの子とも見られた。[◇1]

モーセはヤハウェへの信仰を強要した。多数の神々が存在するなかで、ある特定の神を信仰するという単一神教の信仰である。モーセの後継者となったヨシュアのカナン定着の歴史を述べる『ヨシュア記』には、

あなたたちのうちに今なお残っているこれらの国民と交わり、その神々の名を唱えたり、誓ったりしてはならない。今日までしてきたように、ただあなたたちの神、主を固く信頼せよ（二三・七—八）

とある。ダビデ王から南ユダ国の滅亡までをしるした歴史書の『列王記上』では、

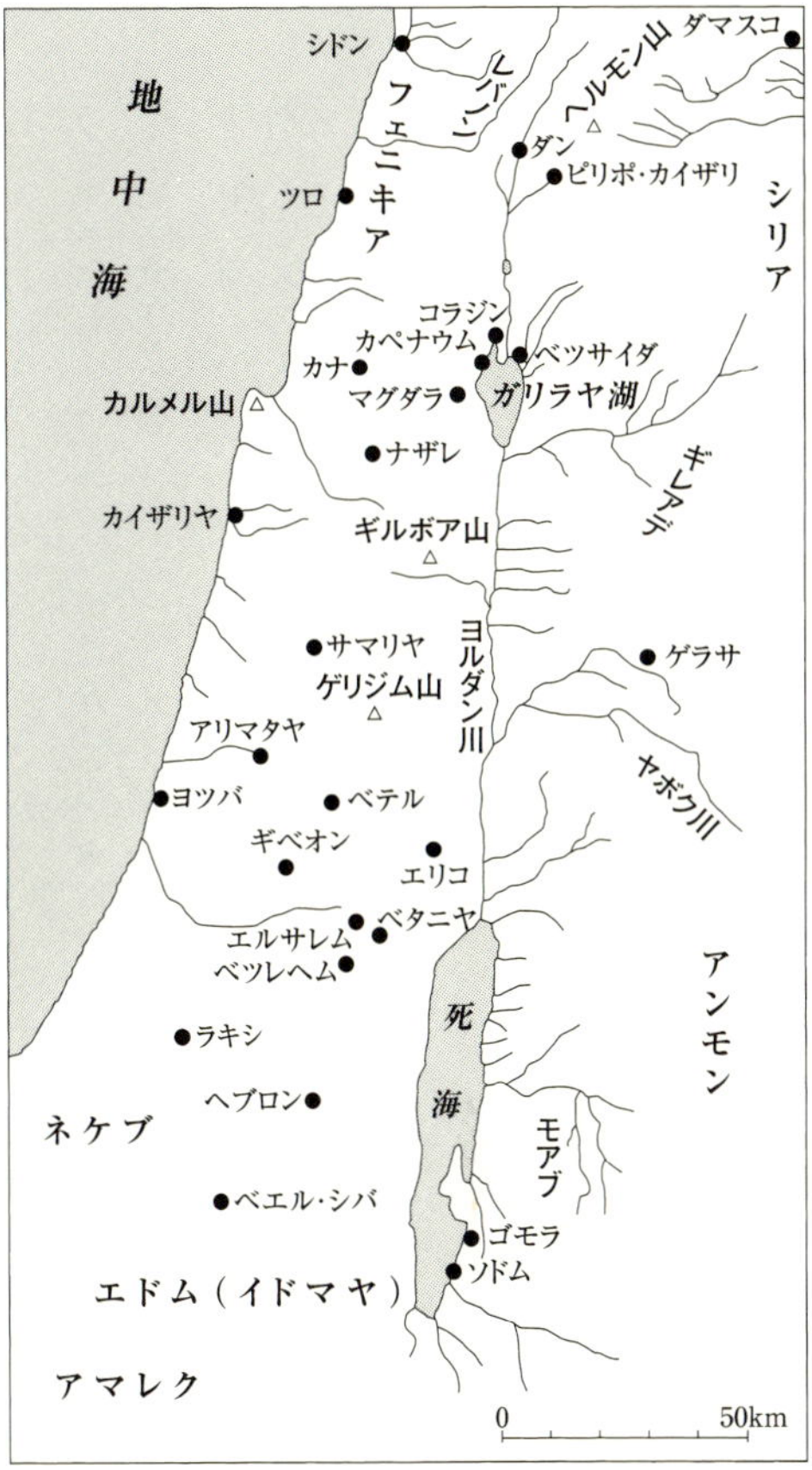


図18（上）◆バアルの浮彫碑石像。前2千年紀前半、ラス・シャムラ出土（高橋正男『旧約聖書の世界』時事通信社）

図17（右）◆古代のカナン

> こうして、地上のすべての民が、主こそ神であって、ほかに神のないことを知るに至るように。あなたたちはわたしたちの神、主と心を一つにし、今日《こんにち》そうであるようにその掟に従って歩み、その命令を守らなければならない（八・六〇―六一）。

と述べる。モーセ五書の最後にあげられる『申命記』（四・三九）もほとんどおなじ文章がみとめられる。ヤハウェを国家神に位置づけようとする過程で、単一神は唯一神に変容してゆく。

しかし、ユダヤ人のあいだ

にもカナンの神々への信仰が浸透していた。だからであろう、ヤハウェは豊饒の神バアルの性格をうけつぎ、雨をもたらす神と讃えられる。エルとバアルはヤハウェの別名としてもつかわれた。[◇2]『申命記』にはヤハウェについて、つぎのようにも述べる。

もしわたしが今日あなたたちに命じる戒めに、あなたたちがひたすら聞き従い、あなたたちの神、主を愛し、心を尽くし、魂を尽くして仕えるならば、わたしは、その季節季節に、あなたたちの土地に、秋の雨と春の雨を降らせる。あなたには穀物、新しいぶどう酒、オリーブ油の収穫がある。わたしはまた、あなたの家畜のために野に草を生えさせる。あなたは食べて満足する。あなたたちは、心変わりして主を離れ、他の神々に仕えそれにひれふさぬよう、注意しなさい。さもないと、主の怒りがあなたたちに向かって燃え上がり、天を閉ざされるであろう。雨は降らず、大地は実りをもたらさず、あなたたちは主が与えられる良い土地から直ちに滅び去る（一一・一三—一七）。

ヤハウェは恵みの雨を降らすことも、旱《ひでり》をもたらすこともできる神とみられていた。天候神であった。『詩篇』でもヤハウェは、「雲を駆って進む方」（六八・四）や「雲を御自分のための車とし」（一〇四・三）たと詠われた。

南ユダ国の王であったヨシヤは前六二一年に、このようなバアルと融合していたヤハウェ信仰を純粋のヤハウェの神にもどすという宗教改革に着手した。唯一神ヤハウェをモットーにして、偶像破壊を実行し、礼拝をエルサレム神殿へ集中化することによって儀式の純化をはかった。政治的には南ユダ国を軍事的に脅かしているアッシリアからの国家的自立を背景とするものであったが、『出エジプト記』の「あなたには、わたしをおいてほかに神があってはならない」というヤハウェ信仰の再確認であった。

図19◆バビロン捕囚の図（アンドレ・パロ『ニネヴェとバビロン』並木居斉二訳、みすず書房）

## バビロン捕囚

しかし、南ユダ国の国力を過信したヨシヤはエジプトに無謀な戦いを挑んで戦死し、その後国力を衰退させる。前五九七年、ヨシヤの孫のヨヤキン王のとき、エルサレムが新バビロニアの王ネブカドネツァル二世によって攻められると、ヨヤキン王はその軍門にくだり、王の家族、廷臣、兵士、職人などがバビロンに連行された（図19）。なおエルサレムでは抵抗がつづいたが、前五八七年にはエルサレムは焼き払われて陥落、南ユダ国は新バビロニアの属州となる。バビロンへの捕囚がつづき、前五八二年にも七四五人の捕囚があった。こうして、南ユダ国のうち主に上層階級の四万五千人以上のユダヤ人がバビロンに連れ去られ、農業や建設事業に従事させられた[◇3]。しかし、幽囚の民はバビロンの栄華に直に接することになる。エ・テメン・アン・キ（天と地の家）とよばれたジックラト（バベルの塔）や、マルドゥクを祀る神殿エ・サギラや宮殿といった壮大な建造物も目にしたであろう。エ・サギラで挙行される新年祭の行列やバビロンの主神マルドゥクを称える『エヌマ・エリシュ』の祭儀も見聞きしたことであろう。

　ユダヤ人が故国に帰還できたのは前五三八年、ペルシア王キュロス二世が新バビロニアを征服、ユダヤ人が解放されたときである。このとき破壊された神殿の再建を許す布告もだされた[◇4]。聖書の要約といわれ、旧約聖書の基本的な教えをすべて網羅している『イザヤ書』のなかでとくに興味ぶかいのは、バビロン捕囚の末期に登場した無名の予言者、いわゆる第二イザヤによって書かれた部分である（『イザヤ書』の四〇章から五五章まで）。第二イザヤはヤハウェを普遍化、ヤハウェの信仰を絶対的一神教に高めた（四〇・一―五）。ユダヤ教の誕生にむかう。第二イザヤは『イザヤ書』でいう、

わたしより前に造られた神はなく、
わたしより後《のち》にもない。
ただわたしのみ主である。
わたしのほかに救う者はいない（四三・一〇―一一）。

ヨシアの宗教改革はバビロン捕囚で挫折したかにみえたが、バビロン捕囚を機に単一神教から一神教に純化された。他の神の存在は否定される。しかも、ヤハウェには配偶者もなければ、子もない。永遠の神となる。孤独な人間が唯一の神に対面する。

**創造主としてのヤハウェ**

それだけでない、『申命記』のヤハウェにはなかった宇宙の創造者・管理者・支配者という役割が付与された。第二イザヤは『イザヤ書』で、

主は天をベールのように広げ、天幕のように張りその上に御座を置かれる（四〇・二二）。

とも語る。天を遊牧民の天幕のように張ったというのである（図20）。宇宙は直方体と考えていたようである。

この天を張ったというヤハウェの権能は、『エヌマ・エリシュ』においてティアマットの半身を張りめぐらして天としたというバビロンの主神マルドゥクの物語に通ずるものがある。第二イザヤは、

　主はとこしえにいます神
　地の果てに及ぶすべてのものの造り主。
　倦むことなく、疲れることなく、その英知は究めがたい
　（『イザヤ書』四〇・二八）。

とも、また、

　わたしは主、万物の造り主《ぬし》。
　自ら天を延《の》べ、独り地を踏み広げた（『イザヤ書』四四・二四）。

とも語る。

このヤハウェの創造者としての性格はヤハウェ（YHWH）が「ある」のヘブライ語のハーヤーに由来することと結びついて考えられよう。モーセはその名の意味をヤハウェに問うたとき、ヤハウェは「わたしはある。わたしはあるという者だ」（『出エジプト記』三・一四）と答えてもいる。

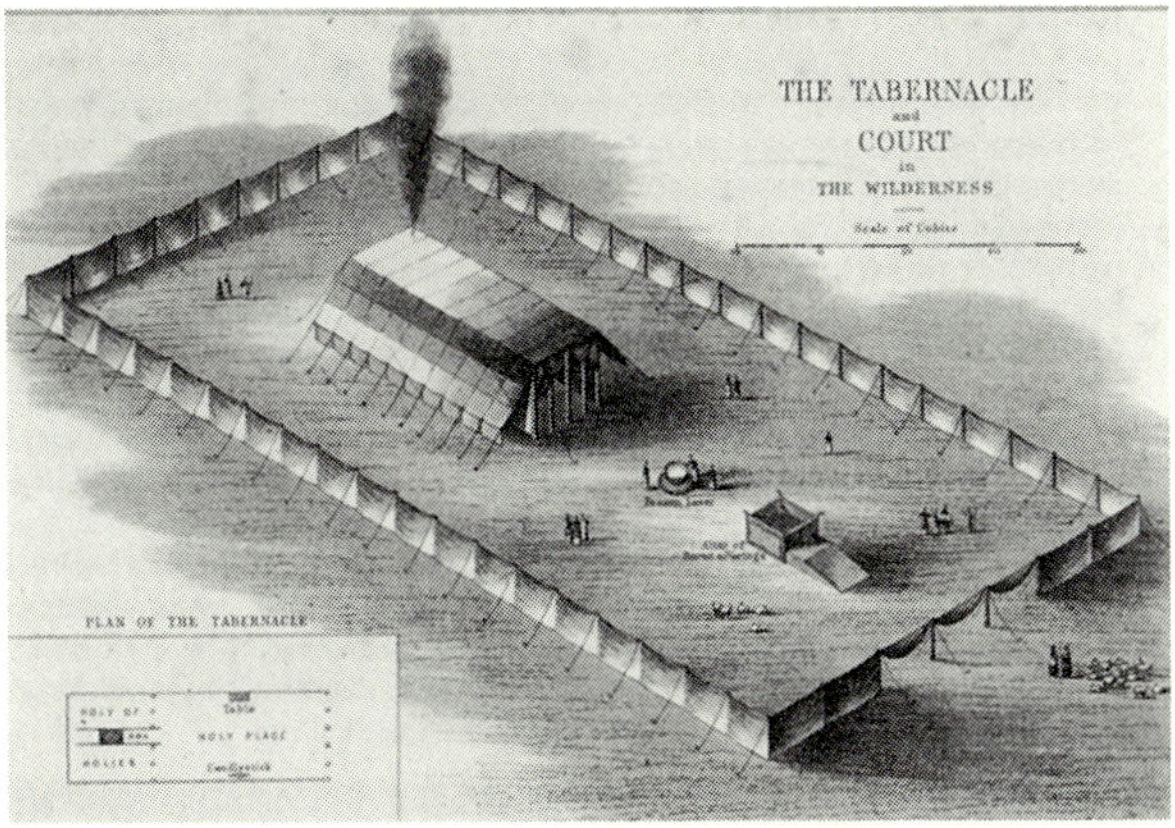

図20◆天幕の復原（J. R. Porter, *The Illustrated Guide to the Bible,* Oxford University Press）

こうして、ユダヤ人はマルドゥクの神話から天地創造の神話をとり入れるが、マルドゥクを崇拝することはない。それどころか、マルドゥクを物笑いの対象とする。第二イザヤは、バビロンの新年祭ではエ・サギラの神殿に祀られているマルドゥク像を運ぶ行進がおこなわれたが、その行進を、「ベルはかがみ込み、ネボは倒れ伏す。彼らの像は獣や家畜に負わされ、お前たちの担いでいたものは重荷となって、疲れた動物に負わされる」(『イザヤ書』四六・一)と述べている。ベルはマルドゥクのこと、ネボ(ナブ)はマルドゥクの子で、南の都市ボルシッパの主神であった。そして、ヤハウェはイスラエルの民に、「わたしはあなたたちを造った。わたしが担い、背負い、救い出す」(『イザヤ書』六・四)、とよびかけていた。ヤハウェこそが創造の神であり、救済の神であると宣する。

こうしたユダヤ人固有の信仰と捕囚時代のバビロニア体験から生まれたのが、旧約聖書『創世記』の冒頭に掲げる天地創造の物語である。バビロンの守護神マルドゥクを蔑みながらも、ここでもマルドゥクの神話の影響をうけていた。

## 2 『創世記』の宇宙論

### 光と天地の創造

『創世記』は「初めに、神は天地を創造された」(一・一)にはじまる第一章一節から二章四節までを、神エロヒームによる六日間の天地万物の創造と七日目の安息の物語にあてる。原初の闇と渾沌と水を前提にして、神が光、天地、天体、植物、動物、人類というあらゆる存在の創造者であったということは、神の全能性を表明するものであった。

世界が生まれる以前の原初の混沌と水については、

地は混沌であって、闇が深淵の面《おもて》にあり、神の霊が水の面を動いていた（一・二）。

と記す。暗黒の深淵が渦巻く混沌、そこには神の意志ともいえる霊がただよっている。あたかも荒涼とした夜明け前の海のようである。神の第一日と第二日の業は暗黒からの光明をもたらして昼夜をつくり、水を分けて天地を生み出すことである。


神は言われた。

「光あれ」。

こうして光があった。神は光を見て、良しとされた。神は光と闇を分け、光を昼と呼び、闇を夜と呼ばれた。夕べがあり、朝があった。第一の日である。

神は言われた。

「水の中に大空あれ。水と水を分けよ」。

神は大空を造り、大空の下と大空の上に水を分けさせられた。そのようになった。

神は大空を天と呼ばれた。夕べがあり、朝があった。第二の日である（一・三―八）。


まず最初に、暗黒からの光を創造した。『エヌマ・エリシュ』には光の創造は見られないが、ベロッソスの『バビロニア誌』にはマルドゥクによる暗黒からの光の創造の神話が記されていた。それから推察すると、バビロニアでの捕囚時代に学んだ神話である可能性を否定できない。

ただ、暗黒からの光の創造は広く分布する神話であって、それに限定するべきではないだろう。エジプトには暗黒のヌンから光の神アテムが出現するという創成神話が伝えられていた。『創世記』よりも早く成立したギリシアの『神統記』でも（八四ページ）、原初のカオスから「幽冥」と「暗い夜」が生じ、夜から「澄明」と「昼日」が生じたと書かれていた。それに、旧約聖書の『ダニエル書』の終末論は新バビロニアを滅ぼしてユダヤ人を解放したペルシア人の国教であるゾロアスター教をもとに成立したと考えられているが、このゾロアスター教は世界を光（善・生命）と闇（悪・死）が対立・闘争しあう場とみていた。

バビロニアの影響が明白であるのは第二日の水の分離による天地の創造である。『エヌマ・エリシュ』のマルドゥクも水の神のティアマトを二分して天地を創造した。「深淵」のヘブライ語テホームは水の神であり、混沌の龍であったティアマト（『バビロニア誌』ではタムテ）と同根の言葉である。[◇5]

影響はみとめられても、マルドゥクはその影もみられない。ヤハウェと同一視されたエロヒームが創造の神とされた。[◇6]もちろん、「つくる」型の宇宙創成論である。その創造にさいしては、武器も道具もつかわない。「あれ」との命令だけで創造をする。ティアマトのような怪獣も登場しない。原初に存在したのは暗黒と水だけである。そこで響くのは神の厳かな声だけ、そこに光が現われ、天地が生まれる。

『創世記』の天地の創造神話は抽象化されている。しかし、旧約聖書全体に目をむけると、ティアマトのような怪獣も姿を見せる。『詩篇』には、

あなたは、御力をもって海を分け、
大水の上で竜の頭を砕かれました。
レビヤタンの頭を打ち砕き
それを砂漠の民の食糧とされたのもあなたです。

あなたは、泉や川を開かれましたが
絶えることのない大河の水を涸らされました。
あはたは、太陽と光を放つ物を備えられました。昼はあなたのもの、そして夜もあなたのものです。
あなたは、地の境をことごとく定められました。
夏と冬を造られたのもあなたです（七四・一三―一七）。

と、怪獣のレビヤタンの殺害にあわせて、天体や昼夜、地の境界や季節を創造している。同旨の話は、『詩篇』一〇四や『ヨブ記』二六、『イザヤ書』五一などにも見える。

ユダヤ教はティアマトのような怪獣をすべて排除したのではない。ただ、『創世記』は聖所で祭司が会衆をまえにして読み上げる祭祀用の文であった。◇7 それには、威厳と格調がもとめられたのだろう。神の神聖さと全能性を称えるには、怪獣よりも暗黒と深淵がふさわしかったのだろう。「あれ」の命令だけで創造がおこなわれたほうが望ましかったのだろう。

## 動植物と天体と人間の創造

三日目には、陸と海が分離される。

「天の下の水は一つところに集まれ。乾いた所が現れよ」。
そのようになった。神は乾いた所を地と呼び、水の集まった所を海と呼ばれた（一・九―一〇）。

こうして生じた地には種《たね》のできる草と種をもつ実をつける果実を創造する。生物で最初につくったのは植物であった。四日目には太陽と月と星をつくり、昼と夜を治めさせた。

「天の大空に光る物があって、昼と夜を分け、季節のしるし、日や年のしるしとなれ。天の大空に光る物があって、地を照らせ」。そのようになった。神は二つの大きな光る物と星を造り、大きな方に昼を治めさせ、小さい方に夜を治めさせられた。神はそれらを大空に置いて、地を照らさせ、昼と夜を治めさせ、光と闇を分けさせられた（一・一四―一八）。

「季節のしるし、日や年のしるし」とは、天体の運行の観測と暦の関係のことである。古代メソポタミア社会では崇拝の対象であった太陽や月も神エロヒームの創造物、時を告げ、地上を明かりで照らす物でしかない。五日目には鳥と巨大な怪物を創造した。植物についで、動物が創造される。怪物はティアマトをはじめとするメソポタミアの神話に登場する怪獣をさす。六日目には魚、鳥、家畜、野獣、土を這うものをつくり、最後に人間の創造にむかう。


「我々にかたどり、我々に似せて、人を造ろう。そして海の魚《うお》、空の鳥、家畜、地の獣、地を這うものすべてを支配させよう」。

神は御自分にかたどって人を創造された。

神にかたどって創造された。

男と女に創造された。

神は彼らを祝福して言われた。

「産めよ、増えよ、地に満ちて地を従わせよ。海の魚、空の鳥、地の上を這う生き物をすべて支配せよ」
（一・二六―二八）。

人は神のかたちに似せてつくられた。この「神の像」を可視的な像と読むこともできるが、そうではなく、精神や知性において似ると解釈物してよいだろう。神は姿をみせず、その偶像をつくることも禁じられていた。

ここでは、神・人間・動植物のヒエラルキーが強調される。神にゆだねられたとしても、人間は他の生物とは異なる特権を与えられている。あたかも神が人間を支配するように、人間は動植物の自然界を支配する。技術史家のリン・ホワイトは、ここに「人間が自然の搾取者」となって生態学的な危機をもたらした思想的な源泉があるとの意見を述べている。◇8『エヌマ・エリシュ』では人間は神の労働の軽減のために創造されたのだが、聖書では人間が他の動物を支配する。メソポタミアでは人間は自然でもある神との関係で語られていたが、聖書では、神と自然は分離され、人間が自然に優位するとされる。

こうして、「天地万物は完成された」。七日目は安息日。七日を単位とするのは、『エヌマ・エリシュ』にも見られたように、月の満ち欠けの周期二九日のほぼ四分の一、新月（朔）から半月（上弦）までの時間である。太陰太陽暦で生活をしていたバビロニアの習慣に起源する。

## もうひとつの人間創造の物語

『創世記』は第二章の四節から、もう一度主ヤハウェによる人間の創造の物語を繰り返す。この物語の資料（ヤハウェ資料）は第一章の創造の物語よりも古く、前九世紀ごろのものである。ここでは「神」エロヒームにかわって、「主なる神」ヤハウェ・エロヒームが使われる。「主」ヤハウェがエロヒームと同一神であることから「主なる神」とよばれた（三章でも「主なる神」がつかわれるが、四章以降は「主」ヤハウェとなる）。

主なる神が地と天を創造されたとき、地上にはまだ野の木も、野の草も生えていなかった。主なる神が地上に雨をお送りにならなかったからである。まだ土を耕す人もいなかった。しかし、水が地下から湧き出て、土の面をすべて潤した（二・四―六）。

原初の世界は荒野であった。水が主題にのぼっても、天地を形成する水ではない。ユダヤ人の遊牧と農耕に欠かせない生活のための水である。牧草と泉を求めて荒野を移動していた遊牧民のころの記憶と、カナンの地に定住してからも豊饒の水を乞い求めて、雨の神バアルと融合させたヤハウェを信仰していたユダヤ人の心情が読みとれる。「天と地」ではなく「地と天」というように、大地の豊饒こそが大切で、そのためには豊かな水にめぐまれなければならない。シュメールの『エンキとニンフルサグ』で水の神エンキが荒野に水を供給したという神話が想起させよう。

大地に生きる遊牧や農耕の民には天地の創造への関心は薄い。主たる関心はイスラエルの民の歴史にあり、その前段として、人間の誕生が語られる。

主なる神は、土（アダマ）の塵で人（アダム）を形づくり、その鼻に息をいれられた。人はこうして生きるものとなった（二・七）。

言葉による創造である第一章とはちがって、ヤハウェはみずからの手で人間を象《かたど》り、息を吹きかけて命をあたえた。ユダヤ人も古くは姿をあらわし行動する擬人的なヤハウェを考えていたようだ。

「土」アダマとアダムとの語呂合わせがあり、土アダマから創られたから最初の人間はアダムと称されたのだろう。土からの人間創造は世界の各地にみられる人間創成神話であり、メソポタミアの神話にもみとめられた。『エヌマ・エリシュ』ではティアマト軍の総司令官であったキングの血から人間が創造され、同じくバビロニアの『アトラ・ハーシス物語』では、ニントゥ（ニンフルサグ）がある殺された神の肉と血に粘土をこね合わせて人類を創造した。

図21◆エデンの園の原型と思われる情景を描いたマリ（シリア）出土の壁画。前1750年ころ。瓶からは４筋の水が流れ出る（J. R. Porter, *The Illustrated Guide to the Bible,* Oxford University Press）

## エデンの園

土から造ったアダムを神はエデンの園に住まわせた。旧訳では「エデンの東」だが、新訳では原文に忠実に「東の方のエデン」と訳された。カナンの東にあるとされたエデンには、生命の木と善悪を知る木が生え、ピソン、ギボン、ヒデケル、ユフラテの四つの河の水源がある（図21）。ピソンとギボンは不詳であるが、ヒデケル、ユフラテはそれぞれティグリス川とユーフラテス川である。ティグリス川とユーフラテス川の水源ということからは、メソポタミアの北方の地と想定されるが、東の地などという性格からは、シュメールの『洪水伝説』ではノアに相当するジウスドゥラの永住の地であり、『エンキとニフルサグ』では「浄らかな」国といわれた土地ディルムンとむすびつけて考えられることもある。[◇9] アッカド語では平原、ヘブライ語では喜びを意味する。

神は「人が独りでいるのは良くない」といって、もう一度、土から家畜・空の鳥・野獣をつくり（魚への言及はない）、それを人間のもとに連れてくる。さらに、

主なる神はそこで、人を深い眠りに落とされた。人が眠り込むと、あばら骨の一部を抜き取り、その跡を肉でふさがれた。そして、人から抜き取ったあばら骨で女を造り上げられた（二・二一―二二）。

最初の創造の物語とはちがって、この第二の物語では神・人間・動物・植物のヒエラルキーなどには目がむけられない。大地とともに生きた、より古い時代のユダヤ人の宇宙意識が読みとれよう。

しかし、第二の物語で説かれるのは人間の原罪で、アダムとエバが蛇に唆《そその》かされて善悪を知る木の実を食べたことをさす。ほんらい善悪を知るということは神の領域であり、人間がそこを侵すことは許されない。アダムとエバはエデンの園を追放される。人間が善悪を知ることを倫理の基本としたプラトンやアリストテレスとは異質な世界である。

## ノアの洪水

アダムとエバの堕罪はもとより、カインの弟殺しのような堕落・腐敗が、神が創造した人間のあいだにはびこるのを見て、神は人間を大洪水で地上から一掃しようとした。しかし、神とともに正義に生きたノアは特別で、ノアの一家だけは助けようとし、そのため、ノアに巨大な箱舟を建造することを命ずる。命令にしたがって、ノアはその建造にとりかかり、そこに家族と動物を乗せると、それから一週間後、豪雨がはじまる。『創世記』はいう、「大いなる深淵の源がことごとく裂け、天の窓が開かれた」（六・一〇）。神は天地の創造のときに原初の水を二分し、天と地に水を湛えさせたが、その水が噴出し、地上を水で溢れさせたのである。

水はますます勢いを加えて地上にみなぎり、およそ天の下にある高い山はすべて覆われた。水は勢いをまして更にその上一五アンマ（六・七メートルほど）に達し、山々を覆った。地上で動いていた肉なるものはすべて、鳥も家畜も獣も地に群がり這うものも人も、ことごとく息絶えた。乾いた地のすべてのもののうち、その鼻に命の息と霊のあるものはことごとく死んだ。地の面にいた生き物はすべて、人をはじめ、家畜、這うもの、空の鳥に至るまでぬぐい去られた（七・一九―二三）。

洪水は人間の家畜も他のすべての生き物も全滅させた。神は創造をするだけでなく、滅亡させる力をももつ。神の全能性の証しでもあった。

雨は四〇日間降り注ぎ、洪水は一年つづいたが、やがて、「深淵の源と天の窓が閉じられたので」（『創世記』八・二）、雨は降り止み、地上から水がひき、地は乾いた。これも神の力による。そこに人類の祖となるノアの一家と動物たちが降り立つ。ふたたび新しい世界がはじまる。神はみずからが創造した世界を水没させたが、その洪水も退けて、陸が生じて、そこに人類の祖が住む。これは神が混沌の水から天地を創造、地の水を乾かして陸をつくり、そこに人間を創造したという冒頭の創造の物語の繰り返しであると見ることができよう。洪水が去り、新しい世界がはじまったとき、神はノアの一家に、「産めよ、増えよ、地に満ちよ。地のすべての獣と空のすべての鳥は、地を這うすべてのものと海のすべての魚と共に、あなたたちの前に恐れおののき、あなたたちの手にゆだねられる」（九・一―二）と述べるが、これも『創世記』の第六日目にかたられた「産めよ、増えよ、地に満ちて地に従わせよ。海の魚、地の上を這う生き物すべてを支配せよ」のリフレインである。

このノアの洪水の物語もユダヤ人固有のものではない。よく似た洪水神話はバビロニアの叙事詩『ギルガメッシュ』でも語られていた。『創世記』が人類の創造につづいて洪水による滅亡を語っており、その点では、ニントゥ（ニンフルサグ）がある神の肉と血と粘土からの人類を創造の後に、洪水神話による人類の滅亡の話を語るバビロニアの『アトラ・ハーシス物語』と共通する。シュメール神話の『洪水神話』でも、アン、エンリル、エンキ、ニンフルサグが人類を創造した物語について、ジウスドゥラを主人公とする洪水神話が語られる。

『創世記』のノアの洪水の物語はこれらメソポタミアに広く流布していた洪水伝説をもとに成立したと推察される。洪水の原因についても、『エヌマ・エリシュ』では天の水を流出させないように、閂《かんぬき》を通し、番人をおいたのだが（☆ページ）、『創世記』では「天の窓」という言い方がされる。天は堅く、そこに水が湛えられている。『創世記』の洪水神話では倫理性が色濃くなって、腐敗・堕落した人間に下された罰とみなされるが、宇宙論的にみれば、洪水神話は人類の終末と再生の神話であったといえる。世界は原初の混沌の水にもどり、すべての生き物が死に絶えたのち、あらためて陸地が現われ、ノアを祖とする人類の歴史がはじまる。実際、キリストの死後、終末が切迫していると考えられていた時代には、ノアの洪水は世界の終末の物語と解されていた。たとえば、『マタイによる福音書』では、「人の子（キリスト）が現われるのも、ノアの時と同じだからである」（二四・三七）と述べられている。

## 旧約聖書の宇宙構造

聖書は宇宙の創成や人間の滅亡を詳細に記すが、宇宙の構造については特別に語るところはない。聖書全体としても構造への関心は乏しい。それでも、『創世記』の語る宇宙創成論の記述からは、世界が天と地からなり、天には水が湛えられ、大地は水で支えられているというのが編纂者の共通の認識だった。だから、ノアの洪水の物語でも、「大いなる深淵の源がことごとく裂け、天の窓が開かれた」（『創世記』六・一〇）結果、洪水が生じたのであり、「深淵の源と天の窓が閉じられ」（『創世記』八・二）ので、水は退いたのである。「深淵（海）」がめぐっている大地は「地の柱」に支えられているとされた（『ヨブ記』九・六、『詩篇』七五・四）。大地の下には死者の住み処《か》であるシェオルがある（図22）。
天と大地は円形と考えられていたと思われるが、「地の四方の果て」（『イザヤ書』一一・一二）といった表現からは方形との見方もあったようだ。天についても、「天の四方」（『ヨブ記』三七・三）とある。前述のように、『イザヤ書』では「主は天をベールのように広げ、天幕のように張り」（四〇・二二）と述べられていた。天幕は方形であった。

この天幕説によれば、宇宙は全体として直方体である。ヤハウェの命によってモーセによってつくられた「天幕」は十誡を刻んだ石板を納めた「契約の箱」を安置していた聖所で、高さと幅が四・五メートル、奥行きが一三・五メートルほどであった。この「天幕」の聖所は移動式であったが、ソロモン王はエルサレムに石造りの神殿を建立した。その高さは一五メートル、幅は二〇メートル、奥行きは三〇メートルほどの直方体形の神殿であったと推定されている。

図22◆聖書の宇宙構造（C. ブラッカー、M. ローウェ編『古代の宇宙論』矢島祐利・矢島文夫訳、海鳴社）

時代はくだるが、天と地のより詳しい構造が記されているのが、前二世紀に成立した旧約聖書・偽書の『エノク書』がある。そこには、エノクが天使に導かれ天上・地上・地下を巡る旅行の報告がふくまれている。◇10

天は七層からなる。最下層の第一天は雪

と氷と雲と露の貯蔵所である。第二天には星の輝く谷がある。第三天の北には地獄が存在する。第四天には天のイエルサレムと聖なる神殿と祭壇があり、この天では太陽や月の戦車にのって大地をへめぐっている。第五天の北も地獄的な世界である。第六天では天文学を学ぶものが住む。最上層の第七天には第四天の神殿の御座につく神の住まいがあった。各天の支配者は天使である。第一天はガブリエル、第二天はラファエル、第三天はミカエルといった具合である。そのほかにも多数の天使が住み、第七天は熾天使や智天使にかこまれている。大地も天に対応して七つの層からなる。そのうち上から二番目の第六大地アルクァが地獄のゲヘナで、炎と闇からなり、その地獄の最上層がシェオルであった。

前にも述べたように、バビロニアではバビロンのジックラトは「天と地の家」、バビロニアの宇宙構造論を象徴するものであった。階段状のジックラトは多層の天に対応するとも考えられた（四八ページ）。旧約聖書『創世記』に登場するバベルの塔はこのバビロンのジックラトのことである。バベルもバビロンも「神の門」のこと、「神の門」を意味するアッカド語のバブ・イルが、ヘブライ語ではなまってバベルとなり、ギリシア語やラテン語ではバビロンと称されるようになったものである。

しかし、ユダヤ人はこのような宇宙を象徴する建造物を認めない。神は人間の高慢さを罰したのであり、天と地をむすびつける宇宙を否定する。洪水後、ふたたび神の領域である天にも届く塔を建てようとした高慢な人間を罰し、人類の言語を乱し、多民族に分けたという。ヤハウェは超越的神となり、神の天と人間の地は隔絶される。メソポタミアに見られた天と神にたいする考えと決定的に異なるところである。

## 旧約聖書の終末論

バビロニアを滅ぼし、ユダヤ人をバビロンの捕囚から解放したアケメネス朝ペルシアのキュロス二世は政治的にはユダヤ人を支配下においたが、宗教的には寛大であった。ペルシアの国教であるゾロアスター教をユダヤ人所《ところ》にあるのだ。……だから、かれらは、ユダヤ人の祭儀に強制しない。それどころか、破壊されたエルサレムの神殿の建設を許可している。前三三二年アレクサンドロス大王はペルシアを滅ぼし、アレクサンドロスの死後にはプトレマイオス王朝の支配にうつるが、プトレマイオス王朝もユダヤ人に寛容な政策でのぞみ、わずかな貢納を命ずるだけで、ユダヤ人の自治を認めていた。◇11 首都のアレクサンドリアに移住するユダヤ人も多かった。アレクサンドリアの東地区にはユダヤ人地区も生まれた。そのため、プトレマイオス二世の援助によって、エルサレムからアレクサンドリアに派遣された七〇人の長老によって、カナンの地を離れてヘブライ語を読めなくなったユダヤ人のためにヘブライ語の聖書がギリシア語に翻訳されていた。『七十人訳聖書』である。

しかし前一九八年にパレスティナがセレウコス王朝シリアの支配下にはいり、前一七五年にアテナイ生まれのアンティオコス四世はユダヤ人にたいして強引なギリシア化政策をおしすすめた。エルサレムの建物はギリシア風に建て替えられるとともに、エルサレムの神殿にはゼウス像が建立されて、その崇拝が強要される。その一方で、聖書は焼かれ、ユダヤ教の安息日や割礼が禁じられる。もちろん多くのユダヤ人はこうしたギリシア化政策に反発、前一六八年には、ユダヤ人の解放をめざしてマカバイ家（ハスモン家）が立ち上がったマカバイ戦争が起こった。

ユダヤ人のあいだに復活の思想が浮上するのはこのころである。マカバイ戦争を記す旧約聖書・外典の『マカバイ記二』には、ヤハウェの信仰を貫いた七人の兄弟の殉教を語るところで、拷問にかけられた一人は息を引き取る間際に、「世界の王（神）は、律法のために死ぬわれわれを永遠の新しい命へとよみがえらせてくださるのだ」（七・九）と述べたという。それまではヤハウェはあくまでも現世の運命を導いてくれる神、ユダヤ人のあいだには復活の信仰はみとめられなかった。

復活の思想とともに世界の終末が語られるのは前一六四年、マカベア戦争のさなかに書かれた『ダニエル書』である。ユダヤ人の少年ダニエルの幻視にあらわれたのは怪獣の姿をしたバビロン、メディア、ペルシア、ギリシア。ともにユダヤ人を迫害してきた大帝国である。「小さい角」の怪獣であるギリシアとは今ユダヤ人を迫害しているセレウコス朝シリアのこと。最後の審判にあっては、火の炎の玉座が用意され、それには燃える火の車輪がついている。玉座の元からは火の川が流れている。玉座の座った神は人間の行為を記録した巻物を広げ、審判がくだされる。「小さい角」の怪獣のギリシアは殺され、火の川に投げ込まれる。世界を支配していた帝国は滅び、ユダヤ人は解放された。

　世界帝国の滅亡はこの世の終末であり、「永遠の国」の到来のときと考えられた。この終末のときには神の審判があり、死んだ人々もよみがえり、裁かれる。『ダニエル書』はいう。

　しかし、その時には救われるであろう
　お前の民、あの書に記された人々は。
　多くの者が地の塵《ちり》の中の眠りから目覚める。
　ある者は永遠の生命に入り
　ある者は永久に続く恥と憎悪の的となる（一二・一―二）。

ここにはユダヤ人の「永遠の国」にたいする待望が表明されている。それはダビデの王国の再現への期待であり、そのため、ダビデの子孫から救世主メシアが現われるであろうと考えていた。こうして『創世記』から『ダニエル書』にいたる旧約聖書は、天地と人間の創造から終末までを語るユダヤ人にとっての宇宙史であった。

　ユダヤ人は宇宙創成論をバビロニアから学んだが、国家統治の正当化を語るバビロニアの神話には終末や解放の神話はない。『ダニエル書』の終末論は、ユダヤ人をバビロン捕囚から解放してくれたペルシアのゾロアスター教からの影響であるとみられている。[◇12] ペルシアの支配下にあったユダヤ人は、七世紀ペルシアの国教となったゾロアスター教の信仰の終末論の影響をうけていたのである。

善と光の神であるアフラ・マズダーと悪と闇の神であるアンラ・マンユという対立を基軸とするゾロアスター教では、世界の創造にはじまる歴史は三〇〇〇年ずつの四期に分割され、その最後の第四期には善の悪にたいする決戦が開始されるが、このとき救世主サオシュヤントが出現、善が勝利し、最後の審判がおこなわれる。そして、この終末のときの情景を中世ペルシア語で書かれた『ブンダヒシュン』は、地上は火に包まれ、火は山中の鉱物を溶かし、火の川が流れると描いていた。◇13『ダニエル書』の記す終末の状況との類似性は明らかである。とくに「火の川」の表現をふくめて、火の終末は『ダニエル書』にもみられる。

## マカバイ朝の興亡とユダヤ人

セレウコス朝シリアに対して立ち上がったマカバイ戦争はどうなったか。マカバイ家の反乱にはハスィディーム（敬虔主義者）とよばれる律法遵守者たちが参加、ゲリラ戦でセレウコス朝シリアの正規軍に戦いを挑んで、前一三四年についに勝利した。しかし、権力を奪取したマカバイ朝が神殿貴族（サドカイ派）と結託したため、ハスィディームは野党化、シナゴーグ（会堂）を中心にして律法の厳格な実践にもとづく布教活動につとめるパリサイ派として再生する。パリサイ派は『ダニエル書』が説くような終末や最後の審判の教義をもっていた。

マカバイ朝による統治は西のイタリア半島の都市国家に発したローマ帝国に脅かされる。パレスティナの地にもローマの軍勢が押し寄せ、エルサレムの神殿を破壊した。前六三年には異教徒ローマの属州となり、ローマから王に任じられたヘロデの支配下にはいった。それで収まったわけではない。政治的・宗教的な抗争はやまなかった。一時再興されたマカバイ朝はヘロデ王によって倒されたが、ユダヤ教が滅んだわけでない。ローマに反発しながら律法遵守の立場にたつパリサイ派がなお力をもっていた。ヘロデ王の時代に勢力を強めたのがローマ帝国に協調的な祭司を中心とするサドカイ派である。富裕な貴族階級に支持されたサドカイ派は、パリサイ派とはちがって、終末思想を否定する。

この終末的な不安が民族を覆っていた時代に、ガラリヤのナザレでイエスが誕生した。

# 第3章　美と幾何学の発見——ギリシア哲学の宇宙論

バビロニア人がメソポタミアに侵入し、ユダヤ人がメソポタミアからカナンをめがけて移動を開始した前二〇〇〇年ころ、北のヨーロッパ内陸で牧畜生活をしていたインド・ヨーロッパ語族のギリシア人がバルカン半島を南下しはじめた。半島に定住した彼らは先住の農耕文化を取り入れる一方でクレタ文明をも吸収し、ミュケナイ文明を育てた。オリーブ油やワインの製造、建築、冶金、作陶の技術にすぐれたミュケナイ文明は、巨石をつかった城塞をもち、青銅製の武器と馬のひく二輪の馬車を主要な戦力とする王国を生みだす。クレタ文明の線文字Aを改変した線文字もつかうようになった。

前十二世紀ころには、鉄器の武器を手にしたギリシア人の一派であるドーリア人が侵入、それに押し出されるように先住のギリシア人であるアイオリス人やイオニア人も移動する。その結果、ギリシア人の居住域はギリシア本土からエーゲ海の島々や小アジアにまでひろまり、北部のアイオリス人、中部のイオニア人、南部のドーリア人に分かれた。それによってギリシアは「暗黒時代」に入ったといわれるが、ドーリア人のもたらした鉄器の技術は農業生産を向上させ、ポリス時代のギリシアを準備することになった。

このポリス時代以前のギリシア人の宇宙観を伝えてくれるのが詩人のホメロスやヘシオドスである。それは、神々が活躍する神話的な宇宙観、宇宙の創成も神々の系譜として語られていた。そこにはメソポタミアやエジプトからの影響もみとめられる。

前八世紀までには都市国家ポリスが各地に形成された。城壁に囲まれ、広場アゴラと都市の守護神を祀る神殿を中心とし、そこには王が住む。外見的にはメソポタミアの都市国家が再現されたかのようであった。しかし、王とはいってもメソポタミアのように神の絶対的な権威を後ろ盾にすることはない、貴族の代表といった地位にすぎなかった。

ギリシアのポリス社会は、製陶や毛織物などの工業を発達させ、地中海、黒海を利用した大規模な商業貿易にのりだした。新しいギリシア文字も開発され、貨幣も使用しはじめる。経済的な力を強めた商工業者を主力とする市民が主役の民主主義を根づかせる。ギリシアの地に革命的な政治がはじまった。

そこに革命的な宇宙論が登場した。小アジアのポリス・ミレトスに現われた自然哲学者は神を排除した科学的な宇宙論を唱えはじめた。そのひとりアナクシマンドロスは対称性という幾何学的な原理をもとに大地はなにも支えられることなく宙に浮かんでいることを主張する。宇宙は秩序体、美しくあらねばならない。ミレトスに近いサモス生まれのピュタゴラスとその学派は、同じ原理から大地は球形であるとの宇宙論を唱える。大地は他の天体と同じように動いているとの考えもだされた。そこにはギリシアの市民に定着した平等の原理が宇宙論にもつらぬかれる。

これらの宇宙論を基礎にしてプラトンがアテナイに開いた学校アカデメイアでは、地球を中心に惑星と恒星が回転するという天球地球説の宇宙論が研究される。そのなかでアリストテレスは物質論と運動論を統一した体系的な宇宙論を確立した。

美と幾何学の原理は近代のヨーロッパで復活、宇宙論の指導的精神となるであろう。

# 1　ギリシア神話の宇宙観

## ヘシオドスの『神統記』が語る宇宙創成論

詩人のホメロスが活躍したのは前九世紀ころ、ヘシオドスは八世紀ころの人間と推定されている。ギリシア人が「暗黒時代」を脱してギリシアの各地にポリスが成立する時期である（図23）。ホメロスはその実在を疑問視されるほど、正体不明の詩人なのだが、トロイア戦争中のできごとを記した長編叙事詩『イリアス』『オディッセイア』はギリシア人に読み伝えられてきた。ヘシオドスはアテナイの西北一〇〇キロメートルほどのところにあるヘリコーン山の近くに住んでいた農民詩人、叙事詩『神統記』はギリシアの神々の誕生と由来を述べたものであり、『仕事と日』は農民にたいする一種の教訓詩である。これらの叙事詩のなかから、私たちはギリシア人の心のなかに神々が生きていた時代の宇宙観が読みとれる。とくに、『神統記』にみられる神々の系譜は宇宙の創成の物語でもあった。

『神統記』は宇宙の創成をゼウスの娘である詩の女神ムウサに、つぎのように語らせる。

まず原初にカオスが生じた　さてつぎに
胸幅広い大地《ガイア》　雪を戴くオリュンポスの頂に
宮居する八百万《やおろず》の神々の常久《とこしえ》に揺ぎない御座《みくら》なる大地、と
路広《みちひろ》の大地の奥底にある曖々《あいあい》たるタルタロス
さらに不死の神々のうちでも並びなく美しいエロスが生じたもうた。

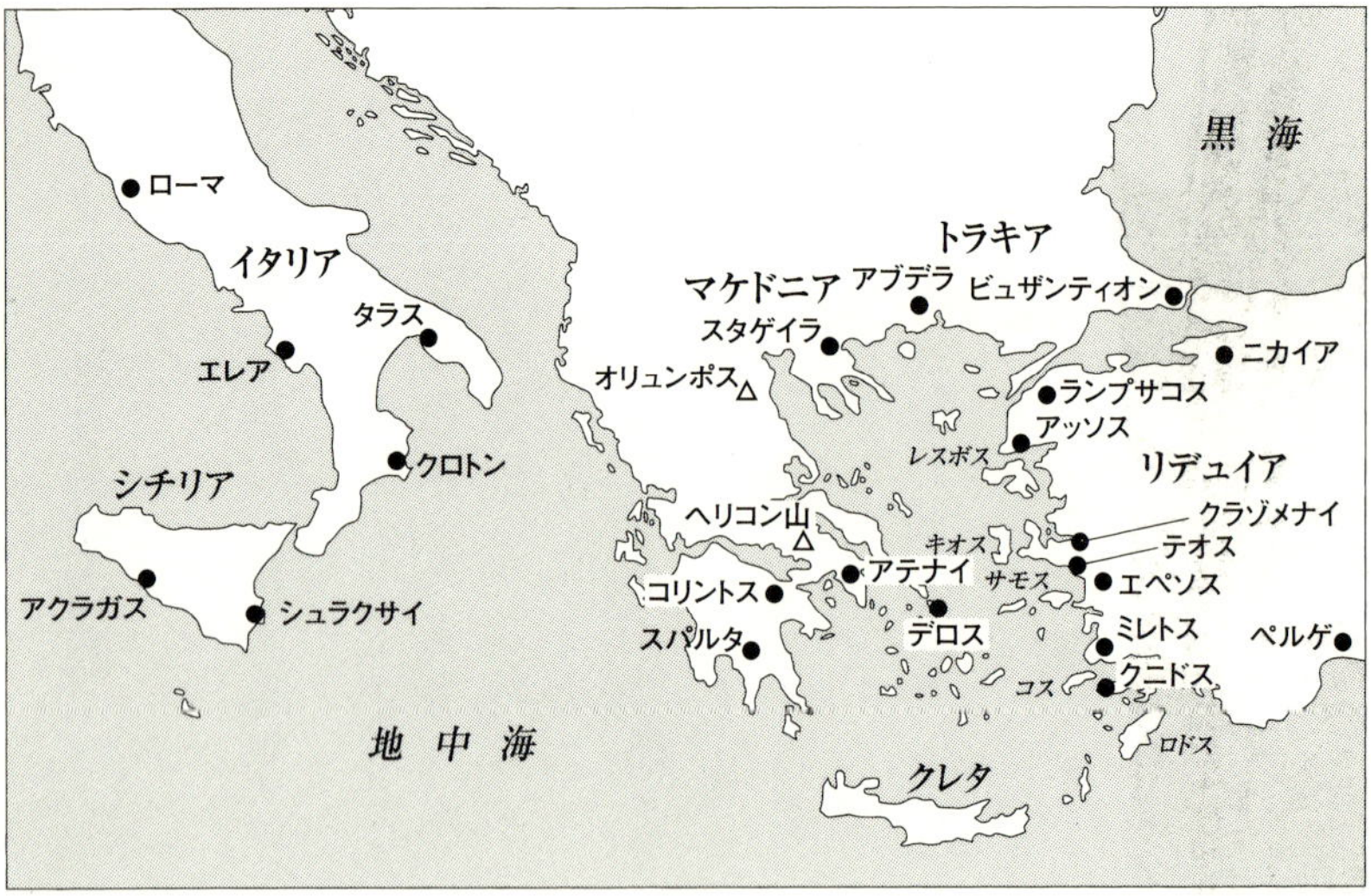


図23◆ポリス時代のギリシア

この神は四肢の力を萎えさせ　神々と人間ども　よ
　ろずの者の
胸うちの思慮と考え深い心をうち拉《ひし》ぐ。
カオスから　幽冥《エレボス》と暗い夜《ヌュクス》が生じた
つぎに夜から澄明《アイテール》と昼日《ヘメレ》が生じた
夜が幽冥と情愛の契りして身重となり　生みたもう
　たのである。
さて大地《ガイア》は　まずはじめに彼女自身と同じ大きさの
星散乱《ちりば》える　天《ウラノス》を生んだ　天が彼女《ガイア》をすっかり覆い
　つくし
幸《さきわ》う神々の　常久に揺ぎない御座となるように。
また大地は　高い山々を生みたもうた
緑蔭濃い山々に棲む女精《ユニンペ》の女神たちの楽しい遊山の
　場所を。
また（大地は）大浪荒れる不毛の海
ポントスを生んだ　喜ばしい情愛の契りもせずに。
　さてつぎに
天に添い寝して生みたもうたものは　深渦の巻く
　大洋《オケアノス》
コイオス　クレイオス　ヒュペリオン　イアペトス

テイア　レイア　テミス　ムネモシュネ
黄金の冠つけたポイベ　愛らしいテチュス
これらのあとから　末っ子　悪智恵長《た》けたクロノス
子供たちのなかでいちばん怖るべき者が生まれた　この者は強壮な父親（天《ウラノス》）を憎んだ（一一六行以下）。

クロノスと妻のレアの末っ子がゼウスである。以下、『神統記』はゼウスがいかにして最高権力者の地位につくことができたかを語る。

すべてはカオスから誕生した。カオスは混沌の意味でつかわれるようになるが、「広漠たるもの」が本義であったらしい。カオスから最初に生成されたのが、大地《ガイア》、タルタロス、エロス。タルタロスは地下世界、エロスは愛の神、生命・生殖の原理。どちらも母なる大地の神の重要な属性があげられたように思われる。

まずカオスから生まれたのが「幽冥と夜」、そこから「澄明と昼日」が生ずる。これは、『創世記』冒頭で神が混沌の闇から光（昼）と闇（夜）を創造したのに対応する話である。これから考えると、カオスは『創世記』の混沌の闇に近いものであったと推察される。

天地の創成については、カオスから生じた大地が天を生んだと述べる。山や海もガイアが生んだもの、大地をめぐる大洋オケアノスはガイアとウラノスの間に生まれた子供とされた。「なる」型に「うむ」型が加わった宇宙創成論といえる。

太陽や月の創成については、

テイアは、ヒュペリオンの愛をうけては
大いなる太陽《ヘリオス》　輝く月《セレネ》　曙《エオス》を　生まれた（三七一行）。

と述べる。テイアとヒュペリオンも、ガイアとウラノスの間に生まれた女神と男神である。さらに、曙《エオス》は「暁をもたらす者《エオスポロス》（暁の明星）」と天を飾る煌《きらめく》星辰（星々）」を生む。

光（昼）と闇（夜）、大地と天、太陽と月と星々の創成。全体として『創世記』に似た構成となっていることが注目される。バビロニアの宇宙観と比較して考えれば、前に『創世記』と『エヌマ・エリシュ』の宇宙創成論の共通性を述べる機会があったが、同じことは『神統記』と『エヌマ・エリシュ』についてもいえる。ギリシア人のヘシオドスもメソポタミアの宇宙創成論の影響圏にあった可能性が否定できない。

しかし、『創世記』とちがって、『神統記』には創造の神は現われない。大地《ガイア》が、植物を生育させるように、山や海だけでなく天までも生成したというのである。『仕事と日』でも「母なる大地」とよばれていたように、ギリシア人は大地を万物生成の源とみていた。

ゼウスというのはギリシア人が北のヨーロッパ内陸で牧畜生活をしていた時代から信仰されていた神であり、そのゼウスが古い土着の神のティタン族を打ちのめしたとの話が展開されるのだが、それは、『エヌマ・エリシュ』においてバビロンの守護神のマルドゥクが始祖の神であるティアマトを退治する物語を想起させる。だが、ゼウスは天の統治者とはされても、天地の創造者と見られることはない。なお、ゼウスは、ギリシア人とおなじインド・ヨーロッパ語族のインド・アーリア人に信仰されていた天の神のデアウスと同一の神だった。[◇1]

『神統記』には原初の水は現われない。シュメールのナンムウのような「母なる海」もバビロニアの龍神ティアマトのような水の神も現われない。海《ポントス》も大洋《オケアノス》も大地《ガイア》の子でしかない。水の原初性は剝奪されている。

ただ、ヘシオドスよりも古いホメロスになると、『イリアス』には「万物を生成したオケアノス」（一四・二四四）とある。アリストテレスも『形而上学』で、古い時代には「オケアノスとテチュスを万物生成の父母である」（九五三b）という見解が存在したことを記していた。オアケアノスは蛇の神ともみられる。[◇2]ギリシアにもメソポタミアと同じような水の宇宙創成論が存在していたと考えられるのである。

## ギリシア神話の宇宙構造

神統譜の形で宇宙の創成を語るヘシオドスも、宇宙の構造にたする関心は薄い。この点で『創世記』に共通する。それでも、ヘシオドスやホメロスの言葉から、彼らが抱いていた宇宙像の一端が推察でき、そこにギリシア人の宇宙観の特徴をよみとれる。

先に引用した文で、ヘシオドスは大地について「胸幅広い」とか「路広の」と述べるだけで、その具体的な形を語っていない。天についても「星散乱《ちりば》える」と形容するのみである。しかし、ホメロスは『イリアス』のなかで、オケアノスについての「またその上には滔々として力強く流れるオケアノスの河流を置いた、しっかりとこしらえあげた大楯のいちばん縁のところに」との表現から、ホメロスが大地を円形であり、そのまわりを大洋が囲んでいると考えていたことが分かる。ギリシアの兵士のもつ楯は直径が一メートル弱の円盤形だった（図24）。ということは、バビロニアで出土した粘土板の世界地図が描く大地と同じようなものであるということである。

図24◆アンフォラに描かれたギリシアの楯。前6世紀（J. M. Huwit, *The Art and Culture of Early Greece 1100-480BC,* Cornell University Press）

大地が円形であれば、『神統記』が大地「彼女自身と同じ大きさの星散乱《ちりば》える天」を生んだとあるから、天も円形、あるいは半球形と考えていたと想像される（図25）。バビロニア人も天を同じように考えていた可能性についてはすでに述べた。[◇3]

この天の高さについても『神統記』で語る。ゼウスを頭首とするオリュンポスの軍勢に敗れたティタン族はタルタロス（地下世界）に送られるのだが、

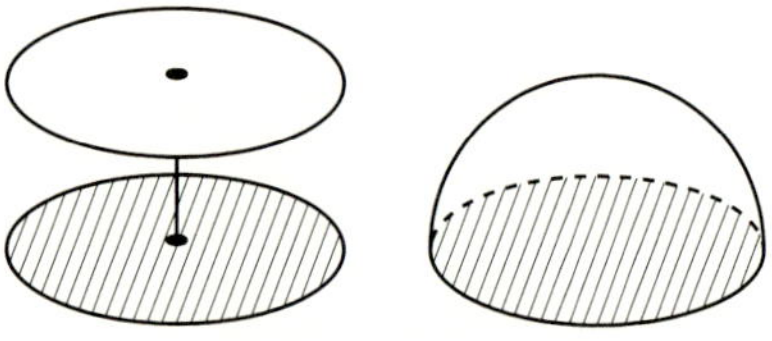

図25◆ギリシア神話の天地

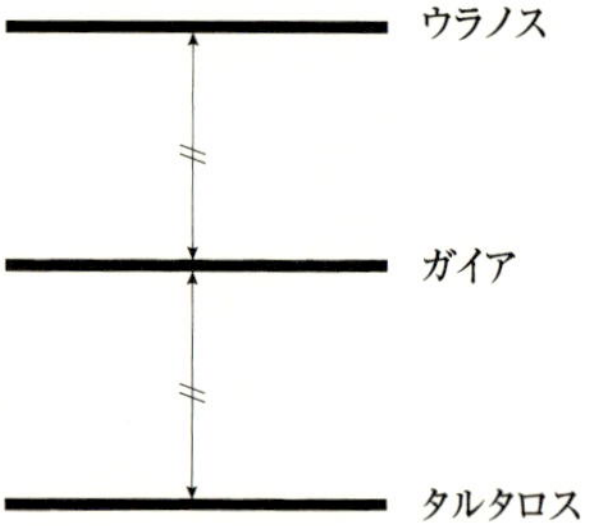


図26◆ギリシア神話における天・大地・地下世界の垂直構造

そのタルタロスを描写したところで、

この者ども（ティタンども）を大地の下へと送った
のだ。
天が大地から離れているのと同じほど地の下はるか
なところに。
というのも、大地から　曖々たるタルタロスまでは
それほど遠く隔たっているのだ。
すなわち　青銅の鉄床《かなとこ》が天から　九日九夜も落ちつ
づけて
やっと十日目に大地にとどくだろうから。
さらにまた　青銅の鉄床は　大地から九日九夜も落ちつづけて
十日目にようやくタルタロスにとどくだろうからである（七一九行以下）。

と述べる。

天と大地の間隔は青銅の鉄床が天から十日間落ちつづける距離であるという。さらに、大地からタルタロスまでの距離は天から大地までの距離に等しい。すでにホメロスも『イリアス』（八・一六）で、タルタロスについて「それで天と地が離れている距離だけ、ハデスの奥底にあるというのだ」と述べていた（図26）。

大地と天の円形性、大地を中心とする天とタルタロスの等距離性。ギリシア神話の宇宙は幾何学的である。対称性の強調された宇宙であった。創造神の不在とともに心に留めてほしい点である。ギリシアの科学的宇宙論の特質として、あらためて議論されるであろう。

## 人間の誕生と滅亡

ヘシオドスの『神統記』はゼウスから多くの英雄が生まれ、英雄の諸家より貴族の祖先が出たとする。人間と神とを峻別しない。クセノパネスも述べていたように、神は盗みも騙しもすれば不倫もする。しかし同時に、『神統記』は貴族の由来を語ることで、貴族と平民の区別をしていた。ヘシオドス時代のギリシア人の社会意識も読みとれる。

ヘシオドスの『仕事と日』には、火と鍛冶の神であるヘパイストスが女神に似せて乙女を形づくったという話がつたえられていた（六〇行）。おなじような話は人間に火の贈り物をしたプロメテウスにも結びつけられており、アポロドーロスによれば、プロメテウスは土と水から人間を造ったという。◇4 このような物語とは別に、最初の人間はペラスゴイ人の先祖のペラスゴスであったが、そのペラスゴスはアルカデアの大地から生まれた、との話も伝えられている。◇5

ギリシア人は人間を土あるいは大地から生まれたと見ていたのだが、プロメテウスによる「つくる」型の人間創成論とペラスゴスのような「なる」型の人間創成論の二つがあったことになる。プロメテウスが文明の神であるように、前者は技術の重視された環境で産まれた人間創成論であるのにたいして、後者は大地からの生産に生きた農業生活のなかで生まれた人間創成論といえよう。

ギリシアもノアの箱舟と同系統の洪水神話が伝えられていた。ゼウスも人類の堕落を怒り、大洪水をおこして彼らを絶滅させようと決心した。しかし、プティーアの王デウカリオンと妻のピュラーの行いは正しく、罰するに値しないと思われたので、デウカリオンの父のプロメテウスは巨大な箱舟をつくるよう警告、それによって救われた。しかしデウカリオンは仲間が欲しくなる。そこでゼウスの教えにしたがって、デウカリオンが石を背後に投げると男が生まれ、妻のピュラーが石を背後に投げると女が生まれた。じつは石はガイアの骨だったのであって、人間の再創造も大地母神ガイアと結びつけられていたのである。◇6

明らかに、起源は聖書のノアの箱舟とおなじ、メソポタミアのシュメールに見られた洪水神話にさかのぼれる。洪水神話の分布は広い。

## 2 最初の科学者アナクシマンドロスの宇宙論

### ミレトス——民主政治のポリス

ポリス時代の初期、イオニア人によって小アジア（トルコ）に築かれたミレトスはもっとも繁栄していたポリスであった。毛織物と亜麻布（リンネル）の技術にすぐれ、羊毛製の衣類、掛布、絨毯は高級品としてその名が広く知られていた。今では海岸線が前進、ミレトスのポリスも平原のなかに残る高台の廃墟となってしまったが、当時は地中海に面した良港があって、そこを母港とする船が原料の羊毛を北のプリュギアや黒海方面から輸入、ミレトスで製品化され、地中海域と黒海沿岸に輸出したのである（図27）。

そのためにミレトスは黒海を中心として各地に貿易の拠点である植民市をもっていた。毛織物と亜麻布はもとより、皮革や金属を植民市を通して手に入れ、武器に生産して、羊毛品と同様に各地で売りさばく。オリーブ油も重要な輸出品であった。物の交易だけでない、ミレトスはヒッタイト、フェニキア、バビロニア、エジプトといった先進の文明を受容するのに有利な場所にあった。

前九世紀までには、ギリシアでも貿易では先輩であったフェニキア人から文字を学び、アルファベットの原型となるギリシア文字が生まれていた。ミュケナイ文明の線形B文字とはちがい表音文字であったギリシア文字は多様な言語の民族との貿易に都合がよかった（フェニキア文字には母音がなかったが、ギリシア人は母音をもちいた）。前七世紀にはミレトスは小アジアのリディアから貨幣を導入する。それが貿易を促進させたのはいうまでもいない。

大土地所有者であった貴族階級が支配するポリスとして形成されたミレトスも、僭主制をへて前五九〇年ころには、寡頭制をめざす大土地所有の貴族と大商工業者の富裕党《プルーテス》と民主制をめざす小農民と中商工業者に支持された手仕事党《ケイロマカ》の戦いが前五二五年までつづいた。民主政治の実現をもとめる市民は、長い党争を闘いぬくだけの政治的力を培っていたのである。◇7

このような政治闘争の時代に、最初の科学的宇宙論者といえるタレス（前六二四ころ—五六五ころ）、アナクシ

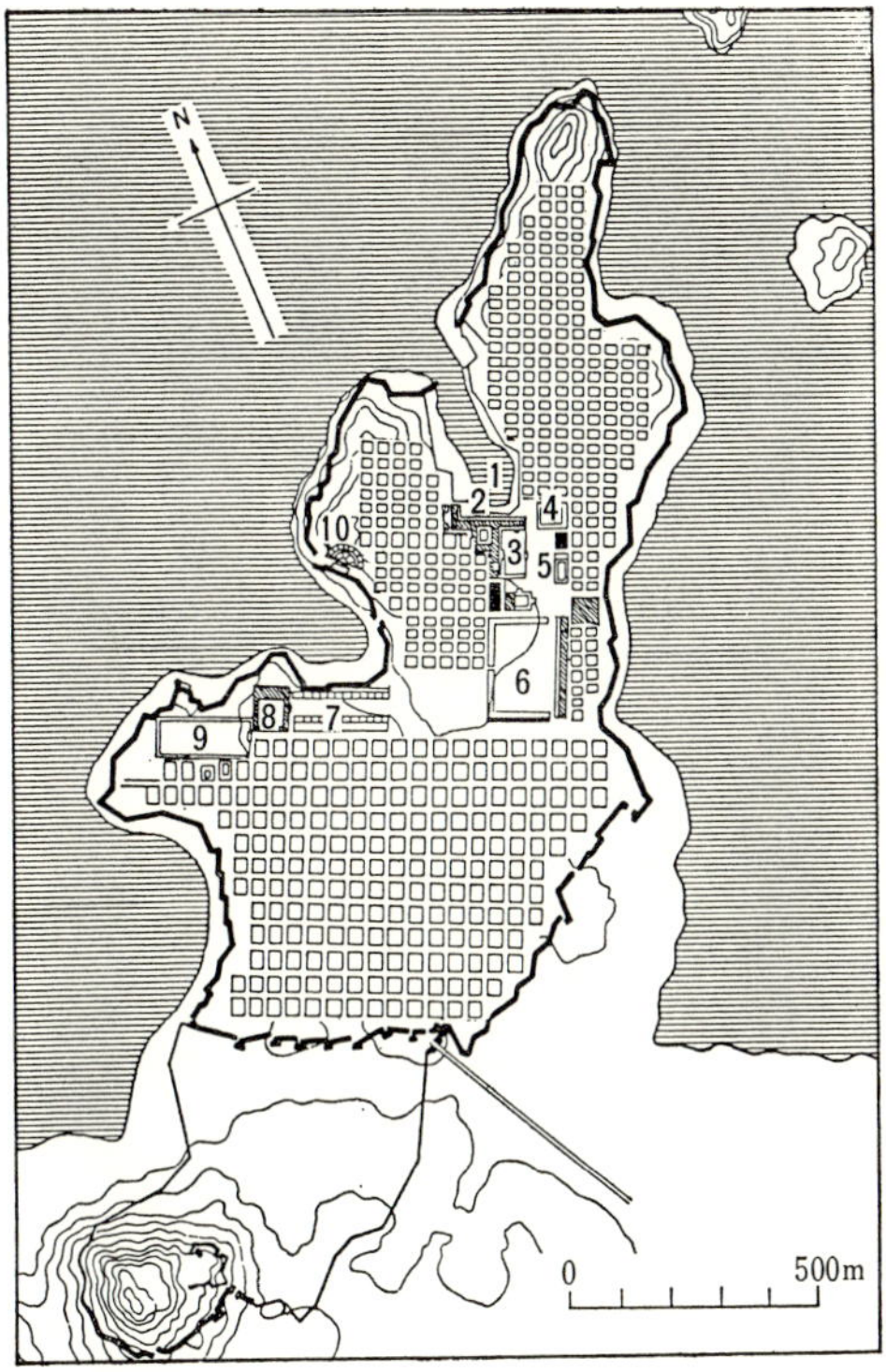


1. ライオンの港　2. 港の市場　3. 北アゴラ　4. アポロン神域
5. ギュムナシオン　6. 南アゴラ　7. スタディオン　8. 浴場
9. 西アゴラ　10. 劇場

図27◆古代ミレトスの市街図（L. ヴェーヴォ『図説・都市の世界史1』佐野敬彦・林寛治訳、相模書房）

マンドロス（前六一一ころ―五四七ころ）、アナクシメネス（前五八五ころ―五二六ころ）らの自然哲学者が登場する。工業と商業と民主主義。それが神話的な宇宙観を離脱させ、科学的な宇宙観にむかわせた。人類の歴史において、近代の「科学革命」に劣らない科学の革命であった。

## 神のない宇宙論――タレス

ミレトスの自然哲学者たちが活躍したのは、ホメロスやヘシオドスからわずか一世紀あまり後でしかないのだが、本質的に異なった宇宙の説明法があらわれる。ホメロスやヘシオドスは神と考えていた天も地も大洋も物理的な存在と見られるようになる。もちろん、創造主としての神とも無縁である。そして、説明の原理とされたのが始原アルケーであった。それは始まりとしての「始源」であるとともに、今ある自然を成り立たせている「原理」でもあるとされた。多様で変化する自然の根底に存在する不変なものはなにかに答えようとする。アリストテレスの言葉によると、

哲学の開祖タレスは水がそれ（始原）であるといっている（アリストテレス『形而上学』九八三b）。

最初の自然哲学者といえるタレスが始原アルケーとしたのは水で、万物は水から生まれたのであり、現に存在する万物も根源的には水からなる。あらゆる自然の現象は水によって説明できるのだ。ホメロスは神でもあったオケアノスを万物の母と考えてはいたが、タレスでは物理的な水となる。タレスも伝統的な神を完全に捨て去ったのではないが、神によって自然の運動や変化を説明しようとはしない。神のもっていた活動性を物質に内在させてしまったといえよう。物活論である。

タレスが宇宙の構造をどのように理解していたのかは伝えられていない。ただ、先の言葉につづいて、

このゆえに彼はまた大地が水の上に浮いているという意見をもっていた（アリトテレス『形而上学』九八三b）。

大地は木材のように水に浮かんでいる。水に浮かぶ大地であるから、地震が発生するともいう。海の神のポセイドンが大地を揺り動かすからではない。

水からの世界創成と水に浮かぶ大地。バビロニアにも存在した水の宇宙とも類似しており、その影響も否定できない。しかし、タレスの宇宙にはティアマトのような水の神は登場しない。まったく新しい自然の説明法が出現したのである。

## アナクシマンドロスの宇宙創成論

たしかにタレスの宇宙論は新境地を開拓したのだが、宇宙の創成と宇宙の構造を具体的には示していない。それにはタレスの弟子であるアナクシマンドロスをまたねばならない。

アナクシマンドロスが始原アルケーとしたのはト・アペイロン。ふつう「無限なもの」とよばれるが、特定の性質をもたないという意味で「無規定なもの」と称されるべきかもしれない。限定を意味するペイロスの否定形である。混沌の別の表現ともいえる。アナクシマンドロスは天地・万物はこのト・アペイロン（「無限なもの」）から生まれたと考えた。

また、現にあるこの世界の誕生のときに、永遠なるものから、熱いものと冷たいものとを生み出すものが分離し、これから生じた炎の球体が大地のまわりの空気を、あたかも「樹皮」が木のまわりを包むようにして、包み込んだ、とも言う。そして、その球体が破裂し、多数の円環状のものに閉じ込められることによって、太陽や月やもろもろの星ができたのである（『ソクラテス以前哲学者断片集』第一二章A一〇）。

といったアナクシマンドロスについての証言が残されている。ここでト・アペイロンは「永遠なもの」と称される。ト・アペイロンはまず「熱いもの」と「冷たいもの」とに分離する。その結果、「熱いもの」からは天体が、「冷たいもの」から大地がうまれ、大地を中心として、そのまわりを回転する太陽や月や星が生まれたとする。すぐ後で述べるが、アナクシマンドロスは大地は円盤であり、天体は空気の円環に閉じ込められた火が天体の実体で、円環に開けられた穴がわれわれに見える天体の像と考えた。樹木は円盤の大地、環というのは火の円環に相当する（図28）。

　科学史家のB・ファリントンは、窯業の工房や鍛冶の工場や厨房を連想させる宇宙論とみなした[◇8]。たしかに、植物の成長のモデルもつかわれているが、基調は火をつかった製品の加工に類似した宇宙創成論といえよう。それに付け加えるならば、商工業者の市民階級が主役となる民主主義の政治との関係も見逃せない[◇9]。特定の性質をもたないという意味での「無規定なもの」とは、「冷たいもの」でも「熱いもの」でもないこと、あるいはタレスのような水という特定の物質を優先するのではなく、水・土・空気・火のすべてを平等に包含するという意味で民主的なアルケー（始原）であった。ここに、ホメロスやヘシオドスの宇宙論が農業と専制政治の世界に育ったものであったのにたいして、アナクシマンドロスの宇宙論は商工業の発達と民主主義の高揚のなかで生まれたものであったといえる。

　それでも、擬人的な神は登場しなくなっても、ミレトスの自然哲学者たちが

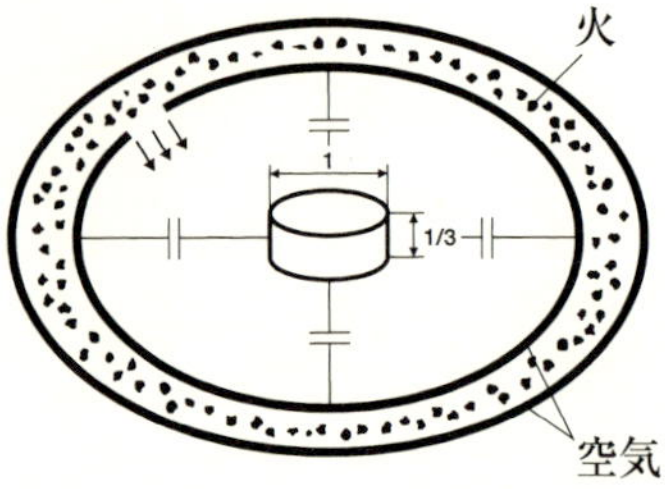

図28◆火の円環の天体。火の吐き出し口が太陽や月に見える

運動の原因は物質に内在すると見ていた点は強調されておかねばならない。天体はそれ自身で動く。

## 生物と人間の起源

アナクシマンドロスは宇宙の創成と似た見方で生物の誕生の過程を説明する。アエテオスの証言によると、

アナクシマンドロスによれば、最初の生物は、棘《とげ》のある「外皮」を纏《まと》った姿で湿ったものの中で生まれ、年齢を経るにつれて、より乾いたところへ進み出ていったが、「外皮」が破れると、わずかの間しか生存できなかったという（『ソクラテス以前哲学者断片集』第一二章A三〇）。

生物の根源は「熱いもの」である太陽と「冷たいもの」である水、そこから外皮（前出の「樹皮」とおなじくφλοιός）にとりかこまれ、それが破られて生命が発生する。天体と大地の創成によく似た過程ととらえていた。人間については、そのようにして発生した生命から生まれた魚を祖先として誕生したと考える。人間も進化の産物である。だから、アナクシマンドロスは最初のダーウィニストともよばれる。

人間の創成についても創造の神などは無縁、粘土から創られという神話からも解放されている。あくまでも自然学的な議論から人間の起源を説明する。ここにも、人間も動物の仲間であるとする平等の精神がみとめられる。

## アナクシマンドロスの宇宙構造論——宙に浮かぶ大地

ト・アペイロンから生成された天体と大地はどのような構造をしているとみられていたのか。前述のように、アナクシマンドロスは大地を円盤と考えていたが、円形というのは、バビロニア人の世界地図に描かれた大地の形であったし、それはホメロスもうけいれていた。伝統的な大地像であったといってよい。それに、ミレトスで

アナクシマンドロスが世を去るすこし前に生まれたヘカタイオスは円形の大地の地図を描いていたと伝えられている（図29）。ヘカタイオスの世界地図は地中海を中心に、ホメロスの世界認識もそうであったように陸地が大洋オケアノスに囲まれたものであった。

アナクシマンドロスの新しい観点は大地を三次元的にとらえたところにある。

> 大地の形状は円筒形で、横の広がりに対して三分の一相当の縦の深さを持っている（『ソクラテス以前哲学者断片集』第一二章A一〇）。

と、述べていたという。高さと直径は一対三、円筒というよりも円盤といったほうがよい（図28）。この円盤形の大地は門人のアナクシメネス以下、デモクリトス、アナクサゴラスにも採用された。円盤の大地とちがって円環の天体は前にも後にも見られないアナクシマンドロス独自のものであった。天体の実体は大地をとりまく巨大な火の円環であると考えたのである。

図29◆ヘカタイオスの世界地図。スペインの北では錫（tin）がとれると考えられていた(O. A. W. Dilke, *Greek and Roman Maps*, Thames and Hudson)

> 諸天体は火の環状体であり、全宇宙的な火から分離してそれが空気に閉じ込められたものである。それには筒状のある種の噴出孔があり、そのところで天体の姿を呈する。したがって、噴出孔がふさがると、蝕が起こるのである（『ソクラテス以前哲学者断片集』第一二章A一一）。

天体は空気のチューブに閉じ込められた火の沸き出し口、

それがわれわれが見る太陽であり、月であり、星々である。古代のギリシア人にとっての空気《アエル》は透明な空気にかぎらず、不透明な霧や霞、それに闇などもふくむ気体的なものの総称であった。大地も天も円であり、円からなる宇宙であった。

天体の運行は火の円環の回転によって生ずるのであり、月の満ち欠けや日食・月食は火の穴の開閉によって起こるとみていた。月の輝きが太陽に光の反射光であり、日食と月食はそれぞれ大地と月の介在によって生起すると説明されるのは、つぎの世紀のエンペドクスやアナクサゴラスをまたねばならない（ただし、ふたりとも大地、太陽、月を円盤と考えていたのだが）。

火の円環の大きさについては、

太陽の円環は（大地の）二七倍、月（の円環は一九倍）であり、太陽は最も上方に位置し……、彷徨《さまよ》わざる星々（恒星）の円環は最も下方に位置している（『ソクラテス以前哲学者断片集』第一二章A一一）。

と考えていた。太陽の直径は大地の直径の二七倍であるという。別の証言では二八倍とするものが存在する。ここでの月の大きさを一九倍というのも『ソクラテス以前哲学者断片集』の編集者デールスが写本の空隙部分を補ったものである。これについて、哲学史家のJ・バーネットによって、この数値の違いは円環の内径によるか外径によるかの違いからきているとし、空隙部分は一八倍とすべきだとされた◇10。そうであると、太陽の円環の直径が大地の二七（＝九×三）倍、月の円環は一八（＝九×二）倍であることから、星の円環の大きさは大地の九（＝九×一）倍であったと推定される（**図30**）。惑星については述べられていないが、恒星と同じ位置にあるとされていたようだ。多数の穴をもつ、何個かの火の円環であったと想像されるが、詳細はわからない。

こうして、アナクシマンドロスの天体は九を単位とする同心円の構造をもつ。その中心にある大地も円形であり、大地の直径は厚さの三倍、大地もふくめると三の倍数で構成される円の宇宙であったといえる。

ミレトスに近いサモス島出身のピュタゴラスの世界に近い。あとでとりあげるが、生きた時代もアナクシマンドロスと重なるピュタゴラスは南イタリアに渡り、数と形と比例を原理とする自然哲学を発展させていた。

## 対称性の原理

しかし、アナクシマンドロスの宇宙論が革命的であるのは、大地はなににも支えられていないと考えた点にあった。大地は宙に静止している！　タレスのように大地の浮ぶ水などは必要がないのだ。その理由をアナクシマンドロスは、

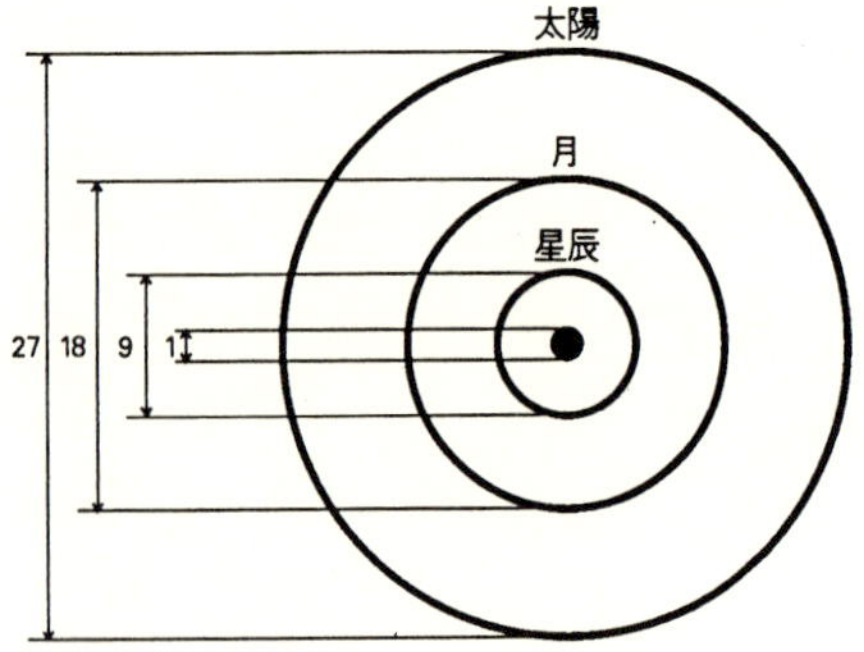

図30◆アナクシマンドロスの宇宙図

大地はいかなるものにも支えられずに宙に浮いている。それがとどまっているのは万物から同じように隔っているからである（『ソクラテス以前哲学者断片集』第一二章A一一）。

と考えていた。ここで「万物」とは大地をめぐる諸天体、つまり「火の円環」群である。この円環群の各部分から等距離にあるため、大地は空間に静止している。中心の大地から見てすべての方向は同等であるのだから、ある特定の方向に動く理由は存在しない——大地は中心にあって静止しつづけねばならない。

大地の安定性を保障するのはタレスの水のような「物」ではなく、宇宙が全体として同心円的な対称性を有し

ているという物と物のあいだの「関係」であった。ここに、宇宙にたいするまったく新しい原理が出現した。この原理から、なににも支えられずに宙に浮かぶ宇宙が導かれた。

同心円的な対称性の宇宙の背景には、ミュケナイ時代から重要な兵器であった馬の戦車の存在を無視できない。アナクシマンドロスの宇宙論の円環キュクロスはもともとは馬車の車輪のことであった。アナクシマンドロスは轂《こしき》を中心して回転する車輪の宇宙をイメージしたかのようである（図31、図32）。等距離性が強調されるのも、車輪の製作でもっとも大切なのが輻《や》（スポーク）で、その長さを正確に等しくつくらねばならなかったからではなかろうか。このような円の認識から、エウクレイデスの『幾何学原論』における「円とは、一つの線に囲まれ

図31◆アポロンとムーサイの乗る馬車（C. Kerényi, *The Gods of the Greek*, Penguin Books）

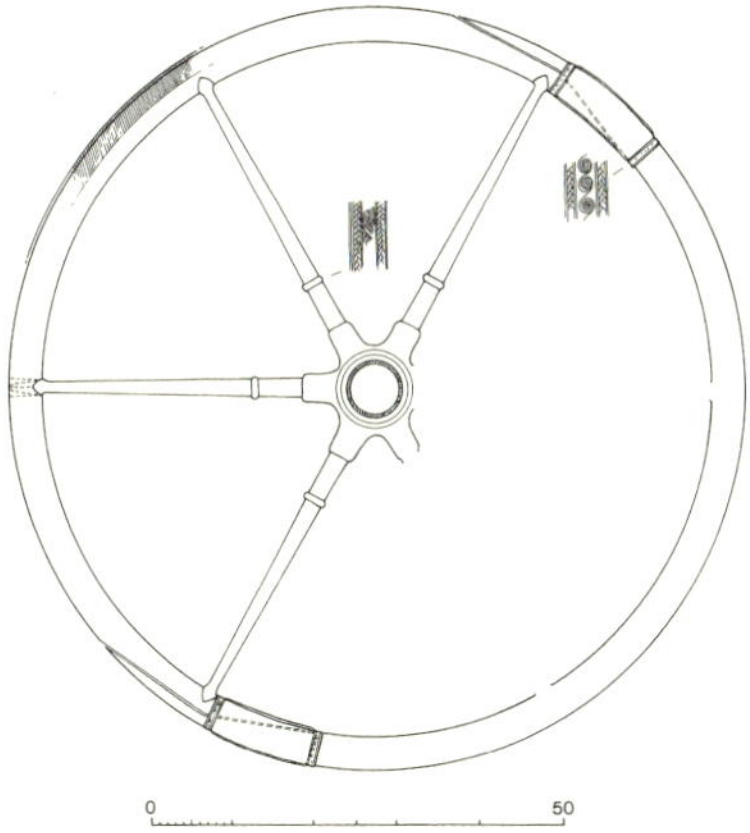


図32◆ツタンカーメン王墓から出土した馬車の車輪（M. A. Littauer and J. H. Crouwel, *Chariot of Related Equipment from the Tombs of Tut'ankhaūn*, Griffith Institute）

た平面図形で、その図形の内部にある一点からそれへ引かれたすべての線分がおたがいに等しいものである」（第一巻定義一五）という円の定義も生まれたのであろう。

ここでは等距離性がポイントとなるが、この平等性は水・土・空気・火のすべての元素を平等に包含するところの始原アルケーであるト・アペイロンも生んでいた。ミレトスの市民が政治的な平等をもとめた民主化の闘争のなかで、アナクシマンドロスの平等を原理とする宇宙論も出現したとみることができようか。

わけても、対称性の原理にもとづく「宙に浮かぶ宇宙」の発見はギリシア宇宙論の方向性を決定づけた。対称性という美と幾何学の発見によって、ギリシアの宇宙論は発展する。どのように正確な天文観測がおこなわれても、対称性の原理が導かれなかったならば、中国・後漢代に現われた天球と水に浮かぶ大地からなる渾天説の域を超えることはできなかったのではなかろうか。◇11 ここからギリシア宇宙論は飛躍的な展開をみせる。対称性の原理にもとづく「宙に浮かぶ宇宙」はピュタゴラスとその学徒、プラトン、アリストテレス、ヒッパルコス、プトレマイオスら西洋の宇宙論者の源流となった。

## アナクシメネスとヘラクレイトス

とはいっても、アナクシマンドロスの宇宙論が広く支持されたのではなかった。弟子であった自然哲学ミレトスのアナクシメネスでさえト・アペイロンの始原を継承しなかった。始原アルケーは「無限な空気」であるとみる。「無限」であることでは師の見解を引き継ぎながらも、空気という具体的な物質にもどる。空気が濃縮されると雲が形成され、これをさらに凝縮すると水になり、また土になり、石となる。希薄化すると火になる。天体はこの火から生じた。

アナクシメネスはアナクシマンドロスの宙に浮く大地と火の円環の天体からなる幾何学的な宇宙構造論にも従わない。平板の大地は空気の上にあって安定しているのであり、天体はつねにその上にある、と考えた。

星々（天体）は大地の下を運行することはせず、その周囲をめぐっている、と彼が述べていることは、他の人たちもそう解しているとおりであり、それはあたかも「フェルト帽」がわれわれの頭のまわりをくるくる廻っているかのようだ、という。そして、太陽は大地の下に隠れるのではなく、大地の高く盛り上がった部分の影に、しかもわれわれと太陽との距離がいっそう大きくなるために、隠れるのである（『ソクラテス以前哲学者断片集』第一三章A七）。

この宇宙構造論は当時のギリシア人に常識的な見方であった。インドの『倶舎論』の仏教の須弥山説にも通ずるところがある。須弥山説でも宇宙は巨大な空気の輪（風輪）の上に載っており、太陽は宇宙の中央にそびえる須弥山のまわりを回転するので、太陽がそれに隠れて夜がくる。◇12

アナクシマンドロスの宇宙論からは後退している。しかし、アナクシメネスの物活論にあっては、物と活力とは未分化、「われわれの魂が空気であって、それがわれわれを統括しているように、宇宙世界（コスモス）全体を気息（プネウマ）と空気が包括している」（『ソクラテス以前哲学者断片集』一三章B二）というアナクシメネスの言葉がのこされている。宇宙も人間もその根源は空気で、気息《プネウマ》でもある空気は宇宙を動かす原動力であり、人間の魂の生命力でもある。大宇宙と小宇宙は空気を媒介とすることで関連させられる。アナクシメネスが空気を始原としたのも、宇宙と人間の活力に着目したからであろう。この点では、前進であった。

ミレトス学派の系譜にある自然学者にミレトスの北方のポリスのエペソスから出たヘラクレイトス（前五三五ころ―四七五ころ）がいる。ヘラクレイトスが始原アルケーに採用したのは火であった。アナクシメネスの空気に似て、火が濃厚になると水になり、水が凝縮すると土になり、土は液化されて水となり、さらに火にもどる。宇宙は回帰することを強調した。はっきりした宇宙構造論は見られないが、大地と海からたちのぼる火的な蒸気から天体が生まれたのであって、そのなかでもっとも明るいのが太陽であった。
ヘラクレイトスも物活論の立場にたつが、その変化にたいする理解ではアナクシメネスとちがって、変化が理法にそったものであると考えた。それをロゴスとも神ともよぶ。しかも、人間の魂も神的な火ととらえ、そこにロゴスをみていた。物を超えた原理的なものへの関心がふかまる。

## 原子論の宇宙

アナクシマンドロスが始原とみなしたト・アペイロンの精神を継承したのがレウキッポス（前四四〇年ころ活躍）やデモクリトス（前四六〇ころ―三七〇ころ）らの原子論者であった。彼らは、宇宙は無数の原子アトムと空虚ケノンからなるとした。ミレトスの人と伝えられるレウキッポスと、トラキアのアブデラ出身のデモクリトスの見方の差異を指摘するのは困難である。

先に述べたように、万有は無限であると彼（レウキッポス）は主張している。そして、万有のうち、あるものは充実したもの（プレーレス＝アトム）であるが、あるものは空なるもの（空虚、ケノン）であって、これら両者を彼はまた（万有の）構成要素《ストイケイオン》とも読んでいる。そしてこれらの構成要素から数限りない世界が生ずるのであり、また世界はそれらの構成要素へと分解されるのである（デオゲネス・ラエルティオス『ギリシア哲学者列伝』第九巻三一）。

この原子は分割不可能、永遠の存在であって、デモクリトスは「何ものもあらぬものから生ずることはないし、あらぬものへと消滅することもない」（同四四）と述べられていた。原子論者にとっての宇宙は、無限の空間のなかに存在する無数の原子からなる。その原子は渦となり、中心部に運ばれた原子が塊となって円板状の大地を形成し、そうして形成された大地は原子からなる空気に支えられ、浮かんでいる。この点ではアナクシメネスと同じ見解である。そして、その大地のまわりを回転する天体が生ずる。一番外側にあるのが太陽であり、月は大地にもっとも近い。その他の天体は太陽と月の中間に位置する。しかし、アナクシマンドロスのような幾何学的な宇宙の構造についての議論はみられない。

そのかわり、原子論者は宇宙が無数に存在すると主張する。

そして、諸存在は空虚の中をたえず運動していると語るとともに、無数の宇宙世界があって、それらはさまざまな大きさをしている、とした。また、ある宇宙世界には太陽も月も存在しないが、ある宇宙にはわれわれのところよりもより大きな太陽や月が、ある宇宙にはわれわれのところよりも多数の太陽や月が存在している、とのことである。諸宇宙世界同士の間隔は不均等で、あるところには多数存在するが、あるところには少なくない。またある宇宙は増大しつつあり、あるものは衰退しつつある。また、あるところには生まれつつあり、あるところでは衰亡しつつある（『ソクラテス以前哲学者断片集』第六八章B四〇）。

われわれの住む宇宙が唯一の存在でない。無数に存在する種々の宇宙のなかのひとつであるにすぎない。自己の存在を相対化する宇宙観が唱えられていたのである。しかも、個々の宇宙は永遠でない、生成と消滅をする。現代の宇宙論にも通じる宇宙観であるが、古代の東に目をやれば、インドの「三千大世界」が想起されよう。世親の著わした仏教の論書『倶舎論』によると、須弥山を中心とする宇宙が一〇〇〇個集まって小千世界を形成し、小千世界が一〇〇〇個集まって中千世界を形成し、そして中千世界が一〇〇〇個集まって「三千大世界」を形成する。一〇〇〇の三乗個つまり一〇億個の宇宙が存在するというのである。そして、個々の宇宙では成・住・壊・空の生成消滅が繰り返される。

## 3　ピュタゴラスとピュタゴラス学派の宇宙論

### サモスのピュタゴラス

アナクシマンドロスの幾何学的な宇宙構造論は、ミレトスに近いサモス島のポリスで宝石細工師の子として生まれたピュタゴラス（前五七二ころ―四九四ころ）とその学徒たちに受け継がれた。ピュタゴラスはアナクシマンドロスよりも四〇歳ほど後輩で、アンナクシメネスに近い世代と考えられる。ピュタゴラスが、生地が近い距離にあったミレトスで活躍していたアナクシマンドロスをはじめとする自然哲学者の影響をうけたであろうことは疑いない。

その影響からか、ピュタゴラスは数学を学ぶためにエジプトに留学する。帰国後サモスが僭主政治であったのを嫌って、前五三二年ころに、サモスの植民市であった南イタリアのクロトンに移住した。エジプトから帰国した八年後、ピュタゴラスがサモス在住中にアナクシマンドロスは亡くなっている。

ピュタゴラスはクロトンにおいて、オルペウス教にあった輪廻転生する霊魂の浄化を教義とする宗教組織を結成した。霊魂の浄化のためには、瞑想などの禁欲的な修行だけでなく、数学的な真理の研究にたいする精進が不可欠とされた。ここに、幾何学、天文学、音楽に励むピュタゴラス学派が誕生した。幾何学、天文学、音楽に共通するのは数と形、音楽において和音がえられるのは、弦の長さが一対二、二対三、三対四のときで、整数の一、二、三、四で構成される単純な比率で表現できることに着目していた。

このピュタゴラスやピュタゴラス学派の人々の研究では、三平方の定理（ピュタゴラスの定理）の証明が有名であるが、宇宙論の世界で重要なのは、「プラトンの立体」と後にいわれるようになる、正4面体、正6面体、

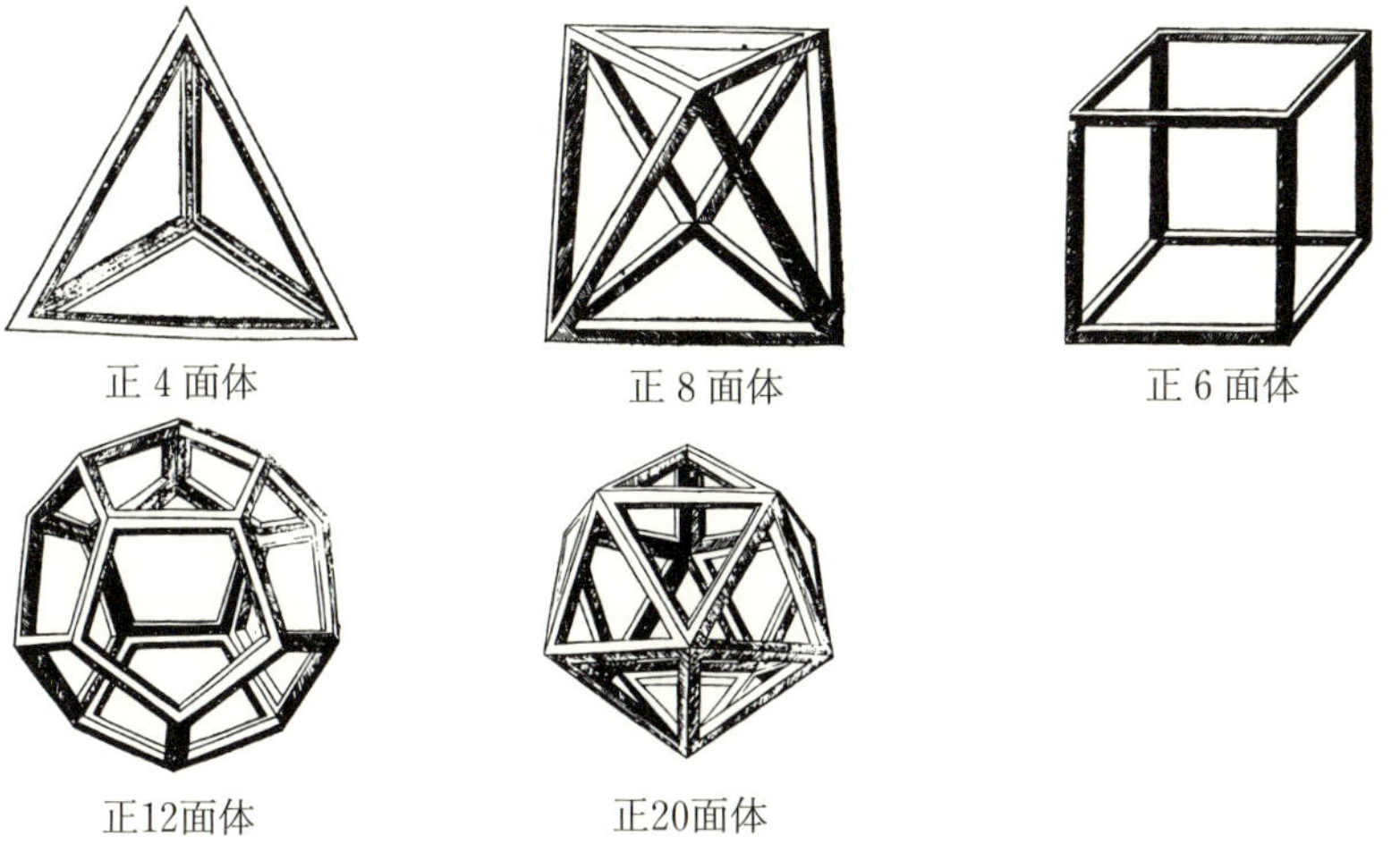


図33◆レオナルド・ダ・ヴィンチによって描かれたプラトンの立体（コルネリス・ファン・デ・フェン『建築の空間』佐々木宏訳、丸善）

正8面体、正12面体、正20面体からなる五つの正多面体の発見である（図33）。ピュタゴラス学派のヒッパソスは正12面体について、「一二の五角形からなる球（の作図法、つまり球に正12面体を内接させること）を公表したために不服従のかどで難船の憂き目にあわされた」が、ほんとうの発見者は「あの人」、すなわち（弟子たちはじかにその名をよべなかった）ピュタゴラスである、と伝えられていた。[◇13]

**地球説の成立**

現象の基礎にある数や形の原理に眼をむけたピュタゴラスやピュタゴラス学派の人々がアナクシマンドロスの宇宙構造論、とくに対称性の原理に注目したであろうと推測される。ここから導かれたのが地球説であった。大地は丸い！ 大地は宙に浮くと考えていたアナクシマンドロスも、大地の形については伝統的な円盤説を踏襲していたのだが、ピュタゴラス学派は大地が球体であると主張する。それはどのようにしてえられたのか。航海術に長けたギリシア人ではあったが、彼らの知識にあったのは地中海を中心とする大地の一部だけである。大地の全体を経験的に認識することはできなかった。地球説は経験的な知識からえられたのではない。

人間が経験的にその全体像に近づけるのは天のほうである。だからであろうか、ギリシア人は古くは天ウラノスを宇宙の意味でもつかっていた。平原で夜空を見上げれば半球の天が見え、毎夜恒星が北極星のまわりを回転するのを観測すれば、天が球形であると認識できる。バビロニアの天文家も日々回転する天球を考えていたと推察され、中国の後漢に成立した渾天説でも天球が水に浮かぶ方形の大地のまわりを回転する。

ピュタゴラス学派の影響をうけた南イタリア・エレアのパルメニデス（ピュタゴラス学派のアメイヌアスの弟子）にとって宇宙は、唯一、不生不滅、不動で、充実したもの、その宇宙について、彼の哲学詩は、「しかし窮極の限界があるからには、それはあらゆる方向において完結していて、譬えて言えば、まんまるい球の塊りのようなもの、まん中からあらゆる方向に均等を保つ」と詠う（『ソクラテス以前哲学者断片集』二八章B八）。天地の具体的な構造には触れないが、宇宙は全体としてあらゆる方向からの距離が等しい球形であると見ていた。

シチリアのアクラガス出身のエンペドクレスはパルメニデスの影響をうけながら、真の存在は不生不滅の土・水・空気・火の四根（リゾーマタ元素）であるとの考えをもっていた。が、宇宙については、パルメニデスと同じく、彼の哲学詩において、「それはあらゆる側において自己自身と等しく全く限りなく、まるい「球」スパイロスとしてまわりの孤独をたのしむ」（『ソクラテス以前哲学者断片集』三一章B二八）と詠う。

宇宙は全体として球形と考えられていた。そこにアナクシマンドロスの対称性の原理を適用するならば、つまり、天と大地を含む全宇宙が対称的であるためには、宇宙の中心に位置する大地も円盤ではなく球体でなければならない！（図34、図35）。

天球地球説の成立である。もしも、大地の裏側が実際には球体でなかったとしても、ギリシア人は大地は球体と考えつづけたであろう。ギリシア人は経験よりも理論を優先していた。

もちろん、大地が平面でないことは、観測する場所によって星の高さが異なること、遠ざかる船が次第に水平線の下に隠れることなどから知られていた。アナクシマンドロスも大地の表面は凸型であると考えていた。しかし、この時代には経験的に大地全体の形を認識することはできなかった。だから、物そのものの観測からではなく、対称性の原理という物と物のあいだの関係から形の認識にむかったのである。

　アナクシマンドロスの火の円環は受け容れられなかったが、対称性の原理はピュタゴラス学派の宇宙論にも継承されていた。そのことは、あとで述べるように、プラトンはイタリア旅行でピュタゴラス学派から数学や天文学の教えを受けるのだが、帰国後まもなくして執筆した『パイドン』で、アナクシマンドロスの対称性の原理で地球の安定性を説明していることからも推察できる（一一六ページ）。

　こうして、球形の大地を中心とする球形の天があり、その天の中をさまざまな球体である天体が運動をする。この天球地球説が確立するとともに、その理由に球はもっとも完全な立体であり、円はもっとも完全な平面図形であるとの説明がなされるようになる。円や球という対称的な図形からなる対称的な宇宙。宇宙に美と幾何学を

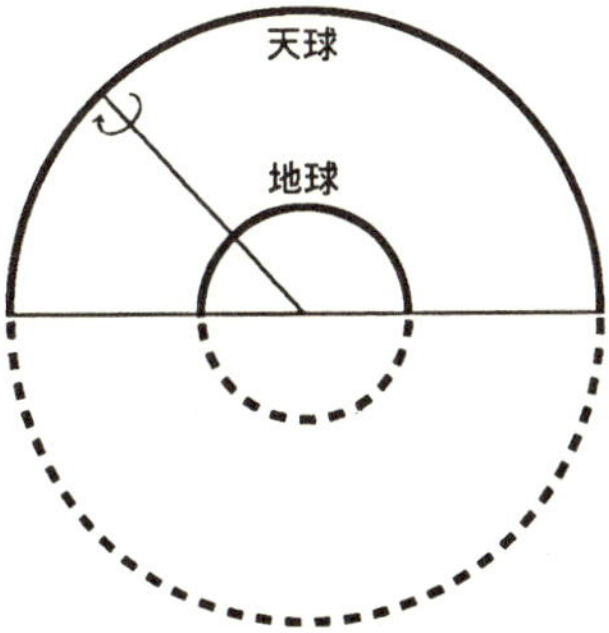


図34◆天球説から地球説へ

図35◆円柱上の球を指さすピュタゴラス。ローマ時代のコイン（G. M. A. Richiter, *The Portraits of Greeks*, Cornell University Press）

見ようとしたピュタゴラス以来の宇宙はコスモスとよばれるようになる。コスモスとはほんらいは整列した軍隊の様子、秩序のことである。

### 中心火の地動説

天球地球説だけでなく、ピュタゴラス学派からは地動説さえも唱えられる。その代表者がクロトン(あるいはタラス)出身のピオラオス(前四七〇ころ—三九〇ころ)であった。ピオラオスの誕生前にすでにピュタゴラスは世を去っているが、ピュタゴラスの教理をよく受け継いだとされている。

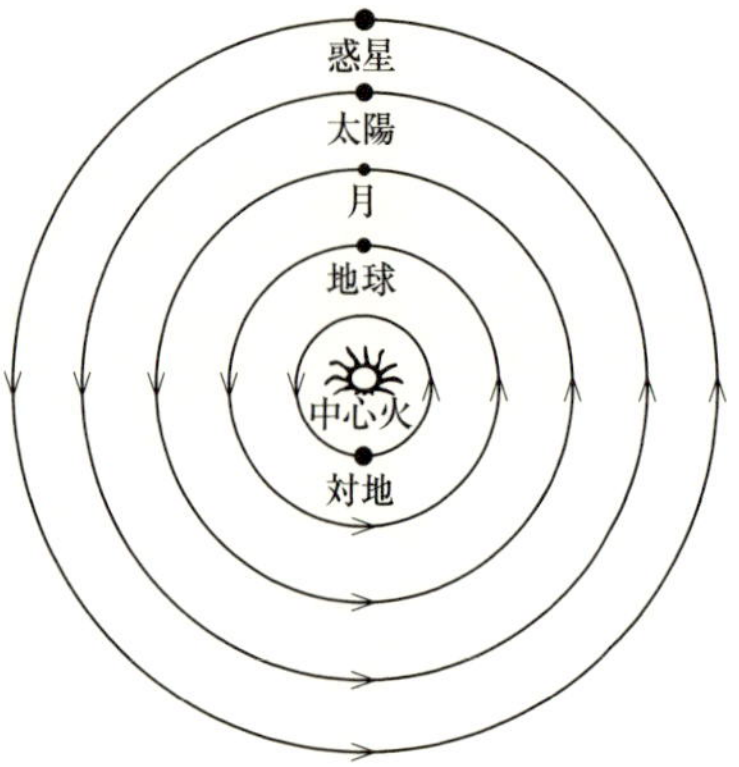


図36◆ピオラオスの中心火の宇宙

ピオラオスによると宇宙の中心にあるのは大地ではなく「中心火」、太陽も地球もふくめたすべての天体が中心火のまわりを回転する(図36)。その周期は、たとえば、地球では一日で、太陽では一年で、月では二九・五日となる。しかも、中心火と地球のあいだには「対地」アンチクトンとよばれる星が存在する。しかし、ギリシア人は中心火と「対地」がある方向とは逆の側に住んでいるので眼で見ることはできないという。今日の地動説を知っているものにとっては不思議な地動説である。

この地動説も観測から生まれたのではない。宇宙の全体を思考することから生まれた理論である。心の眼を宇宙の外におき、地球を含めて、すべての天体が中心火のまわりを回転する対称的な、同心円的な宇宙を構想した。ピオラオスにとっては、宇宙の中心という聖なる場所は人間が住む大地ではなく、聖なる火が位置するのがのぞましかった。火とはいっても特別な火、太陽ではない。

たとえ、太陽その他の天体が地球を中心に回転していたとしても、ピオラオスにとってはこの地動説こそがあるべき宇宙であった。

それにしてもなぜ「対地」のようなだれも見たことのない天体を導入したのか。「中心火」以上に余分と思われる。それについては、天体の数がピュタゴラス学派にとって完全数であった一〇であらねばならないからであったと解釈されている。地球、太陽、月、水星、金星、火星、木星、土星、恒星天の九個の天体のほかにもうひとつの天体が必要だったのである。球と円という完全な形の宇宙を完結させるために中心火を導入し、一〇という完全数を達成するために「対地」を含めた宇宙が構想された。

再度強調するが、地動説は経験から生まれたのではない。ガリレオも『天文対話』(第三日)で、ガリレオを代弁するサルヴィアチに、地動説について、「かれらはいきいきとした知性でもって自己の感覚に暴力を加え、感覚的経験が明らかに反対のことを示しているにもかかわらず、理性の命じることを優先することができたのです」と述べさせていた。感覚ではなく理性が命じたことに信頼をよせることで地動説に到達できる。いいかえれば、天球地球説の成立の場合と同様に、人間の理性の視点を宇宙の外におき、宇宙の全体を思考にいれることで到達したものだ。

ピオラオスの「中心火」の理論を受け継ぐものはいなかった。あまりにも人工的すぎたのだろう。だが、動く地球という考えはピュタゴラス学派のなかでは継承され、ピオラオスとあまりちがわない時代の人間であるシチリアのシュラクサイ出身のヒケタスやヒケタスの門人であったエクパントスは、地球は宇宙の中心にあるが自転しているとして、天の日周運動を説明していた。[◇14] ピュタゴラス学派のなかでは地動説はかならずしも特異な見方ではなかったのである。

一部の天文家からは地動説が唱えられてはいたが、しかし、ギリシア宇宙論の本流となったのは、地球中心説であった。それはプラトンによって受容され、アリストテレスによって支持され、ヘレニズム時代のヒッパルコス、プトレマイオスによって発展され、中世ヨーロッパを生きつづけた。

## 4 プラトンの宇宙論

### アテナイの民主制とその衰退

アテナイもミレトスに劣らず古いポリスであった。前七世紀ころからは製陶や金属加工で経済的な力を増大させた手工業者は政治的な発言力も強めていた。重装歩兵制の成立はそれに拍車をかけた。手工業者と上層の農民（城壁外に住み耕作に従事する）はみずから武具を購入し、それまでポリスの支配者であった貴族とともに戦闘に参加するようになっていったのである。

そのようななかで、前五九四年ごろ、独裁的な権力を与えられたソロンは、商品経済の発達で零落した中小農民の負債を帳消しにし、財産による差別はあったものの、土地をもたない農民にも民会への出席を認めた。アテナイの民主制の確立への確かな一歩がしるされた。それによって、ギリシア世界におけるアテナイの地位が強まる。

前五三〇年にミレトスをはじめとするイオニアの諸都市がペルシアに征服されると、アテナイは政治的にも経済的にもギリシア第一のポリスとなった。黒海沿岸との貿易がアテナイの手に移るとともに、製陶業でも、前七世紀以来ギリシアの陶器の中心地であったコリントスを凌ぐ。前四九〇年のマラトンの戦いでは、アテナイの重装軍はペルシア軍を撃退、前四八〇年のサラミスの開戦ではペルシアの大艦隊に大勝した。こうしてアテナイはペルシアの再襲来に備えて結ばれたデロス同盟の盟主となるとともに、民主制の最盛期であるペリクレスの時代をむかえる。奴隷と女性を排除した市民に限定されてはいたが、当時では考えられうるかぎりの平等を追求した政治であった。ペリクレスの時代（前四四三―四二九）のアテナイの総人口は二〇―三〇万人、そのうち成年男子の市民の数は約四万人、奴隷の数は八―一〇万人であった。

スパルタとのあいだにおこったペロポネソス戦争（前四三一―四〇四年）の最中にペリクレスは疫病に倒れ、アテナイはこの戦争に敗北する。それでも、国力はまもなく回復し、敗戦直後には民主制への反動としてスパルタの軍事力を背景に三〇人の僭主による寡頭政治も出現したが、ふたたび民主制に復した。しかし、アテナイの地位にも翳《かげ》りが見えはじめる。

## アテナイの哲学者——アナクサゴラスとソクラテス

アテナイにはミレトスのような哲学者はあらわれない。アテナイの最初の哲学者といえるのはクラゾメナイに生まれたアナクサゴラス（前五〇〇ころ―四二八ころ）であった。このイオニアの哲学者をアテナイに迎えたのはペリクレスである。

アナクサゴラスもイオニアの自然哲学の伝統にしたがって宇宙の創成を論じていた。アナクサゴラスが始原アルケーとしたのは物質の種類に対応して質的に異なる、無数の種子スペルマタで、この種子が回転して、熱・乾・明・稀な部分と冷・湿・暗・密の部分に分離されて、大地や天体が誕生したと考えた。大地は平板であり、空気が下から支えているために宙に浮かんでおり、その上を灼熱した石である太陽がへめぐる。アナクシメネスに近い宇宙論であった。ピュタゴラス学派の球形説はうけいれられない。

ミレトスの自然哲学者がそうであったように、アナクサゴラスにとっても天と地は同質のものであった。天体は大地と本質的に変わることはなく、特別神聖なものではない。太陽は灼熱の石、月が光るのは太陽の光を反射するためである。日食と月食もそれぞれ地上に落ちる月の影と月に落ちる大地の影として説明されていた。哲学的な点で注目されるのは、運動の原因として精神ヌースを措定したことで、このヌースの働きで天体も回転運動を開始するとされた。

このイオニア的な宇宙論には批判がおこる。とくに、天体の神聖さを否定したという廉《かど》でペリクレスの政敵から起訴された。後のガリレオのことが想い起こされよう。幸いペリクレスの尽力で牢獄を脱することはできたが、ミレトスの植民市であったランプサコスに逃げねばならなかった。

そのようなアテナイの哲学者のあいだに浮上してきたテーマが人間の魂の問題であった。自然の探求から人間の探求へ、その代表的な探求者がアテナイ生まれのソクラテス（前四七〇―三九九）であった。ソクラテスは天文学や宇宙論などには関心がない。タレスを哲学の開祖としてギリシアの哲学を概説するアリストテレスの『形而上学』の第一巻では、ソクラテスを「倫理的方面の事柄においてはこれを仕事としたが、自然の全体についてはなんのかえりみるところもない」（九八七b）と評していた。

ソクラテスの弟子であったクセノフォンも、『ソクラテスの思い出』のなかで、「彼（ソクラテス）は『万有の性質』についても、他の多くの人々のようにこれを論議することを欲せず、学者輩のいわゆる『宇宙《コスモス》』の性質を問うたり、個々の天体現象を支配する必然をたずねたりすることなく、かえってこうした問題を詮索する人間の言語道断を指摘した」と証言していた。この点、魂の問題への関心を抱きながら、数学や天文学の研究にも力をそそいだピュタゴラス学派とは異なっていた。

民主派は、このような貴族主義的な哲学を説くソクラテスを青年たちに害毒をあたる無神論者という廉で告発した。その告発にたいする弁明が、法廷にあって裁判のなりゆきを見守っていた弟子のプラトンによって『ソクラテスの弁明』として著わされた。告発者のメレトスは、ソクラテスを無神論者で、太陽は石、月は土と主張していると述べるが、それにたいしてソクラテスは、「それはアナクサゴラスなのだよ。愛するメレトス、君が訴えているつもりの人は。そしてそれだけ、君はここにいる諸君をばかにしているわけなのだ」と答えている（二六d）。それはアナクサゴラスの書物に載っていることで、私のことではないと弁明する。ソクラテスの弁明にもかかわらず、判決は死刑で、毒杯を仰いで獄中にて死す。

## プラトンとアカデメイア

プラトン（前四二七—三四七）の父はアテナイの最後の王コドロスの末裔であり、母は立法家ソロンの子孫であった。プラトンが生まれたのは、二七年もつづくアテナイとスパルタのあいだで戦われたペロポネソス戦争が開始された四年後であり、その翌年にはペリクレスが世を去っている。

プラトンがソクラテスと出会ったのは二〇歳のころ、弟子として八年間を過ごしたが、ソクラテスの刑死後まもなく『ソクラテスの弁明』を公表し、それからはイタリア、シチリア、エジプトを旅行、イタリアとシチリアには足掛け三年滞在、ピュタゴラス学派のピロラオスらと親交をむすび、そこでピュタゴラス学派の宇宙論や魂論を学ぶ。シチリアのシュラクサイでは、ピロラオスの門下生であった数学者のアルキュタスから数学や天文学の教えをうけた。ソクラテスの人間論的テーマをうけつぎ、アナクサゴラスの自然哲学を退けたプラトンもピュタゴラス学派の自然哲学に近づく。

帰国後の三八七年には、アテナイの郊外にポリスの統治にあたる政治家の養成を目標にした哲学の学校アカデメイアを設立した（図37）。校名は土地の神アカデモスに由来する。当局の許可や承認を要しない私園である。これも、ピュタゴラス学派の教育方法から学んだのだろう、基礎教養には算術、幾何学、天文学、音楽がさずけられた。天文学と音楽（音階論）も数学的な学問である。「幾何学を学ばざるものは入門を許さず」との言葉がアカデメイアの門前に掲げられていたというのは伝説の類いかもしれないが、たしかに数学を重視した学校であった。すでにアテナイに設立されていたイソクラテスの修辞学校が弁論術を修めさせたのと対照的な教育がなされていた。

アカデメイアにはアテナイからだけでなく、スタゲイロス出身のアリストテレスのような国外からの留学生が多くいた。アカデメイアの天文学研究で中心的存在となるエウドクソスはクニドス生まれ、アルキュタスの弟子

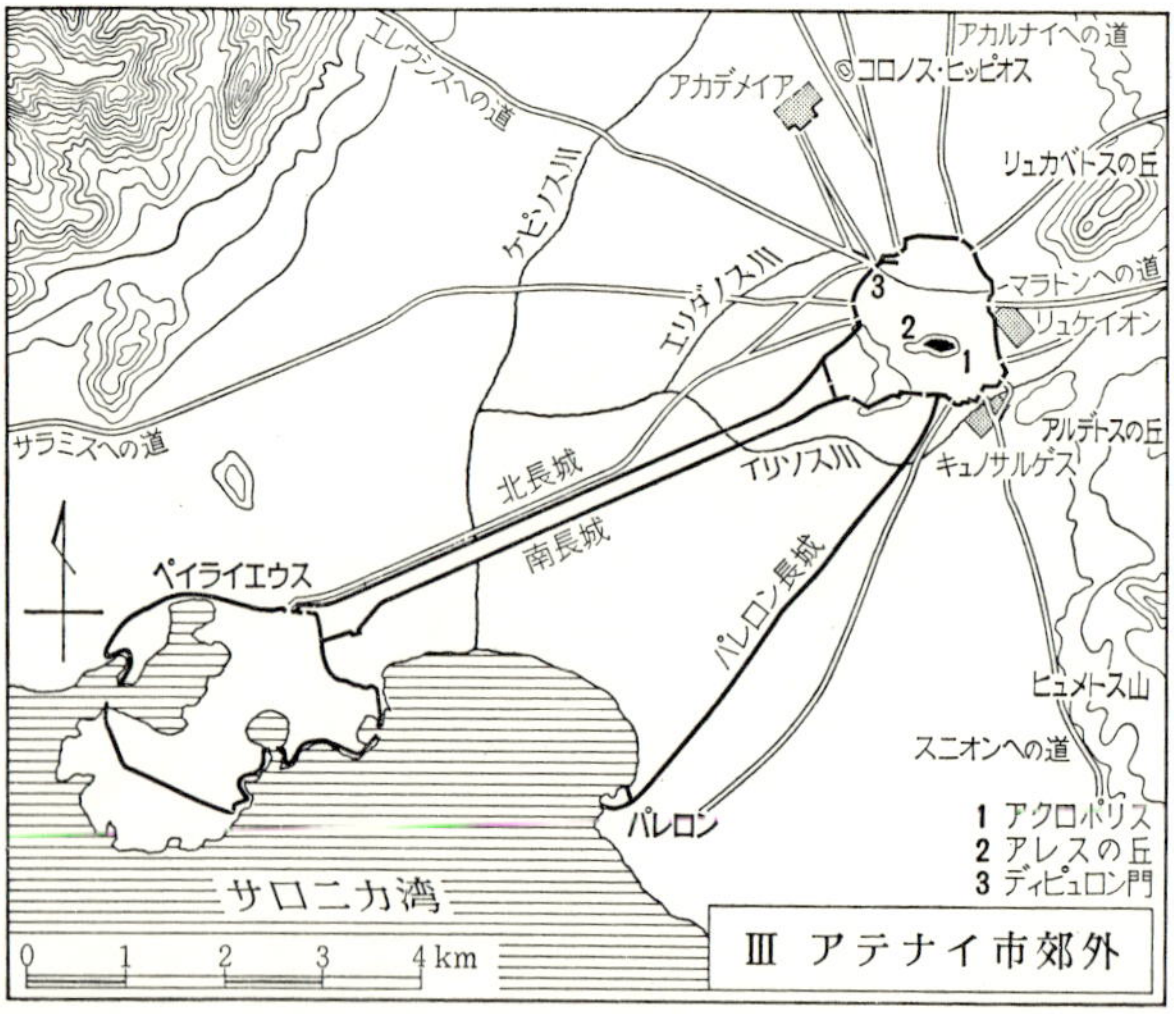


図37◆アテナイ周辺（廣川洋一『プラトンの学園　アカデメイア』岩波書店）

であった。アカデメイアに入門したときには、かなりの天文学の素養を身につけていたようで、アカデメイアには研究者として迎えられたのだと思われる。教育だけでなく研究の場でもあった。そのためでもあろう、プラトンはアカデメイアを主宰しながら、前三六七年にはシチリアを再訪、前三六二年にも足をはこぶ。シュラクサイからの招待であったが、プラトンとピュタゴラス学派との交流は晩年までつづいた。

プラトンは研究と教育の自由さを尊重した。自分の意見を弟子たちに強要することはなかった。それでも、政治にあっては、「民衆《デモス》」が「権力《クラスト》」を握る民主制《デモクラテイア》に批判的であった。敬愛したソクラテスが処刑されたのも民主制によるものであったし、ペロポネソス戦争ではアテナイはスパルタに敗北するが、それもペリクレスに指導されたアテナイの民主制のせいであるとみていた。それゆえ、プラトンは師のソクラテスとともに当時のアテナイの政治を長く支配していた民主制に批判的であった。

## プラトンの国家論

そのような立場から書かれたのが『国家』である。そこで描かれたプラトンの理想国家は、国家ポリスの統治をになう政治家と、ポリスの防衛にあたる戦士と、経済活動にしたがう農工商民からなる三階層の国家であった。

それはすべての市民が生産とともに政治と軍事に参加する民主制の政治の対極にある。現実に生産者と戦士がその役割が明確に分離されていたスパルタの政治体制に近く、じじつプラトンはスパルタの政治体制に好意を寄せていた。

プラトンは『国家』で理想とする階層的国家の構成者についてつぎのようにも述べていた。

> しかし神は君たちを形づくるにあたって、君たちのうち支配者として統治する能力のある者には、誕生に際して、金を混ぜ与えたのであって、それゆえにこの者たちは、最も尊重されるべき人々なのである。またこれを助ける補助者としての能力ある者たちには銀を混ぜ、農夫やその他の職人たちには鉄と銅を　混ぜ与えた（四一五A）。

この金、銀、銅、鉄による価値づけは、ヘシオドスの『仕事と日』（一一〇行以下）の時代の価値づけにも見られるものである。人類は黄金の種族、銀の種族、英雄の種族、そして鉄の種族へと堕落の歴史をたどったと見ていたプラトンは、歴史の段階を社会の階層におきかえる――ヘシオドスの金の時代のユートピアは哲人政治によって実現されると考えた。政治家の養成をめざしたプラトンの思想のもっとも重要な点である。

『国家』（五二一〇以下）によると、まず戦士のなかから優秀なものを採用、算術、幾何、天文学、音楽（音学）の数学的諸学と体育を課し、二〇歳から三〇歳までの間はそれら数学的科目の内的結びつきを全体的立場から総観する力を獲得、ついで五年のあいだ哲学などの研究に専念する。そうして、選ばれたもののみが一五年間、ポリスの政治に奉仕する。五〇歳以降は少数の優秀者のみが全存在の原理である「善のイデア」の認識に到達するとともに、哲学研究と政治にあたる。

アカデメイアはそのための学校であった。『国家』で語られた教育プログラムがそのまま実施されたのではな

いが、そこであげられていた数学的諸学が必須の教養教育として教育されていたのはたしかのようである。[◇15]

## プラトンの宇宙構造論

教養教育のひとつとして天文学を重視していたプラトンは最新の宇宙論の研究にもとりくむ。ただ、アテナイの自然哲学者アナクサゴラスの宇宙論はうけいれない。研究のテーマとなったのは、ピュタゴラス学派で議論されていた球形の天とその中心に静止する球体の大地からなるという幾何学的な宇宙構造論、つまり天球地球説であった（図38）。

第一回のイタリア旅行から帰国してまもなくして著わした『パイドン』はピュタゴラス学派の影響のもとに魂の不死性を論じたものであるが、そのなかで、プラトンは師のソクラテスにつぎのように語らせていた。

> まず第一に、もし（大地は）球状であって、かつ天空の中心に位置しているとするならば、それが落ちないためには、空気とかまたこの種の強制力はなにひとつ必要としない。いな、大地を支えるためには、天空そのものがすべての方向において均質なものとしてあるという条件と、大地自身の平衡性があれば十分なのだ。なぜなら、平衡を保っているものが均質なものの中心に置かれれば、ある方向より多く傾くとか、より少なく傾くとかということは、けっしてありえないからであり、つまりそれは、いずれの方向にも偏ることがないゆえにつねに均衡して、静止しているであろうからだ（一〇九A）。

プラトンはピュタゴラス学派の魂論と宇宙論を継承したが、宇宙論については、ピロラオスの「中心火」の地動説は採らず、天球地球説をうけいれた。そこで地球が宇宙の中心に静止する理由についてはアナクシマンドロスの対称性の原理に従う。アナクシマンドロスの円盤の大地を球形の大地におきかえただけで、説明の方法は同一である。

**同心天球説**

宙に浮かぶ大地という宇宙像を前提にしてプラントが取り組んだのは、太陽と月をふくむ七つの惑星が黄道にそって恒星のあいだを不規則に運動するのをどう説明するのかという問題であった(『ティマイオス』三九B、四〇C—D)。惑星は恒星とともに西に向う日周運動をするが、同時に、恒星のあいだを東に移動する年周運動をする(図39)。この年周運動は単純でない。「彷徨う(プラネテス)」星であった。

シンプリキオスによるソシゲネス(紀元後二世紀)の報告によると、プラトンは天文学者たちに、「いかなる均一で秩序正しい運動を前提することによって、惑星の見かけの運動を説明できるか」と問うていたという[16]。惑星の不規則運動を「均一で秩序正しい」運動=円運動に還元できるかということである。天体の永遠性と完全性からも、円運動によって、厳密に数学的に記述したいというのがプラトンの希望であった。

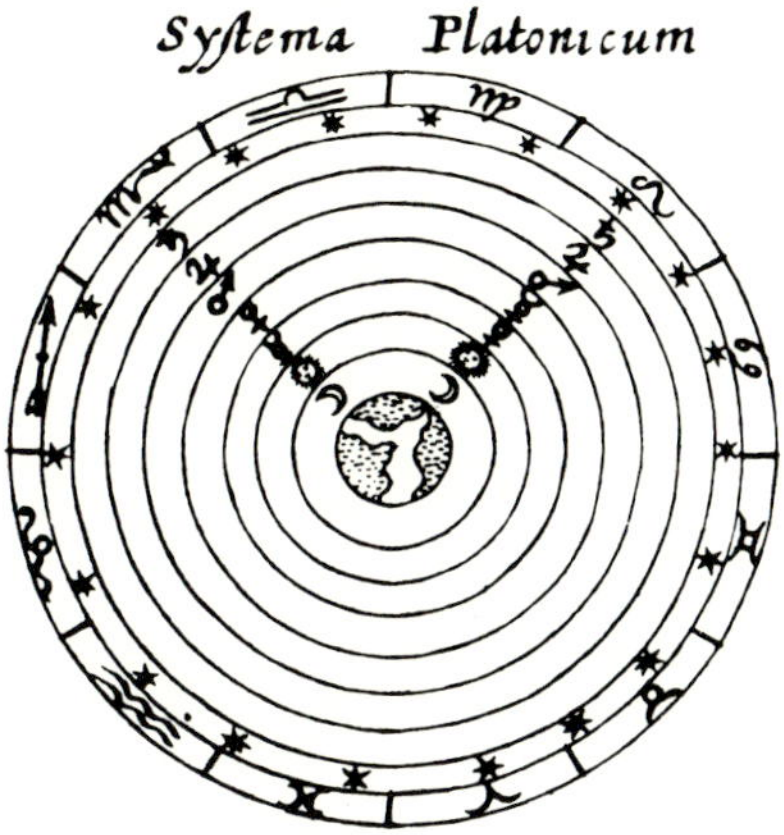


図38◆プラトンの宇宙体系(ウド・ベッカー『図説・占星術事典』池田信雄ほか訳、同学社)

それに応じたのが、アルキュタスから幾何学を学び、アカデメイア開設の二年後にプラトンの門人となったクニドスのエウドクソスであった。彼が解決策として提示したのが同心球説である。宇宙の中心に静止している地球のまわりを回転する月・太陽・水星・金星・火星・木星・土星とならぶ七つの惑星に一様に回転する数個の天球をあてがって不規則運動を説明しようとした(図40)。水星・金星・火星・木星・土星では惑星が固

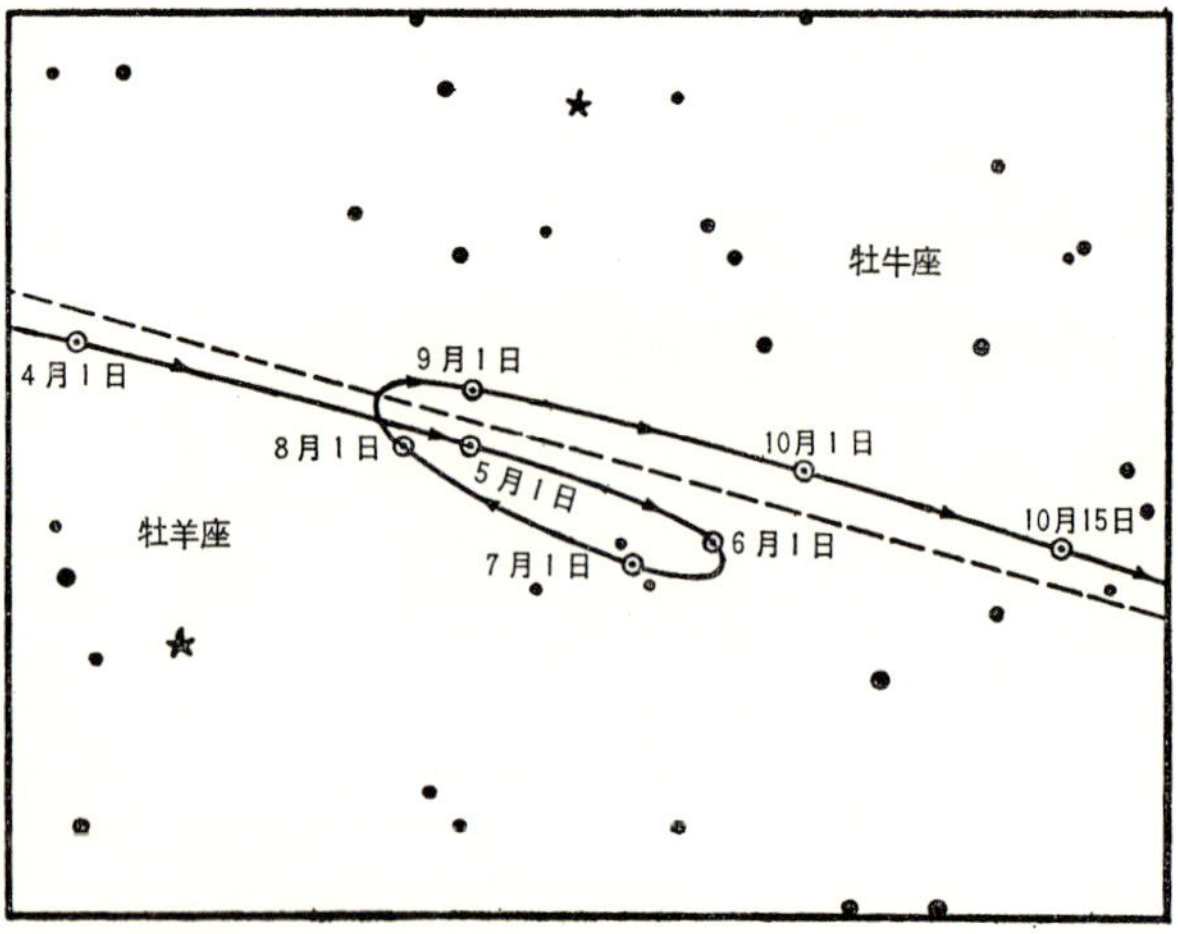

図39◆火星の不規則運動（T.クーン『コペルニクス革命』常石敬一訳、紀伊國屋書）

定されている天球と回転方向の異なる三つの天球を加えて四つの天球が必要とされた。太陽と月の場合にはそれぞれ三個ですむ。恒星天は一個の天球でよい。宇宙は全部で二七個の同心的な天球からなる。エウドクソスの門人のカリッポスは各惑星にさらに一個の天球を加えて、エウドクソスよりも精密なモデルを提示した（アリストテレスはさらに二二個の天球を追加した機械的な理論を考案した）。

### 宇宙創成論

宇宙の始原を追求していた自然哲学者のあいだからも、運動や変化の原理が問われるようになった。「万物は流転する」としたヘラクレイトスもそこには原理としてのロゴスが内在するとした。アナクサゴラスはヌース（精神のこと）によって混沌的な「種子《スペルマタ》」が秩序をあたえられたと見ていて、エンペドクレスも四根《リゾーマタ》（元素）が「愛」と「憎しみ」によって結合と分離を繰り返すと主張していた。

プラトンにとっては、宇宙についても真の実在はイデアとしての宇宙にある。現実の宇宙はイデアの宇宙のコピーとして説明された。が、いかにしてそのコピーはつくられたのか。永遠の昔からこの宇宙は存在していたのではないし、自然に生成されたのでもない。プラトンはある原因によって宇宙は生まれたと考えた。プラトンは晩年の著作である『ティマイオス』で、もしもこの宇宙が立派なものであり、製作者がすぐれた善きものであるなら、この製作者が永遠のものに注目したのは明らかである（二九A）。

という。工匠の神デミウルゴスが「永遠のもの」（イデア）に倣って宇宙を創造した。こうして創造の主体であるデミウルゴスとモデルとしてのイデアが登場する。デミウルゴスはどのような形に仕上げたか。

だから、構築者《デミウルゴス》はこれを、中心から端までの距離がどこも等しい球形に仕上げたのですが、これこそ、すべての形のうちで、最も完結し、最も自分自身に相似した形でして、構築者は、相似しているもののほうが、相似していないものよりも、はるかに美しいと考えたわけです（三三B）。

「中心から端までの距離がどこも等しい球形」、中心からその端が等距離である完全な球形の宇宙というのは、す

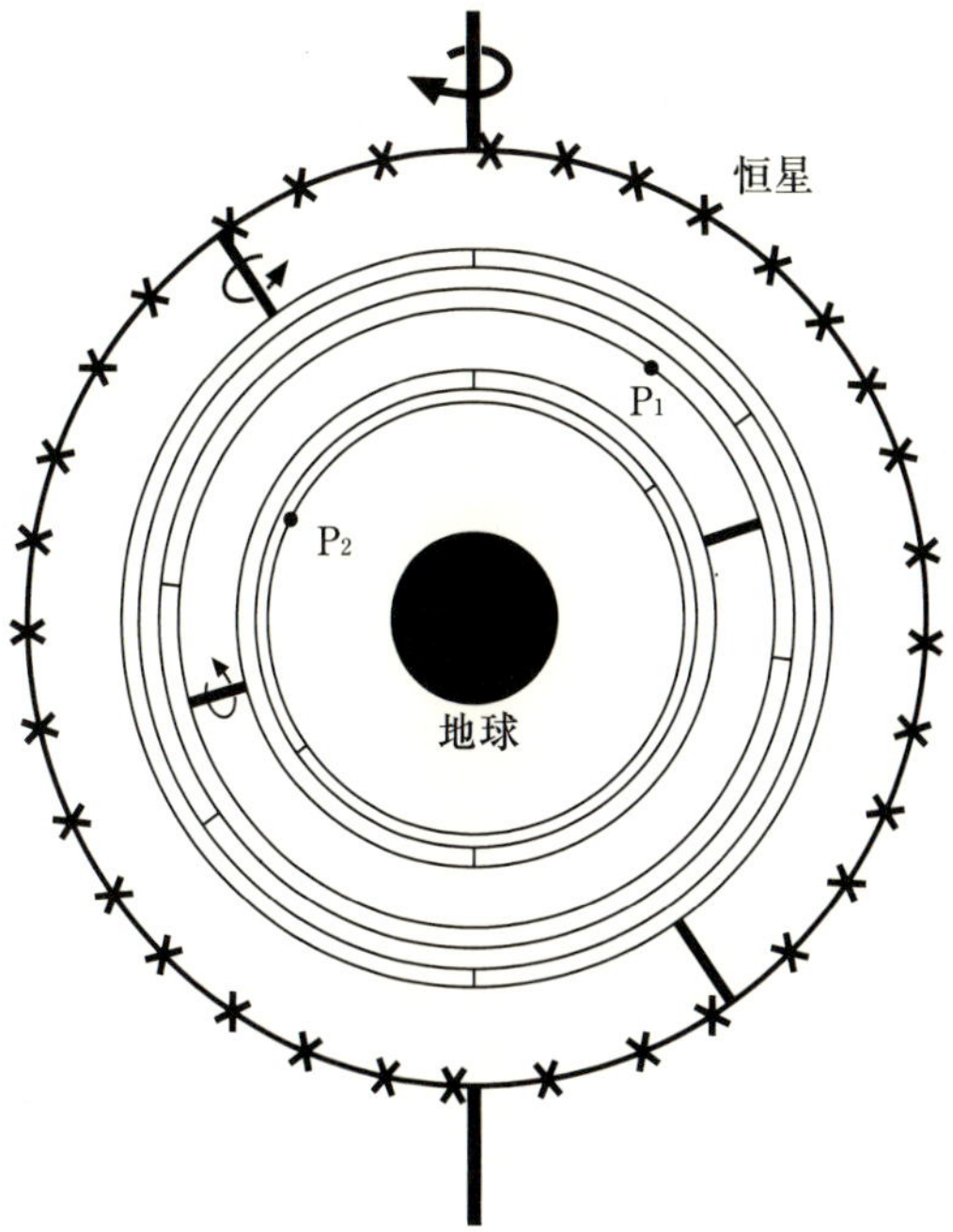


図40◆エウドクソスの同心天球説。惑星$P_1$と惑星$P_2$はそれぞれ４つの天球と３つの天球の回転から合成された運動をする。

でに見たピュタゴラス学派からプラトンの学んだ宇宙像である。それは「同じ場所で、またそれ自身の占めているひろがりの範囲内で一様にまわる」（三四A）円運動をする。それが自然な運動であった。それを美しいとみる。『ティマイオス』の最後のところでも、この宇宙を「最大のもの、最善なるもの、最美なるもの、最完全なるものとして」（九二C）誕生したと述べていた。

このような宇宙に仕上げたデミウルゴスの創造作業は、あたかもアテナイの主要産業であった陶器の製造で陶工が轆轤《ろくろ》をつかって整形する作業のようである（図41）。デミウルゴスは職人・工人の意味で日常的につかわれていた用語である（「第七書簡」でも円のイデアの説明で轆轤による成形をあげていた。『国家』では宇宙の表現に紡錘を利用した）。ピュタゴラス学派から受け継いだ機械的な宇宙構造論もそうであったが、宇宙創成論もまた工業的といえよう。この点では、アナクシマンドロスの宇宙創成論に共通する。しかし、アナクシマンドロスのそれが物質の自然な変化に注目していたのにたいして、プラトンは機械的工業での製造過程をモデルとするものであった。アナクシマンドロスの宇宙創成論が「なる」型であるのにたいして、プラトンの宇宙創成論は「つくる」型であるといえる。

プラトンの宇宙論のもうひとつの特徴は幾何学的という点にある。宇宙創成についても、素材とされた土、水、空気、火の四元素にはそれぞれ正6面体、正20面体、正8面体、正4面体が割り当てられた。宇宙全体には正12面体があてられた。このうち正4面体、正6面体、正12面体はピュタゴラス学派によって、正8面体と正20面体はアテナイ人のテアイテトスによって研究されていたのであって、それをプラトンは宇宙論に利用した。◇17

しかも、プラトンはそれらの正多面体はいわば三角形の「原子」から構成されるとみなした（図42）。正6面体は六つの正方形から組み立てられるが、正方形はその対角線で区切られる四つの三角形からなる（その角が九〇度、四五度、四五度の直角二等辺三角形）。それ以外の多面体は正三角形から組み立てられるが、この正三角形は三つの垂線によってつくられる六つの三角形からなる（その角が九〇度、六〇度、三〇度の半正三角形）。この

「原子」と元素の関係から、土は不変、他の三つの元素はたがいに変換しうる。正20面体の水は二個の正8面体の空気と一個の正4面体の火に変換することになる。

デミウルゴスは、まずこの三角形の「原子」をつかって多面体の元素を形成、ついで、この正多面体の元素をもとにして宇宙を創造したのである。このとき、デミウルゴスは宇宙のイデアにもとづいて現実の宇宙を形成し、その宇宙には「一二の五角形からなる球」とよばれていた正多面体の正12面体が対応すると見ていたのである。

### ギリシア人と宇宙

ソクラテスのように宇宙の探求に意義を認めなかった哲学者もいるにはいたが、宇宙論はギリシア哲学の中心

図41◆ギリシアのロクロの復元図（H.ホッジス『技術の誕生』平凡社）。

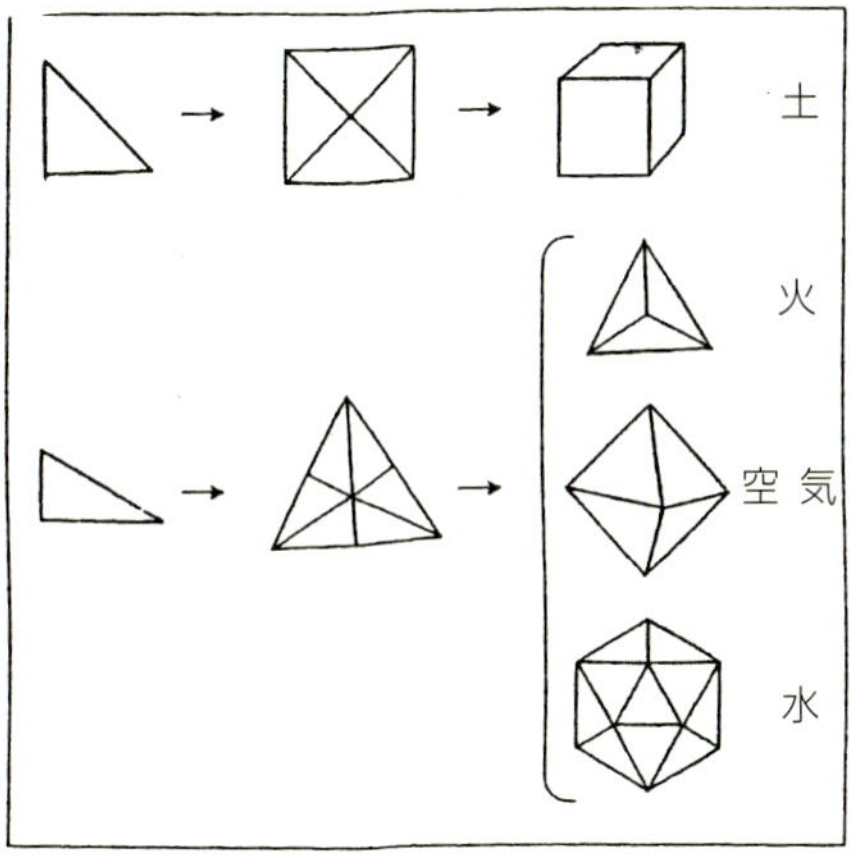


図42◆『ティマイオス』における四元素の生成。土の元素の正6面体を構成する正方形は、4つの直角二等辺三角形の「原子」からなる。火の元素の正4面体、空気の元素の正8面体、水の元素の正20面体は正三角形から構成されるが、その正三角形は6個の半正三角形の「原子」からなる

的テーマでありつづけた。なぜギリシア人はこれほど宇宙の探求にこだわったのか。

この時代にはギリシアでは占星術は広まっていなかったが、暦の作成のために天体の観測は欠かせない。ペリクレス時代の前四三三、二年ころ、天文家のメトンはアテナイで夏至と冬至の正確な観測をおこない、一九年に七回の閏月を挿入するというメトンの法を公表していた。◇18 ギリシアの宇宙論にも実用とのむすびつきはあった。

それでも、ギリシアの宇宙論は実用を離れて、宇宙の研究自体が目的とされていたところにその特質があった。ギリシアの哲学フィロソフィアとは「愛知」、ひたすら事物の本性を探求することにあり、この意味で宇宙論は哲学的課題であった。プラトンにとって、宇宙は事物のうちでもっとも美しいもの、その創造者は最善のものであって、したがって、宇宙の秩序の探求は善のイデアの探求でもあった。だからこそ、プラトンは天文学が政治家となるための基礎教育と位置づけていたのである。ピュタゴラス学派にとって数学が魂の浄化の手段であったようにである。

以前には天を意味するウラノスが宇宙の意味でつかわれていたが、ピュタゴラスは秩序を意味したコスモスを宇宙の意味とした。プラトンも『ティマイオス』（二八B）で宇宙はウラノスともコスモスともよばれていると述べていたが、コスモスという用語が次第に定着してゆく。宇宙を美的なものと見るギリシア人にはコスモスがふさわしかった。アナクシマンドロスが対称性の原理から宇宙の構造をとらえようとし、その原理をもとにピュタゴラス学派が天球地球の宇宙を唱え、アカデメイアで同心天球の宇宙が構想されたのも、この宇宙意識に根ざすものであるのは明らかである。

## 人間創造論

デミウルゴスは宇宙の創造のあと、そこに住む生き物の創造にとりかかる。これについては、デミウルゴスはまず神々を創造、人間の創造をその神々にゆだねた。神々は宇宙が球形であるのに倣って、人間の身体を球形につくったが、球形では凸凹のある地上での移動に苦労するということで、球形の体に胴体や四肢を加えた（『ティマイオス』四四D）。人間はほんらいは球形の生き物でよかった。アナクシメネスは空気という始原によって大宇宙と小宇宙を一体化させたが、プラトンは形状に共通点を見ようとした。

人間を金、銀、銅と鉄の階層に分類したプラトンは、生き物一般については、四元素に対応して四つの種族があると考えた。空気には鳥、土には地上を移動する動物、水には魚が対応する。火にあたるのは上空に住む神々である。

鳥、地上を移動する動物、魚の創造者も神々である。ただし、直接につくったのではない。神々は人間をもとに生み出した。鳥は、「罪はないけれども軽率で、天空のことには詳しくても、根が単純な」男をもとに、毛髪を羽にかえてつくったという。地上の生き物のなかの獣は「哲学に親しむこともなければ、天を注視することもなかった男たち」から生まれた。魚も「知性にも学知にも、この上もなく、無縁な人々」（九一D）から生じた。人間以外の動物は人間の退化物であるという。人間は水に棲む魚から進化したとするアナクシマンドロスの見解と逆であった。アナクシマンドロスの平等主義にたいして、プラトンは生き物の世界でも神・人間・動物という階層主義をとる。

## イデア

アカデメイアの教育目標に「善のイデア」の追求がかかげられていたように、プラトンの哲学の中核にあったのがイデアである。生成消滅する諸現象のなかで不変であるものを、ミレトスの自然哲学者のように始原アルケーとするのではなく、現象界とは独立の実在であるイデアとした。それは見ることも触れることもできない、思惟されるだけの世界である。感覚的世界はイデアの模倣、典型パラディグマの複製品エイコン、有名な洞窟の比喩では、実物にたいする影にすぎない。幾何学についていえば、イデアと現象の関係は、数学的な（イデア的な）三角形（三角形自体《オント・トリゴノン》）にたいして地面に描かれた三角形となる。現実の三角形は三角形のイデアを「分有《メテクシス》」したのが現実の三角形である。

イデアというのは、のちに観念、思想の意味でつかわれるようになるが、元来は形、姿を意味することばである。じっさい、ピュタゴラス学派ではイデアを幾何学的な図形の意味で用い、プラトンもその意味でも使用していた。プラトンのイデアの哲学は、ピュタゴラス学派の幾何学との出会いから誕生し、ピュタゴラス学派の数と形こそが宇宙の原理であるという思想も借用した。

だから、イデアの訓練には幾何学をふくむ数学の教育がのぞましい。哲学者・統治者になるには善のイデアを会得せねばならないのであるから、数学を必修せねばならない、とプラトンは考えた（『国家』五二一―八）。同じ意味で宇宙の探求もイデアの訓練の一環であった。幾何学を原理として創られ、幾何学を原理として運動をする宇宙――それはもっともイデア的な存在であった。

## 宇宙と人間の霊魂

見ることも触れることもできないイデアを思惟できるのは人間の霊魂プシュケーである。霊魂は師ソクラテスにとって最大の哲学的テーマであったが、プラトンはピュタゴラス学派から霊魂の不死性を学んだ。そして、プラトンの最大の哲学的関心がイデアにあったように、人間についての関心も身体よりも霊魂にあった。『法律』（九五九B）では、死骸となった肉体は死者の影のようなものであり、真の自己は不死なる魂であると述べていた。霊肉二元論といえるが、本質的なのは霊魂のほうであった。

霊魂にたいする考えは宇宙にも敷衍された。『ティマイオス』（三四B）では宇宙を創造したデミウルゴスは宇宙に霊魂を置いたと述べる。プラトンによればその座が脳にある霊魂が肉体を支配するように、宇宙霊は天体の運行を支配する。

プラトンは、霊魂を知性の魂、情動の魂、欲望の魂に三分する。「気概的」あるいは「軍人らしい」ともよぶことのできる第二の情動の魂は知性の魂の命令に従順であり、知性の忠実な援護者である。動物的な部分といえる第三の欲望の魂は知性に不従順で反抗的で、激しい闘争の後で知性の支配下におさまるとされた。それは人間を政治家・戦士・生産者という三階層に分ける国家論とむすびつけられた。◇19 この階層的な国家論も、人間の金、銀、銅、鉄の分類とともに、同心球説という階層的な宇宙論に対応するのはいうまでもない。

プラトンにとって宇宙論と人間論、そして国家論は一体のものであった。アカデメイアにおいて宇宙霊に支配される同心球的な宇宙が主流となったのはたんに「現象を救う」という観点からではなかった。それがプラトンの人間観や国家観にもふさわしかったのである。

## 宇宙の終末

宇宙の創造を述べる『ティマイオス』の冒頭で、プラトンは宇宙の終末にも触れ、アテナイのソロンがエジプトの老神官から聞いた話として、「大水」と「大火」による人類の滅亡をとりあげていた（二一E以下）。それはたびたび起こったが、最新のものがデウカリオンの洪水であった。「大火」については、太陽神ヘリオスの子のパエトーンが太陽神の馬車を制御しそこねて、太陽が軌道をはずれたために大地を焼きはらいそうになったという神話がそれを記録したものであるという。

そこでは、人類の滅亡はいろいろな形でこれまでいくどもあったのであり、これからもあるだろうが、「その最大のものは火と水によって惹き起こされる」（二二C）と述べられる。デミウルゴスは土・水・空気・火の元素から人間をふくむ世界を創造したのだが、水と火は人類の滅亡の原因であった。こうして、プラトンの宇宙はヘラクレイトスの宇宙と同様に、永遠に回帰する宇宙であった。

宇宙構造論については天球地球説を支持、アカデメイアの門人には惑星運動の科学的な説明法を求めていたプラトンも、宇宙創成ではデミウルゴスという神話的な創造者を登場させ、終末についてはデウカリオンの洪水神話やパエトーンの太陽神話をもって説明しようとする。

プラトンはピュタゴラス学派から学んだ科学と魂の宗教とともに、なおギリシア人の心に生きていた神々の物語をも総合した宇宙論を作り上げようとしていた。

## 5　アリストテレスの宇宙論

### 宇宙は永遠

プラトンの宇宙論を継承しつつも独自の宇宙論を打ち立てたのがプラトンの門人のアリストテレス（前三八四—三二二）である。マケドニア王の侍医であったニコマコスの子としてギリシアの北方スタゲイロス（イオニア人の植民市）に生まれたアリストテレスは、一七歳のときアカデメイアに入学する（このときプラトンは第二回目のシチリア旅行中）。以降二〇年もの間プラトンのもとで学び、研究につとめた。しかし、師に追従するのではない、哲学ではプラトンの超越的な実在であるイデア論を批判、事物に内在する質料と形相を原理とする自然哲学を提示した。
宇宙論についてもプラトンの天球地球説を受け継ぎ、プラトンが提出した惑星についての課題にとりくんだが、プラトンのデミウルゴスによる宇宙の創造を受け容れなかった。といっても、ミレトス学派のような宇宙創成論にも従わない。宇宙は全体として永遠の存在であると考えた。アリストテレスはいう、
それゆえ、天界全体は、或るひとたちが主張するように、生成したのでも、またこれから消滅することので

きるものでもない、むしろ一にして不断にあるもの、すなわち全アイオーン（永劫）にわたって始めも終りももつことなく、自らのうちに無限の時間を含みかつ擁しているのである（『天体論』二八三b）。

惑星と恒星の天体は不生不滅という意味で永遠である。アナクシマンドロスの火から天体が生成されたといったような考えはとらない。四元素とは異質な、生成も消滅することもないアイテール（エーテル）からなり、地球のまわりを永遠に円運動をしていると考えた。アリストテレスは天上界をアイテールとよんだのは「絶えるときなくそれがいつも（アエイ）走っている（テイン）からである」（『天体論』二七〇b）と述べている。[20]アリストテレスはアイテールからなる天上界は一番外側の恒星天球で限られていると考えた。その外部は存在しない。アリストテレスの宇宙は時間的には無限の存在であるが、空間的には有限の存在であった。四元素からなる月下界とエーテルからなる天上界が宇宙のすべてであった。

## 同心球の天を動かすのは第一動者

アカデメイアの研究課題であった惑星の運動についても、アカデメイアの先輩であるエウドクスとカリッポスの同心球説を踏まえながら、独自な理論を打ち立てた。エウドクソスとカリッポスにとって天球は惑星の運動を説明するための数学的な方法であったが、アリストテレスは天球を実在する水晶体であると見た。そのため、上部の天球の物理的な運動を下部の天球に伝達するために「逆転」天球を追加することが必要となった。その結果、エウドクソスの天球が二六個（恒星天が一個が加わる）、カリッポスの天球が三三個（恒星天が一個加わる）であったのにたいして、アリストテレスでは五五個（恒星天が一個加わる）となった。

アリストテレスは宇宙の創造者を必要としないが、プラトンの宇宙霊に対応するものとして、天球の起動因である「第一動者」を導入した（図43）。他のなにものにも動かされることのない、他のものを動かすだけの不動

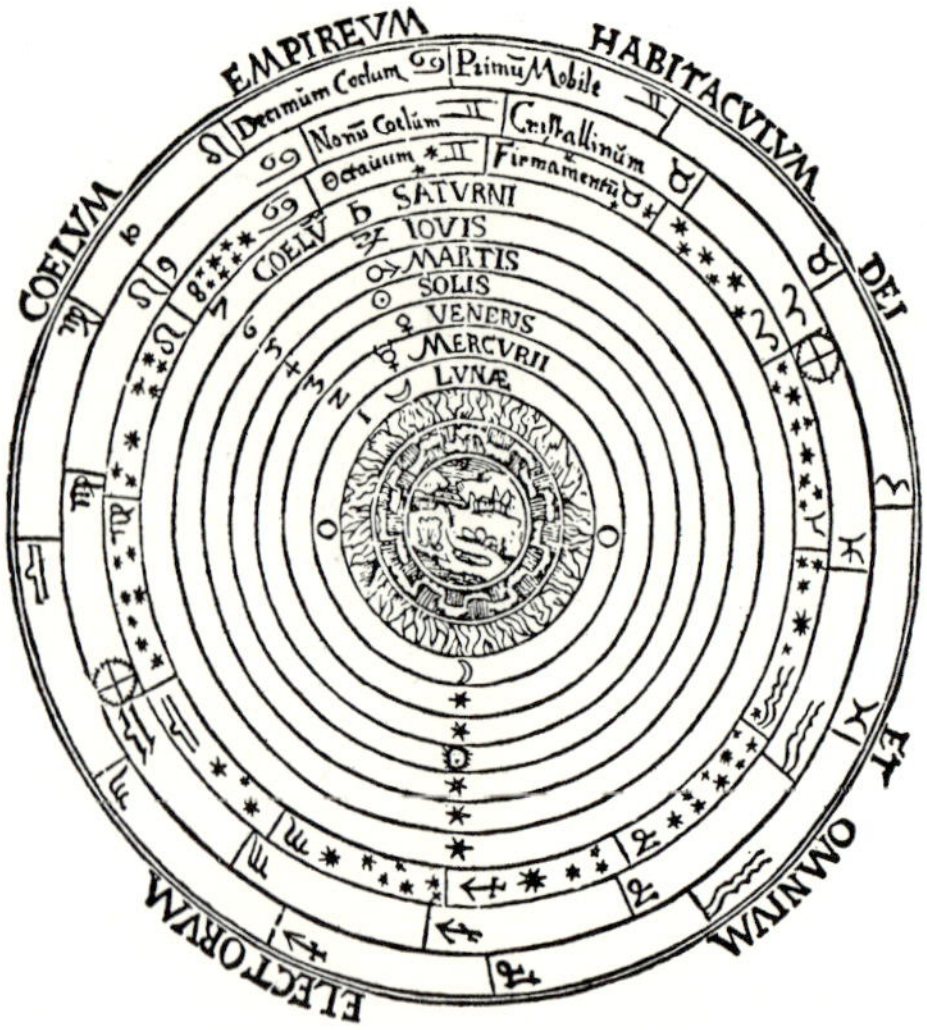


図43◆アリストテレスの宇宙体系。同心天球は省略。土・水・空気・火の月下界とエーテルからなる惑星の天上界からなる。恒星天の外にある10番目の天はアリストテレスによって仮定された第一動者の天であるが、9番目の水晶天と一番外側の神の座は中世キリスト教によって付け加えられたもの。ペトルス・アピアヌスの『宇宙誌』の1593年版より（G. E. Tauber, *Man and the Cosmos*, Greenwich House）

の動者である。アリストテレスは「第一動者」を質料をもたない純粋形相とし、「神」ともよんだ。

「第一動者」に動かされた恒星の天球は土星の天球以下の天球にも動きを伝え、各惑星を動かす。しかし、アリストテレスは、最終的には、惑星の運動は恒星の天球の運動だけに由来しているとはみなせないとの結論に達し、各惑星にも「不動の動者」を想定している。純粋形相であることから叡知体ともよばれる。ただし、「第一動者」と各惑星の「不動の動者」の関係については未解決の問題であったようだ。◇21

このようにして惑星の不規則運動は説明できたが、同心球説では惑星は地球から等しい距離のところを回転しつづけるのであるから、惑星に見られる光度の変化は説明できない。日食がときによって皆既食であったり金環食であったりする理由も説明がつかない。彗星も天球の理論ではあつかえない。そこで、アリストテレスは彗星を天体でなく大気中の現象とした。五五個もの天球をつかうアリストテレスの宇宙論でもなお未解決の問題が残されていた。

## 四元素とその自然な運動

天上界はアイテールからなるのにたいして、月下界の物質は火・空気・水・土の四元素からなる。それは不変でない。生成消滅する世界である。こうしてアリストテレスは聖なる天と俗なる地を物質的に峻別した。

土・水・空気・火からなる四元素の考えはアナクシマンドロスにも見られ、エンペドクレスによって強調された。それが熱と冷という性質と関係していることも、アナクシマンドロスによって示唆されていたが、アリストテレスはそれを自己の質料・形相の理論によって体系づけ、四つの質料と熱・冷・湿・乾の四つの形相から説明できるとした（図44）。形相とは、土では冷と乾、水では冷と湿、空気では熱と湿、火では熱と乾にあたる。

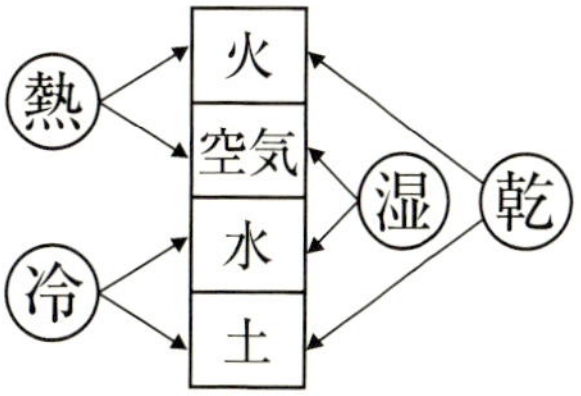

図44◆アリストテレスの元素論。形相による元素の形成。たとえば、火は熱と乾の形相からなる。

アリストテレスはプラトンの観念的な構築物である三角形の「原子」といった物質論を認めなかった。プラトンは火の元素は正4面体と考え、その正4面体の陵が薄いこと、角が鋭いこと、正4面体の形が小さいことが熱さの原因であると見たが、アリストテレスは熱さを形相と理解したのである。元素間の変換について、プラトンは三角形の「原子」の組み合わせが変更したためと考えたが、アリストテレスは形相の組み替えの結果であると説明する。たとえば、水が蒸発して空気になるのは、「冷と湿」から「熱と湿」へと変化、冷が熱に入れ替わるからである。師が提示したテーマにとりくみながら、師の見解には追従しない。批判的な精神をもって研究にあたる自由さ、それがアカデメイアを支配する空気であった。

月下界のあらゆる物体は四元素説からなるが、水と土はその重さのゆえに宇宙の中心（地球の中心でもある）に向かって「下降」し、空気と火はその軽さのゆえに宇宙の中心から外に向かって「上昇」しようという自然な運動をする。そのために、月下界はほんらいの形では上（外側）から火・空気・水・土が同心的に固有の場所を占めて層をなす。

もちろん、この自然な運動のほかにも、人間が石を投げるような外力による強制的な運動についても考察する。アリストテレスは物体が運動するにはその物体に直接に接触する物体の外力によるとした。物体が投げられたとき、物体の背後に空気の渦巻きが生じて物体を背後から押しやることで運動がつづくと考えた。したがって、アリストテレスによれば空気のない空虚（真空）中では運動が不可能となる。一方で、物体の速さは外力の大きさに比例し、媒質の密度に反比例する。もしも媒質の密度がゼロになると、つまり空間が空虚になると物体の速さは無限大になる。この点からも、空虚は否定される。こうして宇宙は物質で充満されていなければならない。天上界はエーテルで、月下界は四元素で満たされている。空虚であるのは宇宙の外部だけである。というよりも、アリストテレスは球形の宇宙にはそもそも外部は存在しないとした。

このようにして、アリストテレスの宇宙は階層的な構造をもつ宇宙であった。恒星の天球の下には惑星の諸天球が重なり、その下に火、空気、水、土の層がつづく。高貴な天上界と卑俗な月下界。それを動かす動因として、第一動者を措定する。中央集権的な国家像にかさなる階層的な秩序体としての宇宙であった。

## 地球が宇宙の中心にある理由

アリストテレスの宇宙でも地球は宇宙の中心に静止している。その理由をアリストテレスは、アナクシマンドロスやプラトンのように対称性の原理からでなく、みずからの四元素の運動論によってつぎのように説明する。

さらに、土の本性に従った運動は、部分のも全体のも、全宇宙の中心に向かっている——だからこそ、現にいまちょうど中心に横たわっているのである。だがしかし、全宇宙と地球との両者の中心が同じである以上、重さをもつものや土の部分はどちらの中心に向かって動くのがその本性に従ったものなのだろうかと、疑問に思う人もあるだろう。つまり、全宇宙の中心だから〔本性上そこへ向かうの〕か、それとも地球の中心だからそうなのかと疑うでもあろう。もちろん宇宙の中心に向かうのでなければならない。なぜかといえば、軽いものや火は、重いものと反対の方向に動きながら、中心をとりかこむ場所の最外周に向かってゆくからである。とはいえ、地球の中心と宇宙の中心はたまたま同じになっているのである。というのは、それら重いものは地球の中心に向かって動くけれども、それは地球がその中心を全宇宙の中心に据えているかぎりでたまたまそういう結果になるにすぎない（『天体論』二九六b）。

大地を構成する土の元素が宇宙の中心にむかって「下降」する性質をもつので、土からなる大地は宇宙の中心部に位置し、その位置を変えることはない。だから地球は宇宙の中心に静止しつづける。アリストテレスはアナクシマンドロスの対称性の原理による説明を知っており、それを紹介するが、「これはなかなか工夫をこらした解き方ではあるが、真実ではない」（『天体論』二九五b）とする。

おなじ理由から、大地は中心から表面までの距離が等しい物体、つまり球体でなければならない。

また、大地の形は必然的に球形でなければならない。なぜなら、それぞれの部分は中心にいたるまで重さをもっているが、より小さい部分がより大きい部分に押し出されて波状の表面をつくるということはできないのであって、むしろ一つの部分が他の部分に圧迫され、それと一緒になり、かくしてついに中心にいたることができるからである（『天体論』二九七a）。

分りにくい文であるが、もし中心からの距離が等しくないところがあれば、距離の大きな部分（高いところ）が距離の小さな部分（低いところ）へ向かって土や水が埋め、その結果、地表は全体として中心から等距離である球体となる、というのである。このようにアリストテレスは宇宙論を物質論と運動論と一体のものとする。ここにアリストテレスの宇宙論の新機軸があった。

アリストテレスはこのような理論的な議論とともに経験的な証拠もあげる。ひとつは月食の影で、影が円の形をしているのは、大地が球である証拠であるという。もうひとつは、緯度によって星の見える角度が変化することで、エジプトで見える星が北のキプロスでは見えないのは大地が球面だからであるという。

## ヘラクレイデスの地球＝太陽中心説

アカデメイアではすべてがエウドクソスやアリストテレスの同心天球説にしたがったのではない。同心天球説には惑星の光度の変化は説明できないという重大な欠陥があったのであり、それを解決しようとする理論も唱えられていた。アリストテレスとおなじ世代の門人で、アリストテレスからも教えをうけたと伝えられているポントスのヘラクレイデス（前三八八ころ—三一五ころ）の説がそうである。ヘラクレイデスは地球は宇宙の中心にあり、そのまわりを太陽と月をふくむ惑星が回転しているが、金星と水星は同時に太陽のまわりを回転していると考えた。地球＝太陽中心説といえよう。それによって、金星と水星は地球からの距離を変化させ、不規則運動だけでなく、光度の変化を説明することができた（図45）。

加えて、地球は毎日一回自転するとした。これによって、恒星天は運動することがなくなった。この地球自転説はヘラクレイデスが最初に提唱したわけではない。ピュタゴラス学派のヒケタスやエクパントスによっても主張されていた。

しかし、アカデメイアではそれを支持・発展させようとした者が出なかったようだ。アリストテレスも採用しなかった。光度の変化が説明できたという点では、同心球説よりも優れているのだが、アカデメイアの人々には対称性を損なう宇宙は受け容れがたかったのであろう。それでも、アカデメイアでは自由な議論がなされていた点は注目されてよい。このこともまた、ギリシア哲学の特徴である。

## 生物学と霊魂

前三四七年にプラトンが八〇歳で亡くなり、アカデメイアの学頭にプラトンの甥のスペウシッポスが就くと、三七歳のアリストテレスはアカデメイアを離れる。プラトンの門下生が僭主であった小アジアの北にあるアッソスに赴いたアリストテレスは、そこに設立されていたアカデメイア風の学園において弟子のテオプラストスらの協力をえて、生物学の研究に従事した。ここで三年間研究に励んだ後、アッソスから遠くないテオプラストスの郷里のレスボス島に移り、ここでも魚介類の調査をおこなっている。

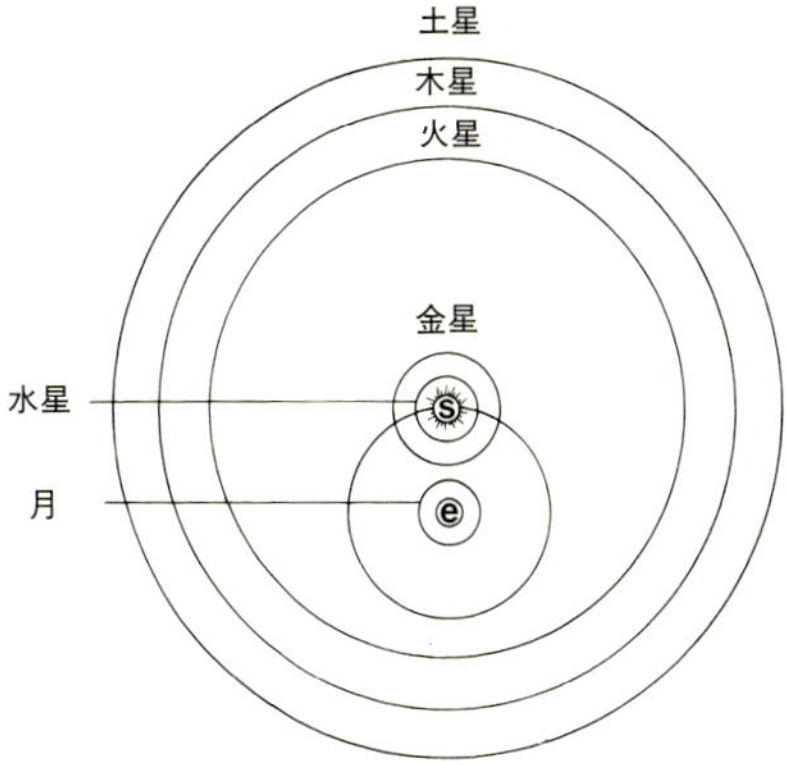


図45◆ヘラクレイデスの地球太陽中心説。太陽と月は地球のまわりを回転し、他の5つの惑星はその太陽のまわりを回転する（G. E. Tauber, *Man and the Cosmos*, Greenwich Houseによる）

前三四二年から七年間は、マケドニア王ピリッポスの依頼をうけて一三歳であった王子アレクサンドロスの家庭教師をつとめるが、ピリッポスが暗殺され、アレクサンドロスが王位を継ぐとアテナイにもどる。アテナイはその二年前にギリシアを征服したマケドニアによって統治されていた。前三三五年、五〇歳のアリストテレスは、学友のクセノクラテスが三代目の学頭となっていたアカデメイアには戻らず、マケドニア総督の庇護のもと、東の郊外に学校リュケイオン（土地の神アポロン・リケイオスに由来する）を設立した（図37）。アレクサンドロスの援助もあったといわれている。アレクサンドロスの騎馬を主力とする軍は、なお馬の戦車に頼っていたダリウスのペルシア軍を破る。

インドの攻略はならなかったが、地中海からインダス川までを支配する大帝国を築いた。

アカデメイアに伍する教育と研究の学府であったリュケイオンにもギリシア各地から学生らが集まってきた。学生には論理学、倫理学、自然学などを教授したほか、一般の市民の聴衆にも弁論術、倫理学、政治学などを講じるとともに、アリストテレスは生物学の研究を継続した。アリストテレスの父ニコマコスは医師であり、当時ギリシアでは黒胆汁・血液汁・黄胆汁・粘液汁という四体液説を唱えるヒポクラテス学派の医師が活躍していたが、アリストテレス自身は医師の道を選ばなかった。

医学のためではない科学としての生物学の研究を行い、真理を他の目的のためではなく、真理追求自体を目的として研究する。アリストテレスにとってテオリア（観想）の生活こそが、最高の善であり、最高の幸福であった。生物学の研究のために、リュケイオンには実習室や図書館をもつ博物館のような施設も備えていたと見られている。そこには東方に遠征中のアレクサンドロス大王から動植物の標本が送られてきた可能性もある。

しかし、前三二三年にアレクサンドロスがバビロンで死去したとの報がギリシアに伝わると、ギリシア各地では反マケドニア運動が起こる。アリストテレスも不敬罪で告発される。そのため、母の故郷のカルキスに逃れるが、まもなく当地で亡くなった。しかし、リュケイオンは廃されなかった。学頭は弟子のテオプラストス（前三七二―二八八）、ついでストラットンに引き継がれる。

アリストテレスが生物学の研究で注目したのが霊魂である。プラトンは人間の霊魂を三つに分け、動物を鳥類・獣類・魚類に分類していたが、アリストテレスは霊魂による分類を植物をふくむ生物一般に敷衍し、形相・質料論から生物は形相としての霊魂と質料としての身体からなると理解した。

生物と無機物の差異は霊魂の有無で定義できる。さらに、植物には自己を維持し養おうとする栄養的霊魂、動物には感覚をもって場所を移動する感覚的霊魂、人間には思考する能力をもつ理性的霊魂があるとする（『霊魂論』四一四a以下）。この理性的霊魂の座について、プラトンが脳にあるとしたのにたいして、アリストテレスは心臓にあるとした。さらに、上位の霊魂が下位の霊魂をあわせもつのも生物の特徴で、人間には理性的霊魂とともに、感覚的霊魂、栄養的霊魂もそなわるとした。この霊魂は普遍的なものである。人間についていえば、個々の人間に付与された個別的霊魂は人間の死とともに、消滅する。肉体なしには霊魂は存在せず、輪廻転生をみとめない。師のプラトンとちがって、霊肉は切り離せない。霊肉一元論といえよう。

さらに、アリストテレスは植物から動物へという連続的な階層にさまざまな種を位置づけた。とくに動物の分類は詳しい。宇宙が天球と四元素が階層的な構造をもっているように、生物も階層的である。人間から海綿動物、腔腸動物まで五二〇種類以上の動物を調査して、分類した◇22。種のあいだの差は連続的だが、そのあいだで変化可能とは見ない。つまり、アリストテレスにはアナクシマンドロスのような進化の思想はない。生物の個体は生成消滅するが、天体が永遠であるように、生物の種は永遠である。永遠性と階層性、それがアリストテレス以降の生物学を貫く思想である。

## 原子論は認めない

アリストテレスにはみずからの元素論をソクラテスの同時代人のデモクリトスによって唱えられていた原子論とむすびつけようとする意識はないどころか、原子論をきびしく批判した。アリストテレスには空虚をみとめる原子論を容認できない。原子論者は空虚があるから運動は可能と考えていたのだが、アリストテレスは空間が四元素とエーテルで充満されているから物体の運動が可能であると考えた。

もちろん、アリストテレスは原子論者が主張する無限の広がりをもつ宇宙を認めない。無数の宇宙などという原子論者の見解は論外である。アリストテレスにとっては、われわれの住む宇宙はただ一つで、有限の球形の世界である（『天体論』二七六b）。

その後のギリシア科学はアリストテレスの自然学・宇宙論を支持した。しかし、原子論が消滅したわけではない。アリストテレスのつぎの世代のエピクロス（前三四二―二七〇）は前三〇七年にアテナイに学園を開き、デモクリトスの原子論を踏襲して、原子論が心の平静アタラクシアをうることができるとの哲学を教えていた。ペロポネソス戦争での敗北やマケドニアによる支配によってポリス社会が崩壊していくなか、新しい生き方の哲学が模索されていたのである。同じころ、ストア学派の祖となるゼノンもアテナイで、アリストテレスの宇宙論を基礎にやはり心の平静を求める哲学を教えていた。

# 第4章　科学の宇宙から心の宇宙へ——ヘレニズム・ローマの時代

地中海からインダス川におよぶ大帝国を樹立したアレクサンドロス大王が前三二三年にバビロンで死去すると、帝国はアレクサンドロスの部下たちによって統治されるマケドニア、エジプト、シリアに分割された。それを機に、アテナイの市民はマケドニアからの独立をめざして立ち上がったが、戦いは敗北に終わり、アテナイは科学の中心地の地位を失う。とってかわったのが、エジプトを支配したプトレマイオス王朝の首都となったアレクサンドリアであった。アカデメイアやリュケイオンという教育・研究組織に当たるのが、プトレマイオス王朝によって設立された学術研究所ムセイオンである。

アレクサンドリアを中心に栄えたヘレニズムの科学はギリシア科学を継承しながらも、その性格を変える。科学は哲学から独立して、専門化が進む。観測や実験が重視されるとともに数学を道具につかう、現代的といってよい科学者が活躍するようになる。

宇宙論でもプラトンのデミウルゴスやアリストテレスの第一動者といった神話的・形而上学的な問題はとりあげられなくなり、天体の精確な観測をもとに数学的なモデルによる宇宙の解明が中心のテーマとなった。質的なものから量的なものへ、哲学的な宇宙論から数学的な宇宙論へ。それらの宇宙論の研究をふまえて、ヒッパルコスやプトレマイオスらヘレニズムの天文家はアリストテレスの同心球の理論よりも、現象を正確に説明する数学的な宇宙論を成立させた。

少数派であったが、地動説の宇宙論も存在した。アレクサンドリアでは「古代のコペルニクス」といわれるようになるアリスタルコスが活躍していた。静止しているのは太陽であり、地球をふくむ惑星がそのまわりを回転しているという近代的な地動説が唱えられていた。

この時代、地中海の西ではラテン人の都市国家ローマが勢力を拡大、前二七〇年ころまでには南イタリアのギリシア植民市も支配下におさめてイタリア半島を統一、ポエニ戦争ではカルタゴに勝利して東地中海に進出、前二世紀中葉には、マケドニアとギリシア本土もくだし、前六三年にはセレウコス朝シリアも滅ぼす。ローマは重装歩兵の自作農を中心とする軍事力を基礎に共和制をとっていたが、元老院保守派による支配を廃したユリウス・カエサル（シーザー）は独裁体制を布く。カエサルは暗殺されるが、養子のオクタヴィアヌスはローマの東方部を統治していたアントニウスを破り、このとき、アントニウスに味方したプトレマイオス朝の女王クレオパトラ（プトレマイオス十二世の娘）も自殺、プトレマイオス朝エジプトは終わる。

それによって、地中海の文化の中心もアレクサンドリアからローマにうつる。しかし、アレクサンドリアで花を咲かせたヘレニズムの宇宙論はうけつがれなかった。宇宙論のもつ意味がさらに変わったというべきかもしれない。ローマ人は人間の生き方をさぐる哲学に惹かれる。人気をよんだのがストア派とエピクロス派の哲学であった。ポリス的なコスモス（秩序）が解体した帝国ローマでは、世界を住処と考えるコスモポリタンとなった市民たちが、ギリシアの宇宙論を個人の魂の救済と結びつけて考えるようになったのである。

# 1　ヘレニズム天文学

## 科学はアテナイからアレクサンドリアへ

アレクサンドロス大王の死後、エジプトは大王と席をならべてアリストレスの教えをうけたプトレマイオス一世によって統治された。だからでもあろう、プトレマイオス一世はギリシアの学問を重視、学術研究所ムセイオン（学芸の女神ムーサにちなむ）を首都のアレクサンドリアに建設した（図46）。ムセイオンのモデルはプラトンやアリストテレスの学校、とくにアリストテレスのリュケイオンにあり、その建設と運営にはリュケイオンの三代目の学頭であったストラットンが当たった。しかし、私園であったアカデメイアやリュケイオンとは異なって、ムセイオンはプトレマイオス王朝によって運営された国家の研究所であり、研究の領域も規模もずっと大きくなる。

この事業はプトレマイオス二世にも引き継がれ、ムセイオンではギリシア各地から集まった一〇〇人をこえる学者が天文学、数学、医学、そして文学などの研究に従事するようになる。アカデメイアやリュケイオンの関係者もアレ

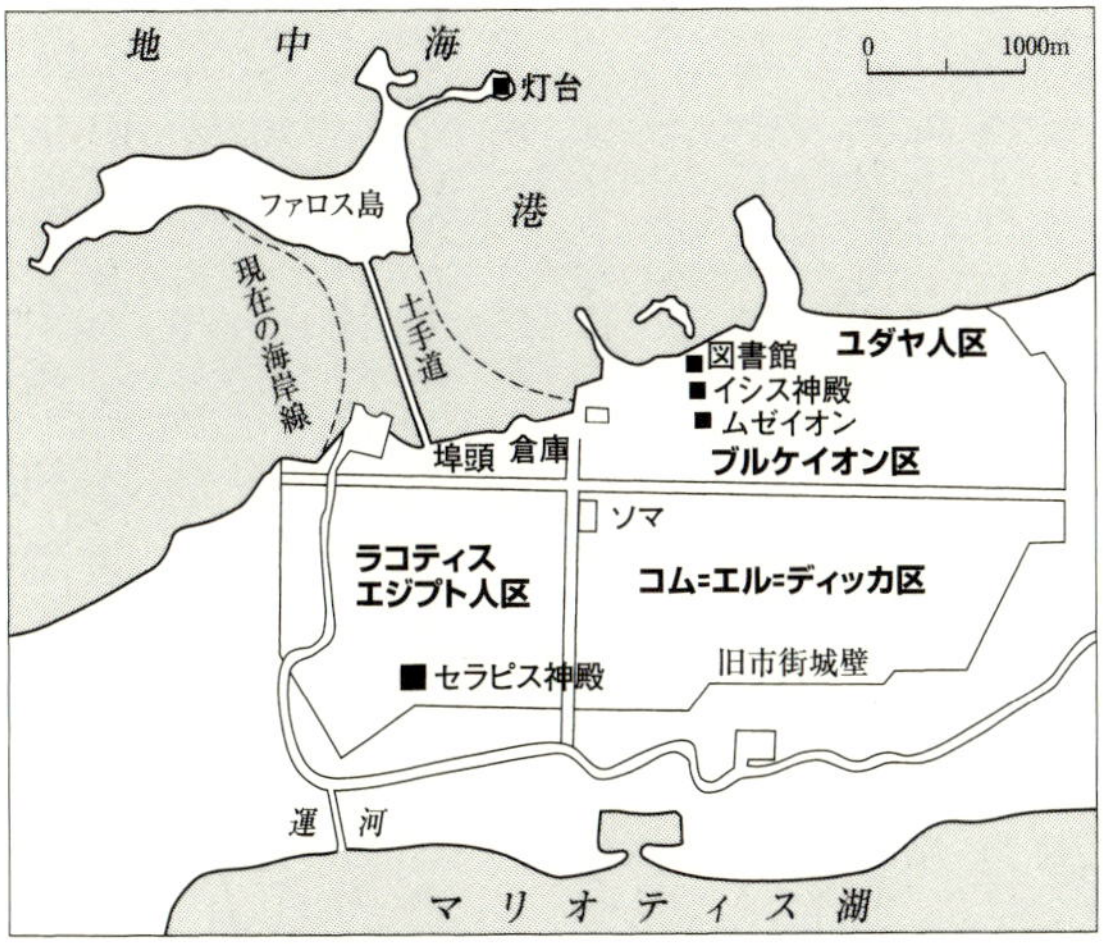


図46◆アレクサンドリアの市街図（モスタファ・エル=アバディ『古代アレクサンドリア図書館』松本慎二訳、中央公論社）

クサンドリアに移った。多数の学生もいた。天文観測所、解剖室、動植物園のほか、付属の図書館があり、そこには四〇万巻の図書が所蔵され、そこに収めきれない三〇万巻の書籍はセラピス神殿に運ばれた。

ギリシアには見られなかった技術の発達もアレクサンドリアの科学の特徴で、揚水用の螺旋で有名なアルキメデスのほか、ヘロン、クテビシオス、ピロン（ビュザンティオンの）らが押し上げポンプ、水オルガン、蒸気タービン、機械式の水時計、発射機など、歯車、滑車、弁などをつかった機械技術を開発する。自然の理解から、自然を支配しようとする意識も強くなるのである。アリストテレスの後継者たちが活躍するアレクサンドリアであるが、より実践的になる。

エジプトを支配したプトレマイオス王朝もファラオの後継者として専制君主制を採用、中央集権的な国家を確立した。しかし、プトレマイオス四世（在位、前二二一―二〇三）のころからは後退をはじめる。それでも、アレクサンドリアは学術の中心地でありつづけた。

## 観測の発達――太陽・月・地球の大きさ

天文学はムセイオンを代表する研究であった。それはアリストテレスの宇宙論を受け継いだものではあったが、ムセイオンの天文家はアカデメイアの学者とちがって種々の観測機器と幾何学の方法を駆使して宇宙の構造を明らかにする。

アリストテレスは『天体論』（二九八a）のなかで地球一周の距離について四〇万スタディオン（六万キロメートルほどで、実際の一・五倍の値）という大まかな数字があげているが、アカデメイアでは天体の観測は重視されていなかった。[◇1] しかし、アレクサンドリアの天文家は地球の正確な値だけでなく、太陽と月の大きさや太陽と月までの距離をも求めようとした。なかでも重要であるのはサモス出身のアリスタルコス（前三一〇ころ―二三〇ころ）によってなされた仕事である。アカデメイアやリュケイオンで学んだ後、プトレマイオス三世に招かれストラットンの門人となり、王家の家庭教師かつ図書館長ともなったアリスタルコスは、天体観測によって太陽や月の大きさとその距離を求めている。

アリスタルコスの著書『太陽と月の大きさと距離について』によると、アリスタルコスの着眼は、月が正確に半月となるときに地球上の観測点から見て月と太陽のつくる角度を測定すれば、太陽までの距離と月までの距離との比がわかるはずであるということにあった（図47）。実際にアリスタルコスがもとめた角度は八七度、それから太陽までの距離と月までの距離との比は約一九倍と見積もられた。月と太陽のつくる角度の測定は難しく、正しくは八九度五二分、太陽までの距離と月までの距離との比ははるかに大きく三九〇倍である。それでも、アリスタルコスの測定によって、太陽がひじょうに遠くにあり、したがって太陽がひじょうに大きな天体であることが明らかになった。

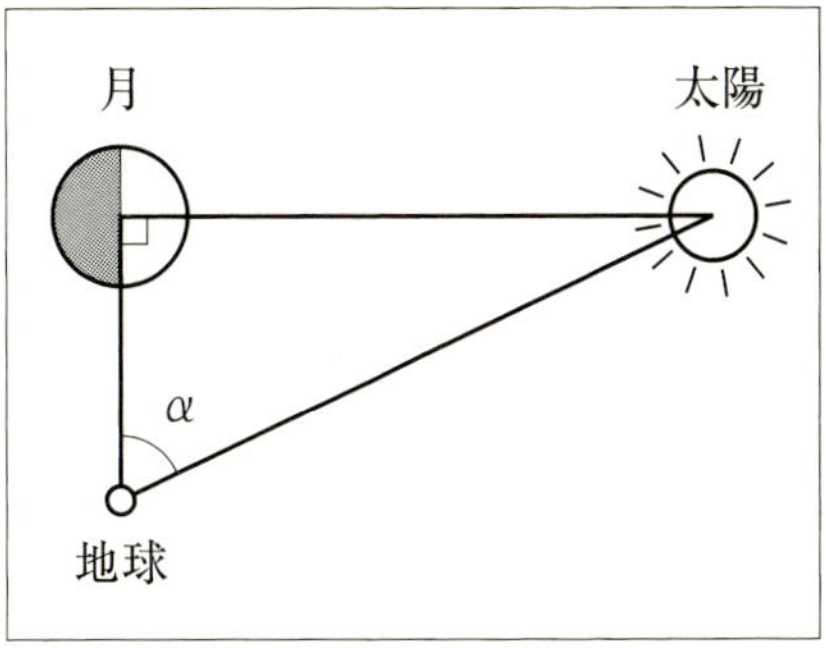


図47◆アリスタルコスによる太陽の距離測定

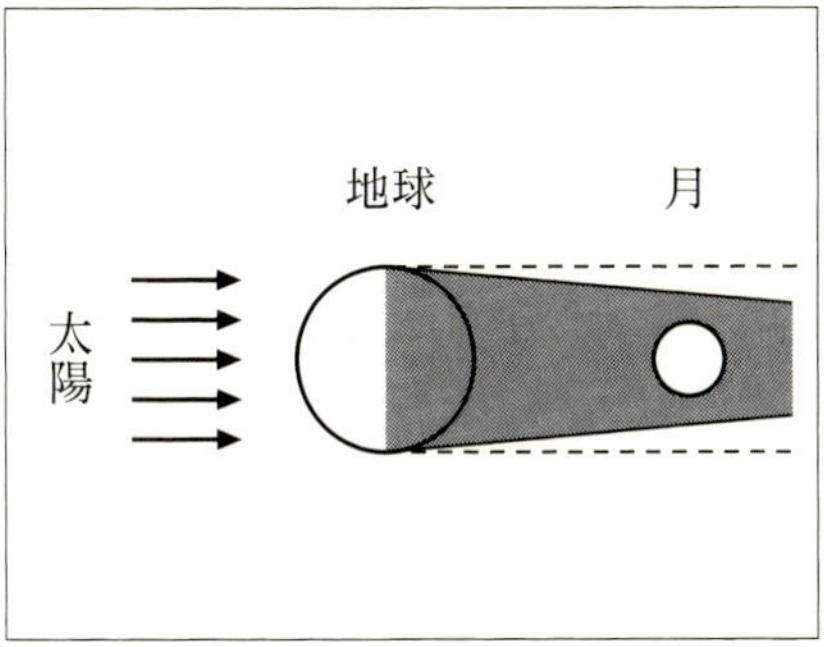


図48◆アリスタルコスによる月の大きさの測定

月の大きさと距離については、月食のとき、月が地球の影に隠れるのを観測、月の大きさは影の幅の半分であるが、影は地球の大きさよりも小さくなることを考慮して、約〇・三六倍と見積もった（図48）。さらに、月の直径の視角が二度であるとして、月までの距離を地球の直径の約九・五倍とした（実際の視角は〇・五度で、そのため誤差が大きくなった。実際は三〇倍）。

この月までの距離を太陽の距離の測

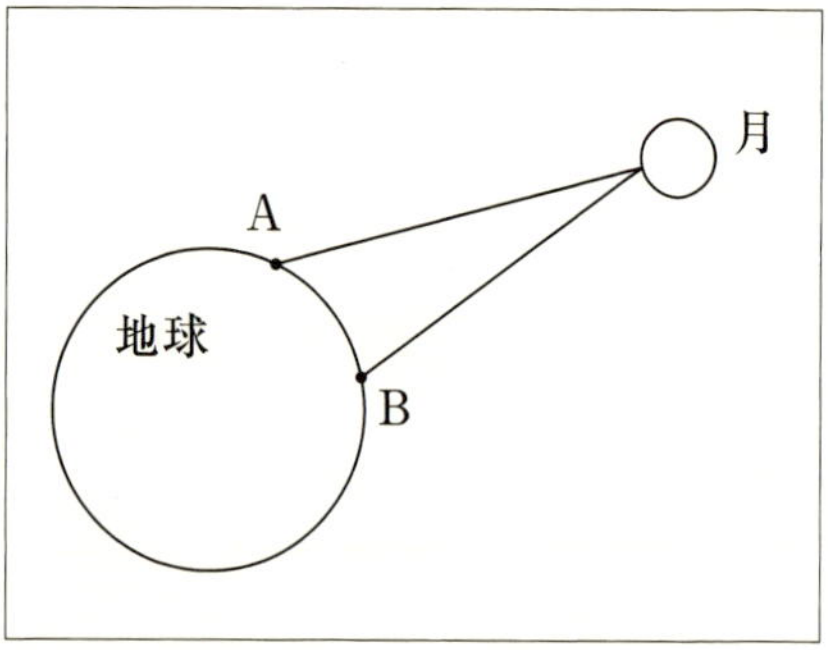

図49◆ヒッパルコスによる月までの距離の測定

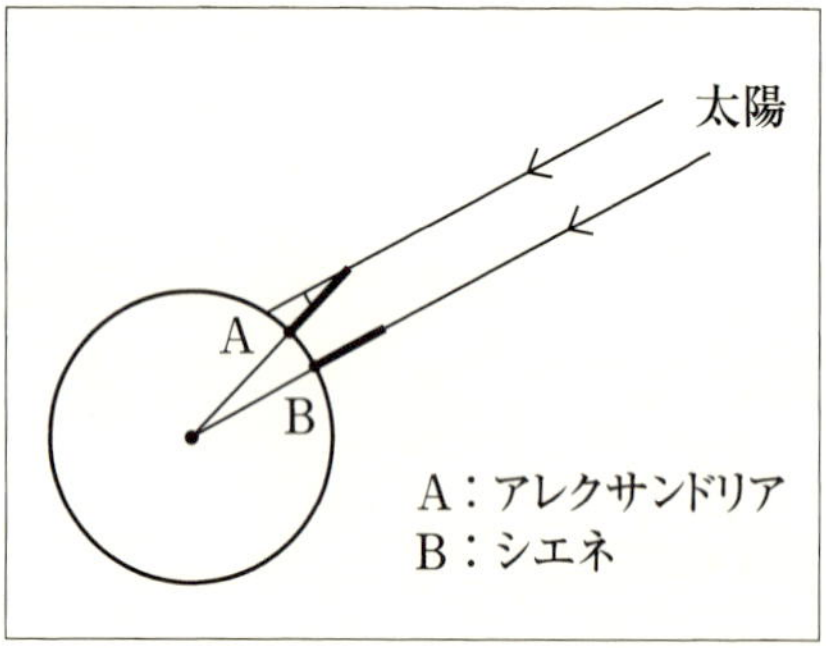

図50◆エラトステネスによる日時計をつかった地球の大きさ測定

定につかうと、太陽までの距離は地球の直径の一八〇倍（実際は一一七二六倍）、大きさは約六・七倍（実際には一〇九倍）となる。地球は、宇宙の中心にありながら、地球のまわりを回る太陽よりもずっと小さい。小さな地球のまわりを大きな太陽が回転していることになる。

　しだいに精度は高くなる。ロドス島に観測所をもっていたニカイアのヒッパルコス（前一九〇ころ—一二〇ころ）は、二つの地点で同時に月の見える角度を測定、三角測量の方法で月までの距離を求めた（図49）。地球の直径の三三倍という実際により近い値を求めている。太陽の距離はなお困難であったが、アリスタルコスよりはずっと大きく、地球の直径の約一二〇〇倍と見積もった。ヒッパルコスの観測のなかでも重要なのは歳差運動の発見である。天の赤道と黄道の交点である春分点が太陽の年周運動とは逆の西の方向にゆっくりと移動していることを、ギリシアやアレクサンドリアの観測結果をバビロニアの古記録と比較することで明らかにした。

　地球の大きさのより精確な測定をおこなったのはつぎの世代のエラトステネス（前二七六ころ—一九四ころ）である。アテナイで学んだ後アレクサンドリアによばれ、図書館の館長をつとめた天文家であったエラトステネスは、自明であった大地の球体性を前提にして、上エジプトのシエネでは夏至のとき日時計が影をつくらないが、アレクサンドリアでは日時計のノーモンのしめす影が七・二度であったことから、地球の赤道上の周囲の距離が二五万二〇〇〇スタディオンであると計算した[2]（図50）。一スタディオン＝一五七・五メートルという説では三九六九〇キロメートル、実際の値である四〇一二〇キロメートルに近い値であった[3]。地球を一周したものはひとりもいなかった時代に、このように高い精度でその大きさを測定していたのだ。

アルキメデスも宇宙の構造に関心を抱き、『砂粒を算えるもの』では宇宙の大きさを論じている。アルキメデスにとっても宇宙の大きさというのは恒星天までの距離のことであるが、アルキメデスは一〇〇億スタディオンよりは小さいとの結論をだしていた。それまでに知られている太陽や月や地球についての知識をもとに、太陽の

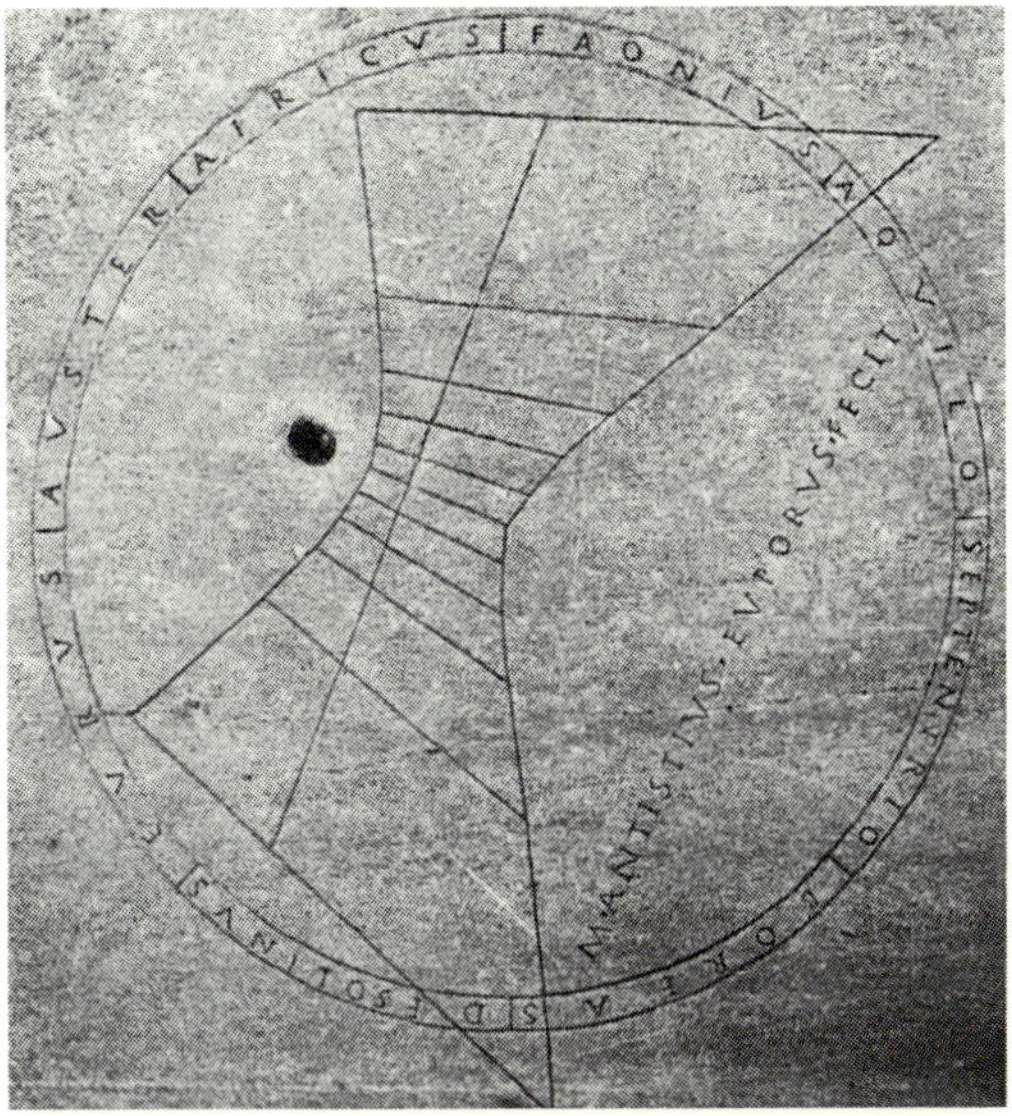


(a)

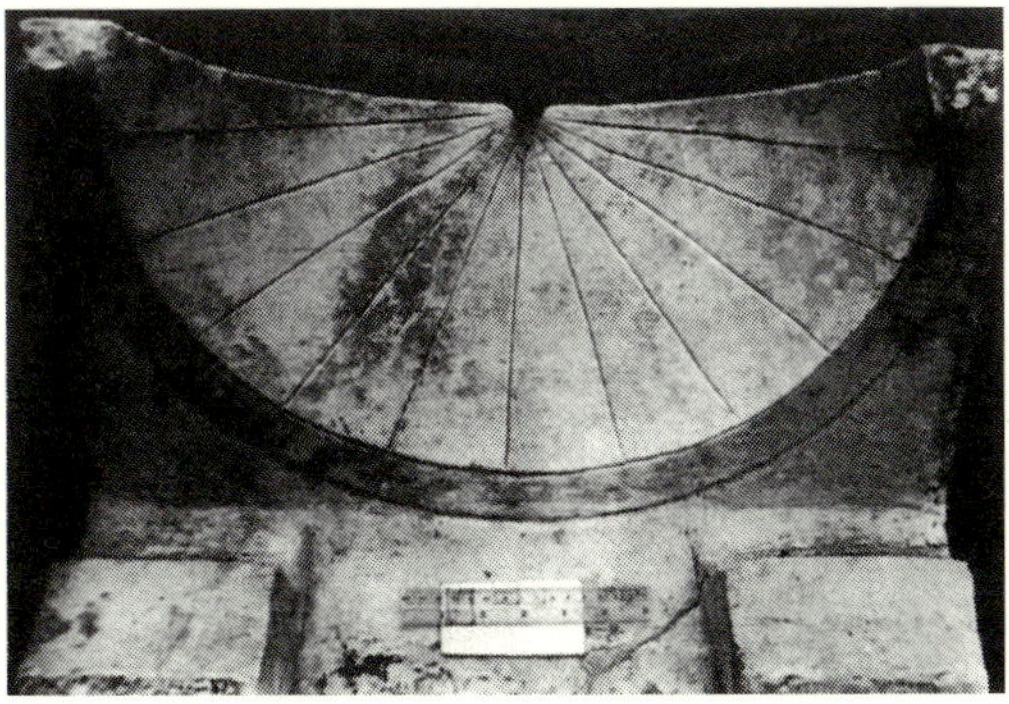

(b)

図51◆ヘレニズム時代の日時計。(a)平面型、アクレイア出土、(b)球面型、ポンペイ出土。いずれも金属製のノーモンは失われている（S. L. Gibbs, *Greek and Roman Sundials*, Yale University Press）

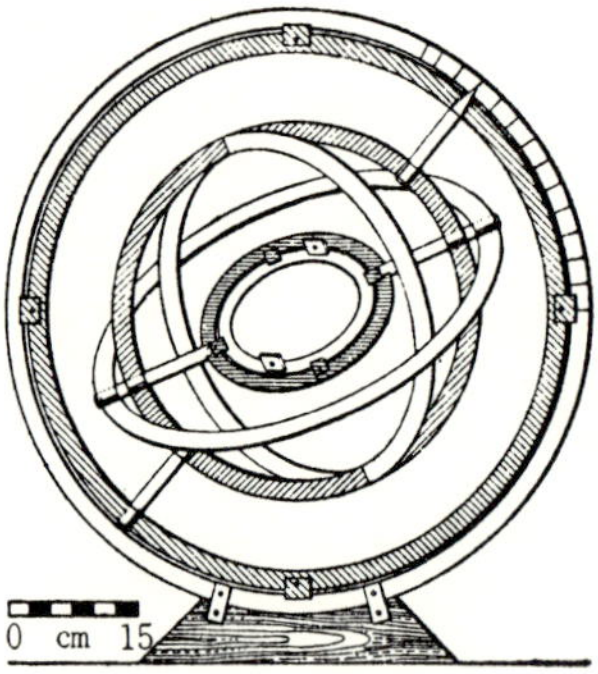

図54◆アストロラボン。アーミラリ天球儀ともよばれる（Ch. シンガー『科学思想の歩み』岩波書店）

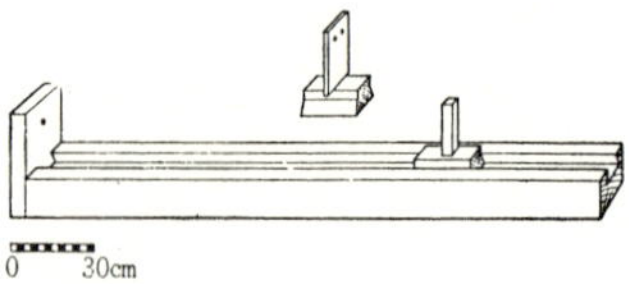

図53◆太陽の見かけ直径を測る装置（Ch. シンガー『科学思想の歩み』岩波書店）

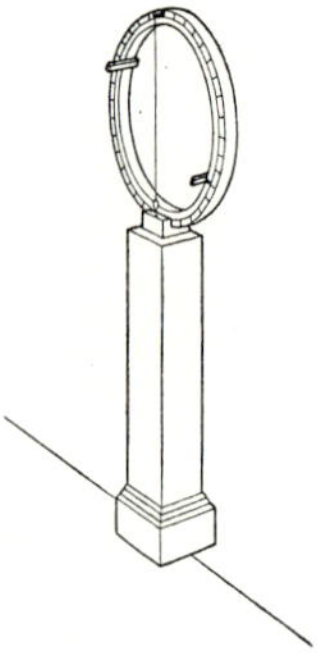
図52◆太陽の高度の測定装置。目盛りのある外輪のなかに望筒（一対の穴）を備えた内輪がはめ込まれている（Ch. シンガー『科学思想の歩み』岩波書店）

直径は宇宙の球の大円に内接する正一〇〇〇角形の辺よりも大きいという仮定から導かれていた。

これらの測定には精密な観測装置がつかわれていた。基本は天体の位置を測定するための道具である。太陽の位置の動きを読みとるための装置である日時計はバビロニアからギリシアに伝えられ、市民のあいだにも広く普及したが、暦の作成に欠かせない装置となった（図51）。エラトステネスは日時計を地球の大きさの測定のために利用したのである。日時計は最古の科学装置であった。

そのほかにも象限儀のような天体の位置の角度を正確に測定する器具や太陽や月の視直径を求める装置が使用されていた（図52、図53）。なかでも巧妙な機構をもつのがアストロラボン（アーミラリ天球儀）である（図54）。回転するひとつの円環からなる天体の位置を測定する装置の発展系で、いくつかの円環を組み合わせることで自動的に必要な天体の緯度と経度のデータがもとめられる装置である。ヒッパルコスによっても使われていたらしい。

**地球中心説の新しい理論——アポロニオスとヒッパルコス**

天体の運動についての理論も新しい段階に進んだ。観測

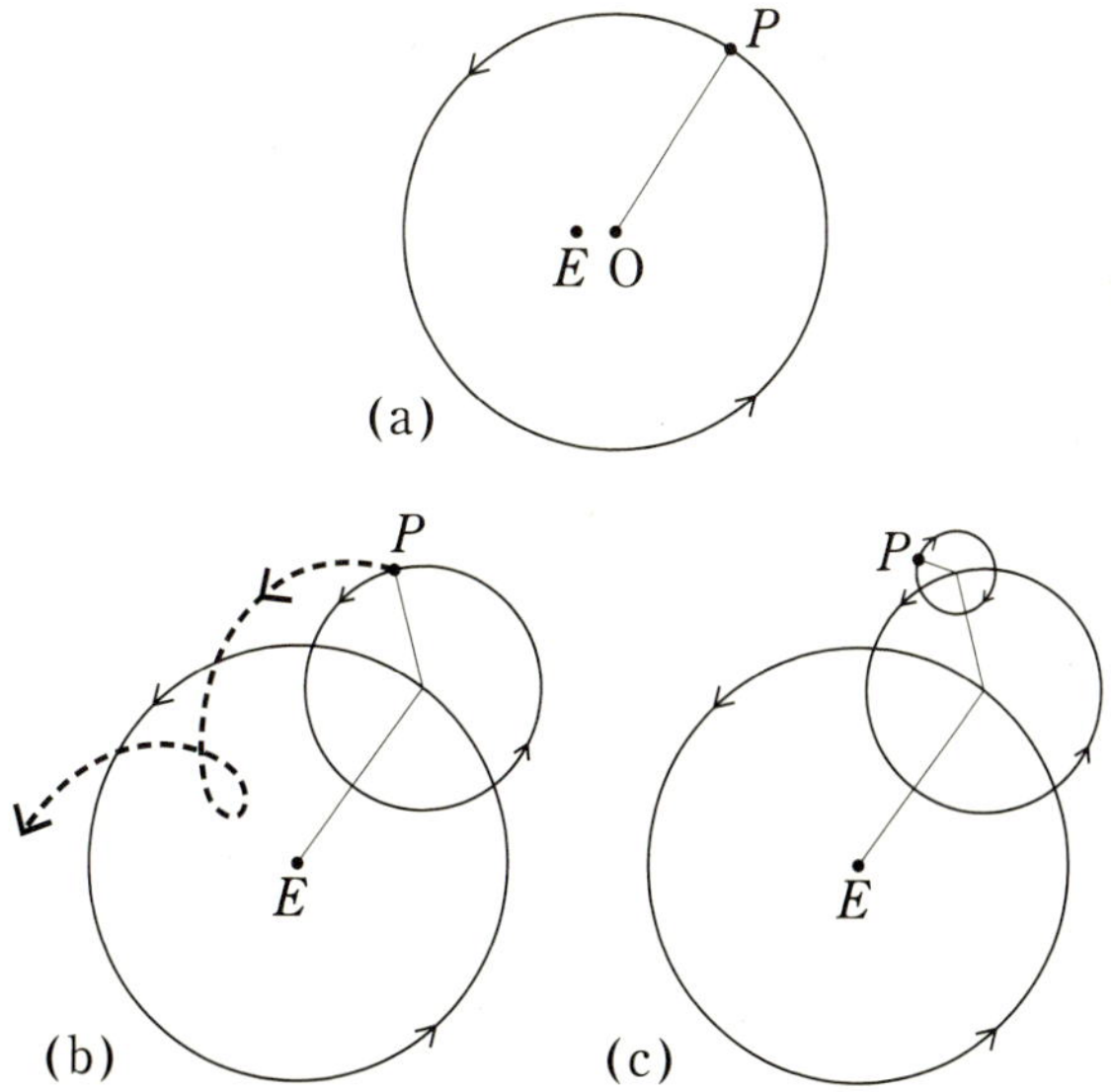


図55◆(a)離心円、(b)周転円、(c)2重の周転円（R. S. ウェストフォール『近代科学の形成』渡辺正雄・小川真理子訳、みすず書房）

の精度が高まり、数学的な方法がより広範囲に応用されるようになった。同時に、アレクサンドリアには幾何学の研究にとりくむものが現われる。その成果が天文学に利用されるとともに、幾何学そのものの研究も進展する。

その第一人者がエウクレイデス（ユークリッド、前三三〇ころ―二六〇ころ）であった。プラトンの門人から数学の教えを受けたのち、アレクサンドリアに出て、『幾何学原論』を編纂、プトレマイオス一世に捧げている。さらに、アレクサンドリアでエウクレイデスの弟子に教えをうけ、それを発展させた幾何学をつくったのがペルゲのアポロニオス（前二〇〇ころ）であった。その仕事のひとつが、エウクレイデスの幾何学における基本図形である円からさらに進んだ円錐曲線の研究である。もうひとつが、地球が中心から離れたところにある円の性質を論じた離心円の研究と、地球を中心に回転する円周上に中心があって回転する周転円についての研究である。

円錐曲線が宇宙論とむすびつけられるのには十七世紀の天文家ヨハネス・ケプラーをまたねばならなかったが、離心円と周転円については、数十年のうちにヒッパルコスの天文学に利用された（図55）。太陽と月については、それらの円軌道の中心が地球の中心からずれているということで、太陽と月の運行の軌道が正確に記述でき、日食の皆既食や金環食も説明することができた。他の惑星についても、周転円をつかってその不規則な運動と光度の変化を説明しようとした。

## プトレマイオスの『アルマゲスト』

アテナイでは哲学的なテーマであった宇宙論が、アレクサンドリアでは天体の構造と運動を論じる科学的な宇宙論となる。現代的といってよい宇宙にたいする姿勢であった。プラトンに見られた神話的宇宙創成論が語られることも、アリストテレスの第一動者といった問題には関心をしめすこともない。実証が理論の可否を決定する。宇宙論よりも天文学の時代であったといえよう。

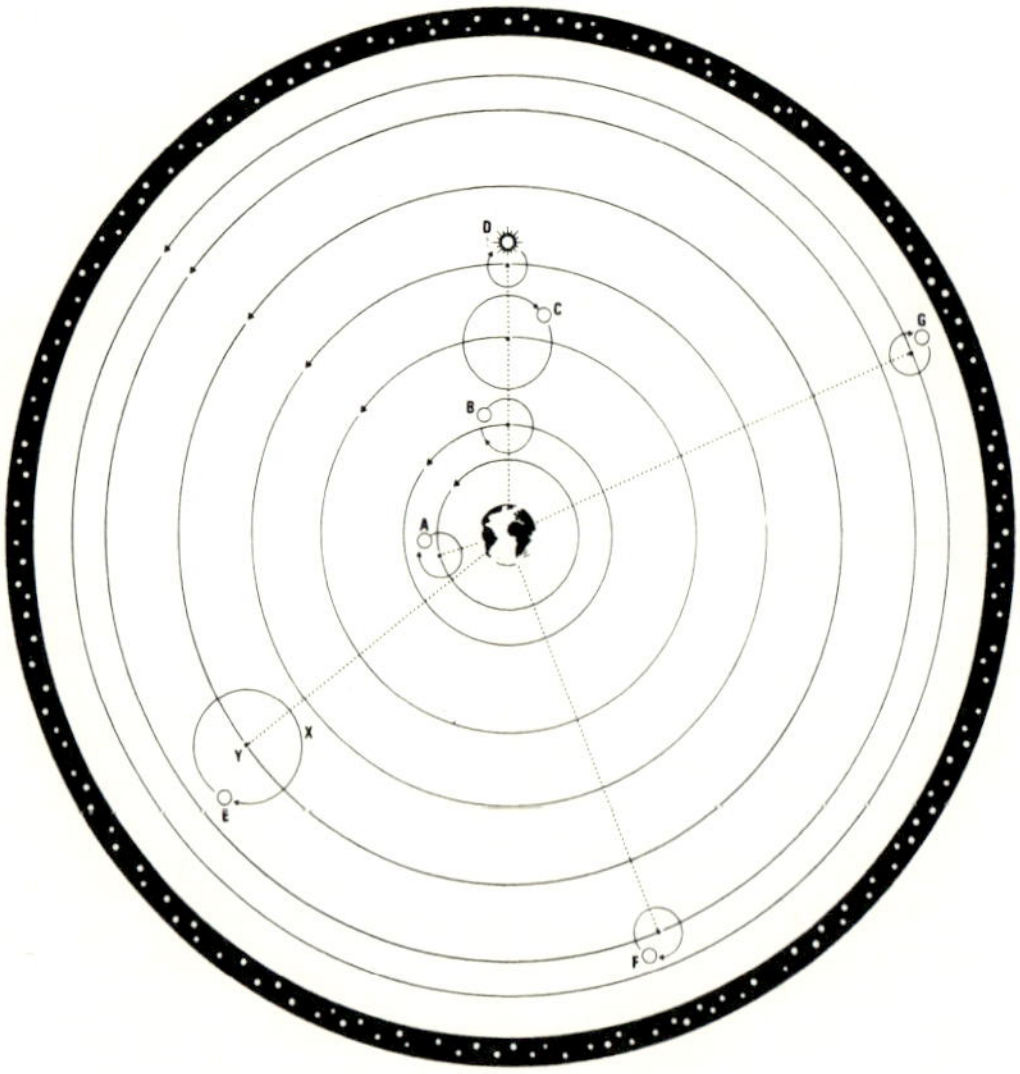

図56◆プトレマイオスの宇宙体系。簡略されて描かれた図(G. E. Tauber, *Man and the Cosomos*, Greenwich House)

これらアレクサンドリアの天文学の成果を集大成したのが紀元後一四〇年ころ、ローマ帝国の支配下にあったアレクサンドリアで活躍していたプトレマイオス・クラウディオスであった。プトレマイオス王朝が滅亡したあと、アレクサンドリアの天文学は衰退したが、プトレマイオスはそれを再興、みずから天体観測もおこないながら、『天文学の大体系』あるいは『数学的体系』とよばれる著書をまとめあげた。後にアラビア語に翻訳されたとき、『アルマゲスト』(最大の本のこと)とよばれ、それが通称となった。

一日に一回転する巨大な球形の恒星天の中心には小さな球形の大地が静止する。そのまわりを、月、水星、金星、太陽、火星、木星、土星の順序で配される惑星が、周転円と離心円の天体理論にしたがって運行する（プラトンの宇宙体系では太陽は月のつぎに位置していたが、アレクサンドリア時代には金星と木星のあいだに移る）◇4。プトレマイオスも周転円と離心円をつかったヒッパルコスの惑星理論を踏襲する（図56）。観測結果を説明するために、惑星ごとに中心をさだめたり、それでも観測と合わなければ周転円にさらに新しい周転円を加えるなどの工夫をほどこした。観測の精度が高まれば、円の数は増える。同心球説と比較してもずっと複雑な理論となった（やがて、円の数は八〇にもなる。アリストテレスの球の数五五個の約一・五倍である）。しかし、プトレマイオスは離心円も周転円も実在物とは考えていなかった。エウドクソスの同心球がそうであったように、説明のための数学的な道具とみていた。

アラビアを迂回して十二世紀のヨーロッパに伝えられた『アルマゲスト』は、なお最大の書でありつづけた。カスティリア（スペイン）のアルフォンソ王は一二五五年ころ、『アルマゲスト』にもとづき航海や占星術用に惑星の動きをしめす「アルフォンソ天文表」を作成していたが、王はその複雑さを嘆き、神が創造のさい自分に相談されたなら、もっと簡単な宇宙にしていただろうにと述べたとの有名な話も残されているほどであった。それでも、円の数は増えたが、円の一様な運動でなりたっていた宇宙はその後三〇〇年も生きつづけた。

プトレマイオスは地動説を無視していたのではない。『アルマゲスト』の中でも、地球が自転するとしても天体が東から西に動く現象は説明ができる（「救う」）ことを認めたうえで、それを採用しない理由もあげていた。もしも地球が動いているならば、
かくて地球上に支えられていない物体は、つねに地球と反対の運動をするように見えるであろう。そして雲、

投げられた物体、飛ぶ動物は東へ行くことはないだろう。なんとなれば、地球はこの方向ではつねに他を追越すから、地球だけを除いて、他はすべて西に後退するように見えるだろう（第6章）。

しかし、実際はそう見えないのであるから、地動説をみとめることができない、というのである。じっさいにも月は地球のまわりを回転しているのであり、そうであれば他の天体も地球のまわりを回転するとみるのが自然でもあったろう。それに、プトレマイオスの理論はアリストテレスの理論と融合して理解されるようになるが、天体は重さをもたないエーテルであるということで、巨大な太陽でも回転しやすいと考えられていたからであるとも思われる。プトレマイオスの天球地球説が支持をうる。経験主義の強みであった。

## 科学的な世界地図

天と地球の研究がすすむとともに世界の地理にたいする認識も拡大した。前五世紀の歴史家ヘロドトスになると、ミレトスのヘカタイオスの世界地図には残っていた神話的な大洋オケアノスも取り除かれる。アリストテレスは、『天体論』の地球説を議論したところで、「ヘラクレスの柱（ジブラルタル）」（二九八a）とインドとが（海で）連続している証拠として両極地に象が生息していることをあげる学者の意見を紹介している。アレクサンドロスの東征はこのような地理的な認識の拡大を背景にすすめられたのであるが、アレクサンドロスによる帝国の建設は地理的な認識をさらに拡大させた。

地球の大きさを測定したエラトステネスも世界地図を作成した（図57）。地理的知識はさらに拡大、とくにインド方面の地理が詳しくなり、ヒンズークシ山脈やヒマラヤ山脈やガンジス川が知られるようになった。経度と緯度に対応する線も見られる。シエネとアレクサンドリアを通過する子午線とこれに平行する五本の直線、およびそれに直交する「ヘラクレスの柱」とインドをむすぶ直線と、これに平行な五本の直線が引かれた。しかし、

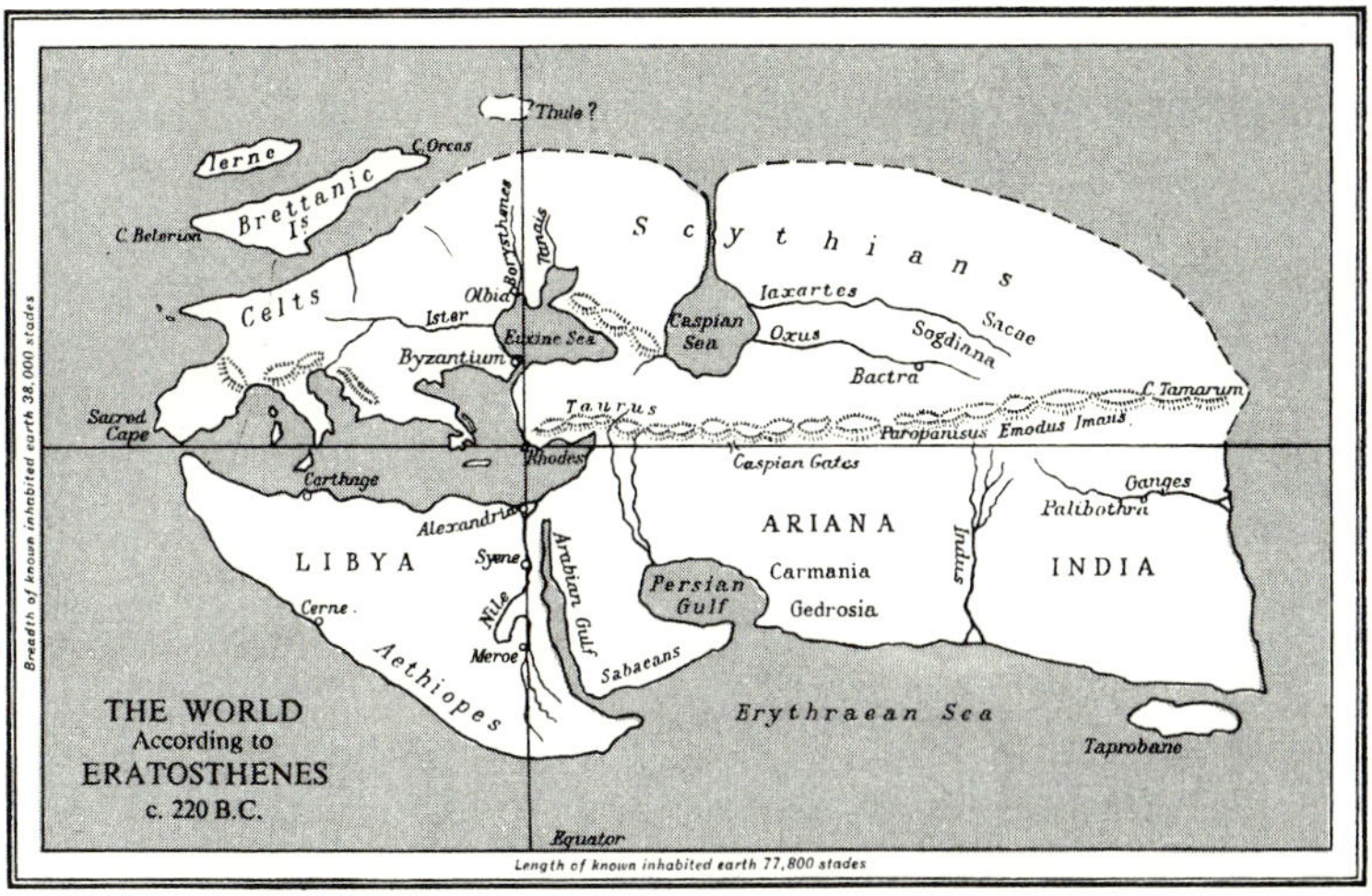


図57◆エラトステネスの世界地図（人間の居住可能な部分のみ）。簡略された図(O. A. W. Dilke, *Greek and Roman Maps*, Thames and Hudson)

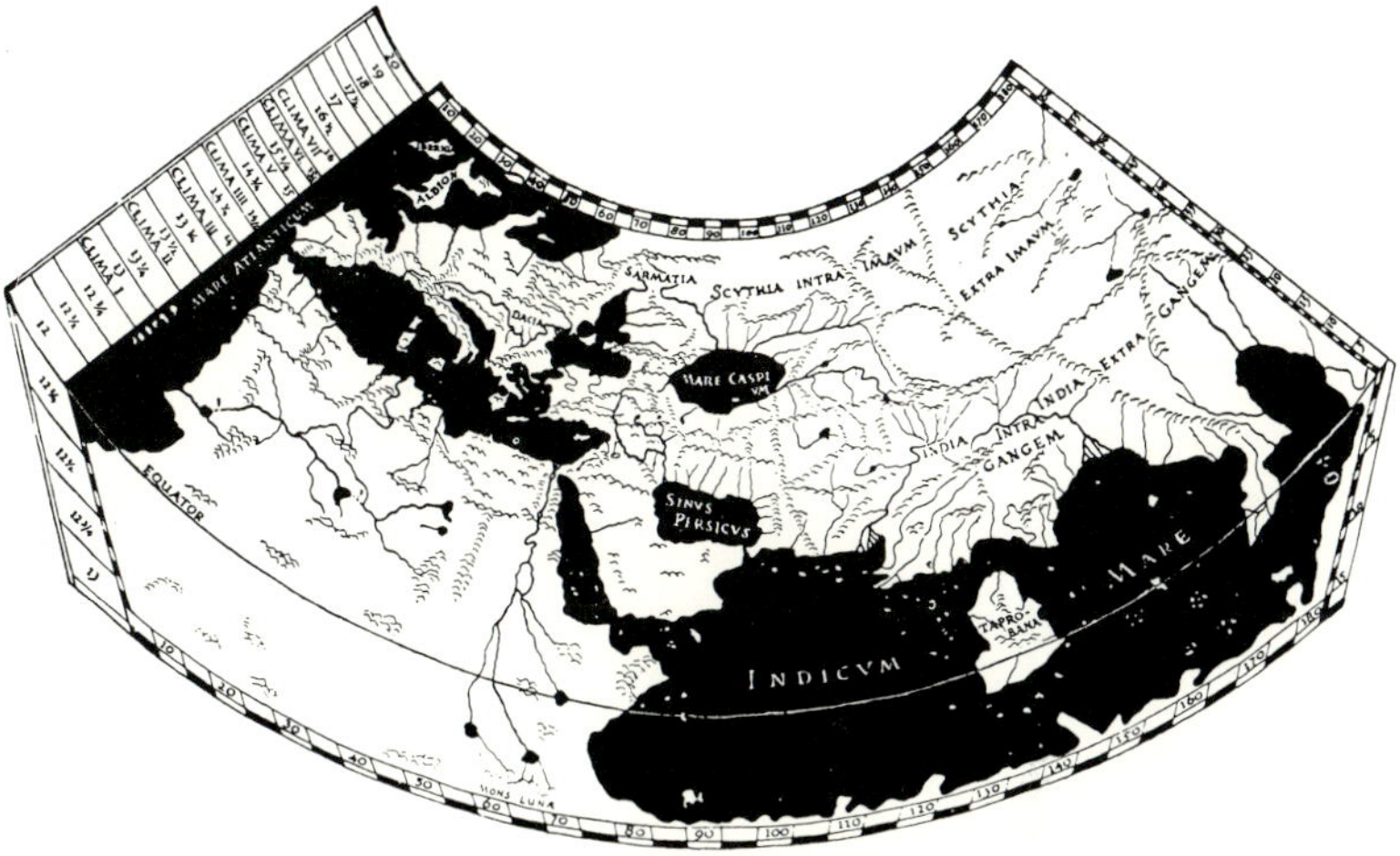


図58◆プトレマイオスの世界地図。赤道の南でアフリカとアジアが地続きになっている（海野一隆『地図の文化史』八坂書房）

それらは等間隔ではなく、等間隔な経度と緯度をしめすものに改めたのはヒッパルコスであった。◇5

ヘレニズムの地理学の大成者もプトレマイオスであった。プトレマイオスによって書かれた『地理書』では、エラトステネスの地図よりも地理的な知識が拡大、セリカ（絹の国）とよばれた中国も含まれるようになる。エラトステネスが大洋の一部、巨大な湾と考えていたカスピ海も内海となった（図58）。それとともに注目されるのが図法の進歩である。ヒッパルコスの緯度・経度による座標化を採用するとともに、球面上の地点を平面で表現する投影法を採用した。それまで平面と考えられていた大地が球体であることを「発見」したギリシア人は、球体を平面で表現する方法も見いだした。地理学にもヘレニズム時代の幾何学の成果が利用されたのである。

## 太陽中心説も唱えられる――アリスタルコス

ヘレニズム時代を支配したのは、地球中心説にたつアリストテレスの宇宙論であって、ヒッパルコスとプトレマイオスの天文学はその修正理論とみることができる。それでも、プトレマイオスも『アルマゲスト』のなかで批判的にとりあげているように、ヘレニズム時代にも地動説は存在した。地動説を唱えていたひとりがサモスのアリスタルコスである。アルキメデスが宇宙の大きさを論じた『砂粒を算えるもの』のなかで、二五歳ほど先輩であるアリスタルコスの太陽中心の地動説を紹介していた。

その証言によるとアリスタルコスの地動説の要点はつぎのとおり。恒星と太陽は静止している（恒星天の中心に太陽がある）。地球は太陽のまわりを円周を描いて回転している。また、地球から太陽までの距離に比較して、恒星までの距離はひじょうに大きい。すでにピロラオスの中心火の理論以来、少数派ではあっても地動説が現われたが、アリスタルコスによって、コペルニクスの宇宙論と変わりがない理論が唱えられるようになった。

アリスタルコスもピロラオスらの地動説を知っていたにちがいない。しかし、太陽中心の地動説に向かわせた力は、太陽までの距離を測定して、太陽が地球にくらべてずっと大きいことを知ったことにあったと思われる。

地球の六、七倍もある太陽が地球のまわりを回転することは不自然と思ったのであろう。

それでも、支持者は少なかった。紹介者のアルキメデスも大多数のものは地球中心説を支持しておるが、アルキメデス自身もアリスタルコスの地動説を「だが、こういうことはありえないのは、みやすい道理でございます」（『砂粒を算えるもの』一・六）といって退けた。アリスタルコスの地動説の賛同者として伝えられているのは、カルデアのセレウコスだけであった。

## ピロポノスのアリストテレス批判

アリストテレスの力学にも疑問が投げかけられるようになる。プトレマイオスよりも後になるが、六世紀のアレクサンドリアで活動したヨハネス・ピロポノス（四九〇ころ―五七〇ころ）はアリストテレスの著作についての注釈のなかで、人間によって投げられた物体が運動をつづけるのは、物体の裏側に逆流してきた空気によって押しつけられるためであるとするアリストテレスの見解を否定、媒体は運動の抵抗物でしかないとした。[◇6] 天体であればいったん回転をはじめると外力がなくても回転をつづける。
ピロポノスはアリストテレスの天体のエーテル説も批判する。惑星の色の相違から、天体がすべて同じエーテルからなるとは考えられないとして、天上界と月下界とには物質的な区別はなく、天体は火の元素からなると主張した。[◇7]
少数者ではあったが、アリストテレスの宇宙論や力学理論にたいする批判者が存在していたのである。だがピロポノスの支持者も少なく、歴史の舞台から消える。しかし中世が終わるころ、このピロポノスの理論はよみがえる。ピロポノスは継続的な外力がなくても運動は可能であるという「いきおい」の理論の先駆者となる。
ヒロポノスは、アラビアで普及するようになる天体観測器のアストロラーベの研究でも知られている。アストロラーベは球形のアストロラボンを平面型に組み立てもので、その数学的な原理にはプトレマイオスが地球を平面に投影したのと同じである。

## 小宇宙の科学──ガレノスの医学

アレクサンドリアの天文学では観測が重視されたように、医学でも解剖が重んじられるようになる。観察を重んじたアリストテレスの生物学の研究を引き継ぐものでもあった。

もちろん、以前にもピュタゴラスの弟子であった医学者のアルクマイオンがおり、ソクラテス、プラトンの時代にはコス島出身のヒッポクラテスが活躍していた。アルクマイオンは病気と健康を温寒と乾湿という対立的な性質の調和の有無でとらえ、ヒッポクラテスは四元素に対応した血液・黄色胆汁・黒色胆汁・粘液という四体液の混合の具合から病気と健康を説明する。三世紀にはアレクサンドリアで『ヒッポクラテス全集』の編集がおこなわれた（内容はギリシア医学の集成というべきものであって、ヒッポクラテス自身の論文はその一部にすぎない）。

アレクサンドリアの代表的な医学者にヘロフィロス（前三三五—二八〇）とエラシストラトス（前三一〇ころ—二五〇ころ）がいた。◇8 ヘロフィロスは公然と解剖をおこなった最初の人で、神経系の研究では脳を神経系の中心器官であり、知性の座と考えた。これは心臓を知性の座とするアリストテレスの見解を否定し、プラトンの考えを支持するものであった。動脈と静脈の違いの確認もしている。エラシストラトスは宇宙的なプネウマ（気息）が肺から心臓をへて血液にとりこまれ、そのうち脳に運ばれた部分が「精気」となって神経を通って、身体の各部に送られると考えた。アナクシメネスをはじめギリシアの自然哲学者によって生命の原理とされていたプネウマが医学的に理解されはじめた。エラシスラストも脳を知性の座と見てその解剖をおこない、その構造と知能の関係を論じていた。

そのような医学研究の総合者となったのが、アレクサンドリアで研究をし、後年にはマルクス・アウレニウス帝にむかえられたペルガモンのガレノス（後一三一—二〇一）である。ガレノスもヒッポクラテスの四体液説を学び、サルなどの動物解剖をおこない、プネウマの理論を発展させた。それによると、プネウマは心臓の左心室に入り、一方で血液は肝臓から心臓の右心室にはいるが、左心室と右心室のあいだに目には見えない微小な穴があって、血液は左心室に滴り落ち、ここでプネウマと混合して生命プネウマとなる。生命プネウマは動脈を通って身体の各部に運ばれるとともに、脳髄を経由して精神プネウマとなった部分は神経によって全身におくられる。[◇9]人間が小宇宙であることを、医学的に確認していたのでもある。

## 2　ローマの人生論的宇宙論

### 経験主義の科学

貴族支配の社会にはじまったローマでも、前三世紀にもなると貴族と市民の法的な地位は同等と見られるようになり、貴族と市民からなる重装歩兵を主力とするローマ軍は、一世紀におよぶポイニ戦争ではカルタゴに勝利、前二世紀の後半にはほぼ全地中海域を征服した。カエサルの暗殺などによる混乱もあったが、カエサルの養子オクタヴィアヌスは領地を東はガリアから北はブリテン南部にもひろげ、前三〇年にはプトレマイオス王朝も平定する。前二七年にアウグストゥス（崇高なるものの意）の尊称をうけたオクタヴィアヌスは、五〇〇年つづいた共和制を帝政に移行する。その後、ネロ帝のような暴君もあらわれたが、ネルウァ、トラヤヌス、ハドリアヌス、アントニヌス・ピウス、マルクス・アウレリウス（在位一六一―一八〇）のいわゆる五賢帝の時代を最盛期として約二世紀間にわたる「ローマの平和」がつづく。その後、軍人皇帝の時代となるが、コンスタンティヌス帝（在位三二四―三三七、三〇六以後は副帝）は都をコンスタンティノープル（ビザンティウム）に移し、四世紀末にはテオドシウス帝は東ローマと西ローマに帝国を二分した。

思弁重視のギリシア科学にたいしてローマの科学の特徴は経験主義にあった。常識重視でもある。ただアレクサンドリアではなお議論の対象であった地動説は顧みられることもない。大地は不動とし、その不動である理由についても、とくに議論は必要としない、経験がしめすとおりであるとする。その一方で、技術への関心が強まる。ローマの市街に建てられた巨大な建造物、帝国を網羅する道路と橋、水路橋をともなう水道などの公共事業のために新しい技術が投入された。生物学の世界でも医学が重視された。ガレノスもマルクス・アウレリウス帝の侍医となった。

アレクサンドリアではプトレマイオスのような理論的な天文家が出現したが、ローマ全体では低調、関心は天文学よりも暦法にそそがれた。シーザーもエジプトに遠征したときにエジプトで使われていた（五五ページ）太陽暦をローマに持ち帰り、ローマの暦を改良して前四六年にユリウス暦を制定している。一年を三六五日とし、四年ごとに閏日を挿入するユリウス暦は、十六世紀にローマ法王グレゴリオ一三世によってグレゴリオ暦が制定されるまで、使用されつづけた。

観測器で普及したのは、バビロニアに起源し、ギリシアで発達した日時計であった。ローマでも暦を作成するのに欠かせない天体観測の装置であったが、日常生活用の時計としても普及、携帯用の日時計も作られた。アレクサンドリアのヘロンらの科学的な機械技術はほとんど受け継がなかったが、クテビシオスによって開発された機械じかけの水時計は広くつかわれた。◇10

ギリシア文化を継承したローマ人がギリシアに期待したのは思弁的な哲学や科学ではなく、実用的な技術にあった。キケロも「ギリシア人の場合には、幾何学には最高の敬意がはらわれた結果、数学者ほど大きな栄誉をもつものはいなかった。しかし、私たちローマ人は、この技術《アルス》を、測量や計算という実際的な目的にかぎっている」と述べていた。◇11 この技術志向はアレクサンドリアの工業的技術の発達とむすびつく。

## ストア学派の宇宙論

哲学でも、自然や人間をよく知ることよりも人生をよく生きることが大切とされた。そのため、歓迎されたのがストア哲学であった。始祖はキプロス島出身のゼノン（前三三六―二六四）で、アカデメイアなどに学んだ後、前三〇八年からアテナイの市内にあった絵画柱堂ストア・ポキレーで教えた。学派の継承者にはゼノンの学校を受け継いだレアンテスとクリュシッポス（前二八一／七八―二〇八／〇五）がおり、パナイティオス（前一八五ころ―一一〇／一〇九）とその弟子のポセイドニオス（前一三五ころ―五一ころ、新プラトン主義の先駆となる）によってストア哲学はローマ人に伝えられた。ローマのストア哲学を代表するのが、共和制の最後の政治家でもあったキケロ（前一〇六―四三）、帝政時代にネロ帝のもとで宰相となったセネカ（前五―後六五）、奴隷出身の哲学者エピクテトス（六〇ころ―一三七ころ）、ストア派的啓蒙政治を布いた五賢帝のひとりマルクス・アウレリウス（在位一六一―一八〇）である。奴隷から皇帝まで幅のひろい後継者がいた。

ストア学派のモットーは一貫して「自然ピュシスに従って生きる」であった。ディオゲネス・ラエルティオスは『ギリシア哲学者列伝』で、

ゼノンは最初に『人間の自然本性について』のなかで、（人生の）目的は「自然と一致和合して生きること」であると言ったのであるが、そのことは「徳に生きること」に他ならなかったのである。なぜなら、自然はわれわれを導いて徳にむかわせるからである（第七巻第一章八七）。

と記している。ストア派にとって徳とは自然との一致にむかう意志であり、そうであることで心の平安がえられるとみていた。皇帝マルクス・アウレリウスも『自省録』で、ギリシアのストア学派の哲学者セクトゥス（『対

比列伝』のプルタルコスの甥）から「自然に即して生きる」（第一巻九）思想を学んだと語り、みずからも「自然の性《さが》に適って、しかも悪いというものは、ぜったいに存しないのである」（第二巻一七）と述べていた。セネカも自著の各所で強調していたことである。ストア派にとっても、自然ピュシスは宇宙でもある。宇宙の法則と調和して平静アタラクシアに達することがストア派の理想であった。ギリシアのポリス的生活を奪われ、コスモポリタンとなった人間の心を支配する不安に応えようとする思想であった。

　実用的な技術に期待したローマ人だが、宇宙にかならずしも無関心だったわけではない。宇宙を科学的に解明することや創造や第一動者といった形而上学的な問題を論ずることには積極的ではなかったが、「自然に即して生きる」という立場から宇宙を人間の生き方との関係から理解しようとすることには熱心であった。ストア学派の哲学がそうであった。

　アリストテレス的な宇宙を支持するストア学派であったが、そこにはプネウマ（気息）が浸透していると考える。ガレノスが人間の生命の原理的物質としたプネウマである。その有限の宇宙の外は無限の空虚がひろがるが、アリストテレスとはちがって実在的な空虚、宇宙をいれる容器である。ストア派は宇宙の外には真空の空間をみとめていた。[◇12]

　アリストテレス的な宇宙の構造について、キケロは『国家論』の第六章にあたる『スキピオの夢』で、ローマの将軍・大スキピオにその宇宙をつぎのように語らせていた。

> 九つの輪、正しく言えば九つの球、万物は、これらによって、縛り合わされている。
> それらの一つは天球、残りの全部を包み囲んでいる外側の極《きわ》みをなす球。ほかのいっさいの球を、囲い込み、
> 固め保っているがゆえ、これこそ、まさに至高の神。
> このなかに嵌め込まれているのが、あの回《めぐ》りゆく、星々の常《とわ》に変わらぬかずかずの道。

そして、こうつづく。「至高の神」の天球の下には恒星天と七つの惑星の天球があるが、それらは、「天空と反対の方向へ動きながら、後《あと》向きに回《めぐ》っていく」。東から西に運行する恒星にたいして惑星が西から東へ運行する年周運動のことである。その七つの惑星は上から、サトゥルヌスの星（土星）、ユピテルの星（木星）、マルスの星（火星）、太陽、ウィヌスの星（金星）、メルクリウスの星（水星）、月であり、宇宙の中心には静止する地球がある。キケロはアリストテレスの宇宙を受け容れるが、天球を動かす「不動の動者」は必要としない。個々の天球に賦与された神＝ロゴスによって天球は回転する（**口絵1**）。

宇宙の創成論についていえば、ストア学派はアリストテレスの永遠不滅説はとらない。原初の存在であるプネウマから火・空気・水・土の四元素が分離し、残ったプネウマがエーテルとなって、地球を中心に天球が重なるアリストテレス的な宇宙が生まれたが、それは永遠に持続するのではなく、プラトンも述べていた大火エクプロシスによって全宇宙は「神的な火」に吸収されて終わりを迎え、そして、また新しい生成の過程の「更新」アポカタスタシスが開始されると考えた。宇宙は無限に循環するのであって、前の宇宙が正確に繰り返される。だから、もうひとりのソクラテスやゼノンがアテナイに生まれ、まったく同じことを同じ弟子たちに教えることになるだろう、と。◇13

ストア学派の宇宙論は宇宙論を語るのが目的でない。その宇宙的ロゴスに従順であるべきことを説こうとしていたのである。ストア学派が「自然に従う」というとき、それは自然環境のなかに生活せよというのではなく、自然の本性に従順であれ、ということなのである。徳とは自然の本性に従順であること、ストア学派の禁欲もここに立脚する。

## 自然法――ローマの統治の精神

ストア学派の宇宙的なロゴスはローマの法の精神、とくに自然法の精神にもつながった。大宇宙を支配するロゴスは小宇宙たる人間の本性でもある。人間は共通の本性をもつのであるから、法は自然法の精神にしたがってつくられねばならないとされた。

だから、ゼノンはポリスが独自の法律を所有することを批判、あらゆる人々は共通の法のもとに生きるべきであるとした[◇14]。エピクテトスは人類はすべて兄弟であり、「私はアテナイ市民だ」とか、「わたしはローマ人だ」とかいうべきでなく、「わたしは宇宙の市民だ」といわねばならない、と述べていた[◇15]。しかも、奴隷も他の人間と平等であることを教えていた[◇16]。

キケロも『法律について』で、法について大切なことは、「法の基礎は意見などにはなく、自然にあるのだということをはっきり知ることだ」（巻一・一〇）という。『国家論』でも、「真の法は、自然と調和している正しい理法である。それは、普遍的に通用し、恒久不変なものである。……そして、ローマとアテナイとで異なる法はなく、また現在と未来とで異なる法はないであろう」（三巻）と述べていた。

ローマ法の基礎はこの自然法、「物の本質」から演繹されたものなのである。自然に順応するように、法に順応するというのが、その基本の精神であった。ユスティアヌス帝の『ローマ法大全』をとおして、中世以降のヨーロッパ諸国に大きな影響をおよぼしつづけたのも、宇宙的な物の本質と人間に内在する正しい理性にもとづく自然法を基礎としていたからにほかならない。

奴隷や女性の参政権を認めず、階層社会を理想としたプラトンやアリストテレスと決定的に異なる社会意識である。知性の魂をもつ政治家による支配を理想としたプラトンやアリストテレスの政治思想とは対極の位置にあるとさえいえる。ストア学派はプラトンやアリストテレスのように宇宙論を発達させることはなかったが、新しい政治のありかたを生み出していた。

もちろん、ローマが法を重視したのは、ポリスの共同体が崩壊、個としての人間の自覚に追いやられたローマ人にはそれにふさわしい統治の思想が求められていたからである。コスモポリタニズムの理念が必要とされた。それに、ローマは版図を拡大させた結果、多様な風俗や習慣に生きる民族を統治せねばならなくなっていた。

## 占星術

世界は運命的であるというストア学派の哲学はバビロニアからローマ世界に伝えられた占星術を歓迎した。天上で天体の運行が循環するように、地上での人間の運命も定まっているのである。

前五三八年に新バビロニアが滅亡したのち、占星術者でもあった神官たちは各地に分散、その結果、占星術が地中海世界にも広まった。ベル神(マルドゥク)の神官であったベロッソス(前二九〇年ころ活躍)もそのひとりで、エーゲ海のコス島で占星術の学校を開設してギリシア人に占星術を伝授してギリシア・ヘレニズム世界に占星術を広げるのに大きな寄与をした。

共和制時代のローマでは占星術に入れ込む政治家や軍人が現われる。カエサル(シーザー)も占星術の信奉者であったが、プルタルコスによると、カエサルが暗殺される前にも大彗星が出現したという。それはシェイクスピアの『ジュリアス・シーザー』(二幕二場)にもとりあげられ、占星術師に「天は王侯の死を知らせようとして焔(彗星)を吐くのです」と語らせる。ローマ時代の占星術の頂点はアウグストゥス帝(在位前二七—後一四)とつぎのティベリウス帝のときであった。タキトゥスも『年代記』(六巻二一)で、周囲で帝位をめぐって陰謀がうずまき、暗殺が繰り返されていたとき、ティベリウス帝がいかに占星術に耽溺していたかを伝えている。そこで、この帝につかえた占星術師として名のあげられているロドス島出身のトラシュッルスの子もまたネロ帝につかえた。

皇帝だけでない、裕福な貴族たちは占星術師を召し抱えた。ローマでも占星術の本場のカルディア人（バビロニア人）の占星術師は人気があって、カルディア人は占星術師の代名詞ともなっていた。カエサルと同時代のウィトルーウィウスも『建築書』で「他の星学（占星術）のうち、十二の星座と五つの惑星と太陽と月が人間の一生のあり方にどんな影響をもつかということはカルディア人の理論に委ねられるべきである」（第九書第六章）と述べていた。

ストア学派の哲学者も占星術にひきつけられた。クリッシッポスの弟子でストア学派の重鎮となったセレウケイアのディオゲネス（前二四ころ〇―一五二ころ）はバビロニアの占星術を学び、ストア哲学とともに占星術の体系をローマ人に伝えたという。

バビロニア時代の占星術の目的は国家や王の運命を予言することにあった。天体の異常現象が王や国家の災禍を予告すると見られていた。しかし、個として生きなければならない時代になると、占星術は個人の一生の運命を占うホロスコープとなる。ひとりの人間の誕生時の天体の配置から、その人間の未来を読みとる。人間の運命が天体の運行から決定されるという占星術が、自然への順応を理想とするストア学派に受け容れられやすかったのであろうという見方は理解しやすい。

ストア学派的な立場から占星術をとらえていたローマの占星術師にマルクス・マニリウスがいる。ティベリウス帝の時代に書かれた『アストレノミコン』のなかでマニリウスは、

かくして宇宙における一切は、至高の叡知の意志によって布置されている。さて、この神、すなわち一切を支配する理性は、地上の生き物の運命が天空の十二宮に依存するよう定めたのだ（「第二の書」）。

という。太陽が収穫の多寡に影響し、月が潮の干満に関係するように、人間をふくむ生き物は黄道十二宮に依存

する。また、つぎのようにもいう。

運命こそは一切を統べ、一切は不変の法則に従う。ありとあらゆる出来事は、それを生んだ時間《とき》と宿命的な繋がりをもっているのだ。私たちの生誕の時刻が、すでに私たちの死の時刻を決定している。私たちの臨終の時は、生涯の最初の時に左右されるのだ(「第四の書」)。

だから、ポエニ戦争で輝かしい戦果をあげたカルタゴの名将ハンニバルも大スキピオの率いるローマ軍に敗れ、最期には、自決という屈辱の道を逃れることはできなかった。独裁者の地位についたローマのカエサルも暗殺という非運を避けえなかったのである。

『アルマゲスト』の著者であるプトレマイオスも占星術に強い関心をしめし、占星術の原理と方法を解説した『テトラビブロス(四書)』を書いている。バビロニアの占星術の知見にもとづき、ギリシア哲学の成果を取り入れて組み立てられた占星術書である。人間の体質や情操は人間の体を構成する四元素(土・水・空気・火)、四性質(寒・冷・乾・湿)、四体液(血液・粘液・黄胆汁・黒胆汁)の混合のしかたなどによって決まり、それによって、罹かりやすい病気はもとより、生死さえも定められるのだが、その混合のしかたは、その人間の誕生した時の惑星と黄道十二宮との関係によって決定される(図59)。その人間の運命を決めるのは誕生時の天体の配置、ホロスコープとよばれる占星術である。誕生時が昼間であったり、天候の具合で星が観測ができないときには、計算によらねばならず、そのときにも天文学の成果が威力を発揮した。『アルマゲスト』とともに『テトラビブロス』もアラビアをへてヨーロッパに伝えられた。

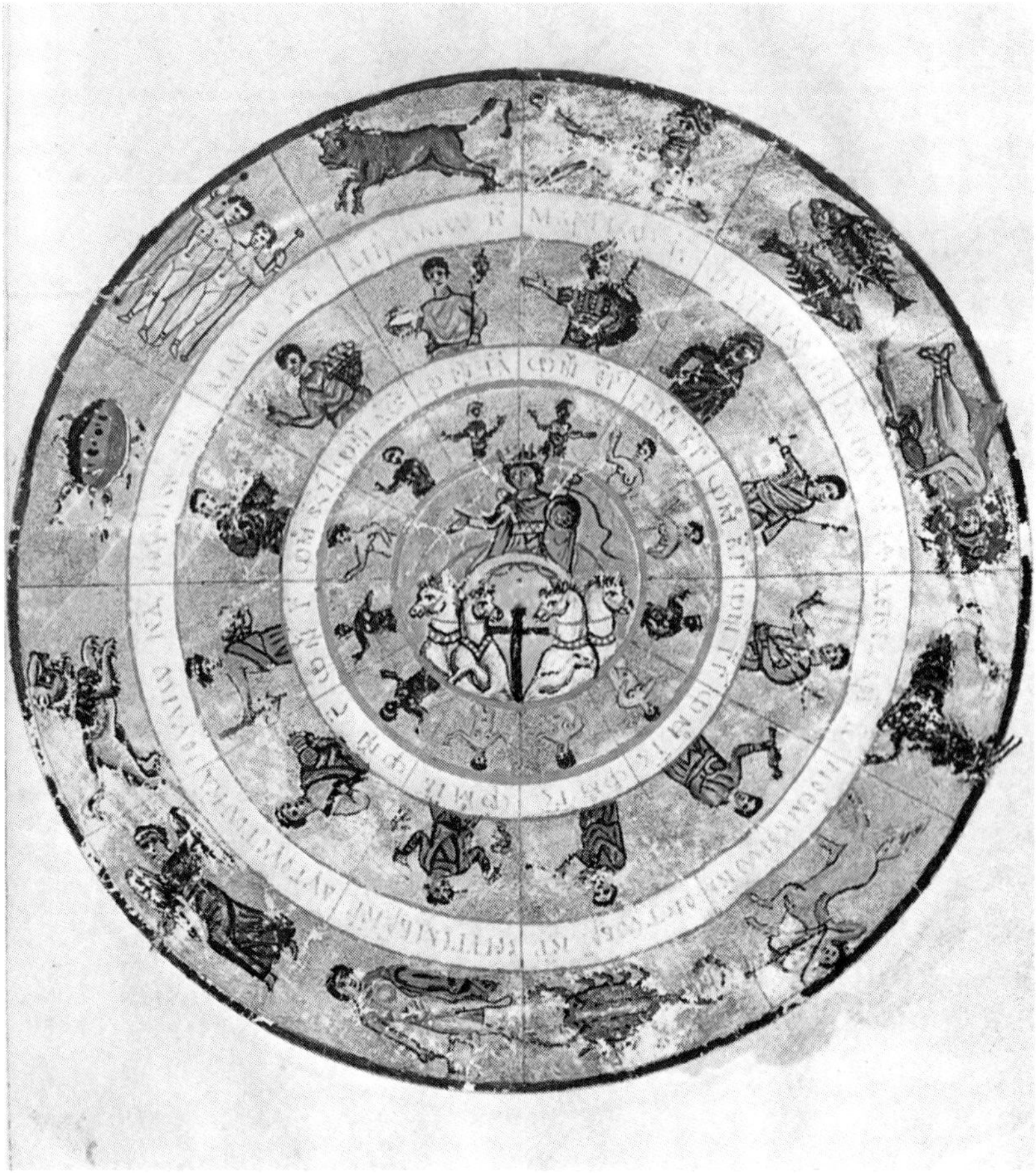

図59◆黄道十二宮。東ローマ、820年（ウォレン・ケントン『イメージの博物誌1・占星術』矢島文夫訳、平凡社）

## エピクロス派の原子論

ストア派の始祖ゼノンと同時代にアテナイでは原子論者のエピクロス（前三四二―二七〇）が活動していた。サモスに生まれたエピクロスは、テオス島において、デモクリトスの門下であったナウシパネスから原子論を学び、ゼノンよりも少し前、三〇七年ごろに、アテナイに私邸を購入（アテナイの市中からアカデメイアへ行く途中にあったとの説もある）、講義をはじめた。この「エピクロスの園」には遊女や奴隷も迎え入れたという。身分や性別には囚われることのなかった教育者だった。

原子論を支持するという点では、エピクロスはアリストテレスの宇宙論を受け容れたストア派と対立するが、その目的はストア学派に共通して心の平静アタラクシア、魂の教師であろうとした。原子論から導かれるように、無神論の立場から、神々の報復などに脅えることはなく、死は原子の分離にすぎないことを認識すれば、死の恐怖からも解放され、心の平静に導かれると主張する。そしてエピクロスは、「心境の平静と肉体の無苦とが、静的な快である。これに反し、喜びや満悦は、動的な現実的な快と見なされる」（『エピクロス』「断片・その二」）と述べていた。

エピクロス学派も自然にしたがって生きるのがモットーとみなされた。しかし、ストア学派のように宇宙の法則にしたがうという宿命論の考えはない。みずからの自由な意志にしたがいつつ自然に融合して生きることで心の平静さが達成できる。◇17

この原子論における自由な意志、それはカール・マルクスの卒業論文『デモクリトスとエピクロスの自然哲学の相違』の課題でもあった。エピクロスは原子が自発的にその軌道を変更することから唯物論と自由意志を調和させようとしたのである。当然のことながら、自由な意志を主張するエピクロス派は占星術をみとめない。

エピクロスの哲学はローマにも伝えられ、普及した。ローマで著名だったのがキケロと同時代の哲学者ルクレティウス（前九五ころ—五五ころ）である。その著書『物の本質について』もよく読まれたが、この書は散逸して断片しか伝わらないエピクロスの『自然について』のラテン語訳であったと考えられている。荒廃するローマ社会のなかで、宗教にすがる人々にたいして、「かの宗教なるものの方こそ、これまでにはるかに多くの罪深い、不敬虔の行いを犯して来ているのではないか」（『物の本質について』八〇—一〇一）と警告し、自己の感覚にしたがい、自然にしたがって生きよ、という。

エピクロス学派も、ストア学派とおなじく科学的探求には関心が向かない。宇宙論もデモクリストの宇宙論のままである。この時代になっても、地球説を採らない。大地は平盤であるとされていた。原子論を支持するといっても、原子論の宇宙論を発展させることは眼中になかった。

関心は個と宇宙との関係にあり、この点では、デモクリトスの宇宙論に変更を加えることはなかったのである。原子の渦動から大地や天体が生まれたが、その宇宙は無限で、宇宙には中心などない。ルクレティウスも宇宙は無数に存在するのであって、われわれの宇宙はそのひとつにすぎないとみていた。

であるから、これと同様に、天空も、大地も、太陽も、月も、海も、その他存在するあらゆる物は、唯一のものではなくして、無数の大きな数があると認めねばならない（『物の本質について』一〇七七—一〇八九）。

このような無限宇宙論は国家から見放されたローマ帝国の市民には共感できた思想であったかもしれない。

神の存在を否定し、無限の宇宙を主張する原子論はキリスト教と真っ向うから対立する。だから、キリスト教がローマを席巻すると、原子論も歴史の舞台から退場する。

## 新プラトン主義の登場

ローマ帝国でストア学派とエピクロス学派が衰退していった一方で、紀元後三世紀になって台頭してきたのが新プラトン主義である。科学の中心地となったアレクサンドリアにはプラトンの哲学を基礎とした新たな宗教ともいえる思想が出現した。魂を肉体から解き放つのを理想とする宗教的な思想である。

その頂点にたつのが最後のギリシア思想家といわれるプロティノス（二〇四―二七〇）である。プロティノスがプラトンを学んだのはアレクサンドリアで、プラトンの研究者で、新プラトン主義の創始者となるアンモニオス・サッカスからであった。さらには、軍隊に入り、ペルシア遠征に加わることで、オリエントの思想を学びながら神秘主義の哲学を築き上げた。二四五年ごろには活動の舞台をローマに移し、学校を建ててみずからの哲学の教育につとめた。その哲学は弟子たちによってギリシア語の『エネアデス』にまとめあげられ、それはラテン語にも訳されて、アウグスティヌスのほかキリスト教神学に大きな影響をあたえる。のちに新プラトン主義はルネサンス期のヨーロッパ人の間で復活、コペルニクスの地動説にも影響をあたえることになる。

プロティノスの哲学の基本は、プラトンのイデア界と現実界という二元論的哲学を「一者」ト・ヘンによって一元論の哲学につくりかえようとするところにあった。「善」ト・アガトンなどともよばれる「一者」をプロティノスは神とも称していた。一神教的な神である。世界はこの「一者」からのイデアでもあるヌースとなって流出すると考えられた。そこで生まれた宇宙は、プラトン的な宇宙霊をもつ生きた有機的宇宙コスモス、壮大な秩序をなす階層構造をもつ。◇18『テマイオス』のデミウルゴスがイデアに倣って創造された宇宙といってよい。◇19その宇宙霊に包まれながら肉体をまとう個々の人間の霊魂が生じた。

プロティノスはこの霊魂に人間の自由意志を認めた。個々の霊魂が肉体をまとったとき、意志ある人間ゆえに罪あるものとなる。そのため、霊魂を肉体から解放して浄化し、ヌースと再結合させて「一者」との宇宙的共感に達する。それによって人間の霊魂と最高存在の絶対者との分離が消失して神秘的合一がえられ、そこに心の平静がえられるという。

ストア学派とおなじく、宇宙と人間の対応から出発する。しかし、ストア学派が宇宙のなかでの人間を考えたのにたいして、新プラトン主義では人間が中心で、宇宙のしめる役割はストア学派やエピクロス学派以上に小さくなる。ギリシア人は宇宙をそれ自体として論じたが、ローマ人は人間の内的問題にひきつける。

このことと関連して述べておかねばならないのは、運命的決定論の立場をとるストア学派が占星術とむすびついたのにたいして、自由意志の介入する余地をみとめる新プラトン主義はエピクロス学派と共通して占星術を受け容れない。そのかわり、新プラトン主義は自由意志をみとめるキリスト教とむすびつく。

## ギリシア・ローマの宇宙観と東洋

東洋に目をむけると、ギリシアではミレトスの自然哲学者が活躍していたのとあまり違わない時代に、中国では仁と礼を説く孔子が登場する。孔子が重視したのは教育、「学びて時に之を習ふ、亦《また》説《よろこ》ばしからずや」（学而篇）といい、「学んで厭《いと》わず、人を誨《おしえ》で倦まず」（述而篇）と述べ、実際に多くの弟子を育てた。この孔子にはじまる儒教は、一世紀あまり遅れてギリシア哲学をリードすることになるプラトンがそうであったように、好学と理想主義の思想であった。学の修業を政治とむすびつけた「修己治人」という儒教の教育観は、アカデメイアでの教育で理想の政治家を育てようとしたプラトンの考えに近い。プラトンの哲人政治のように、孔子は賢人政治をめざしていた。その政治の理念としてプラトンがイデアを考えたのにたいして、孔子には天があった。東西の都市文明は似た人間思想、政治思想を生み出していた。

しかし、宇宙論となるとギリシアは特別な位置にある。大地が球体であることや大地が動いているとの認識に到達しえたのはギリシア人のほかにはいない。ギリシアよりも早くから都市国家を築き、暦法のために天体の観測をおこなっていた中国人であるが、地動説はもとより地球説も生まれなかった。後漢の時代には天球説が登場するが、そこから地球説に発展することはなかった。

漢代になると、中国とローマとのあいだにルートが開かれ、中国の絹はローマに運ばれ、ローマ人にも中国の存在が知られるようになり、プトレマイオスの世界地図にも中国の名が現われた。唐代にはキリスト教も中国に伝えられた。しかし、地球説は中国に伝わらなかった。

中国人がストア学派やエピクロス学派の哲学に接する機会もなかったが、それでも、ゼノンやエピクロスとほとんど同じ時代に、中国では老子や荘子がゼノンやエピクロスのように宇宙と一体となって生きることを説いていた。儒教が国教化するなかで、対抗思想として老子と荘子の道家思想は中国の歴史を流れつづけた。

新プラトン主義について見ても、「一者」との宇宙的共感を説く点では中国の道家の理想に相通じるものがある。あるいは、それよりも宇宙ブラフマンと人間アートマンの一致による解脱を唱えたインドのウパニシャッドが思い起こされよう。釈迦は宇宙について語ろうとはしなかったが、密教化した仏教はウパニシャッドの「梵我一如」をうけいれ、即身成仏を説く。新プラトン主義の神秘主義はインド的である。新プラトン主義はインドの思想の影響のもとに成立したという見方もあるほどである。[◇20]

ギリシアの宇宙論は特別な位置にあるが、ギリシア人やその影響をうけたローマ人の宇宙にたいする態度はそうでない。東の世界にも見られたものであった。

# 第5章 無からの創造——キリスト教の宇宙観

ローマ帝国の辺境イスラエルのナザレで生まれた宗教家イエスがゴルゴダの丘で十字架刑に処せられた話などは、ローマの市民の噂にもならなかった。だが、イエスの教えであるキリスト教は、パウロを中心とする弟子によってローマ市民の間にも広まり、やがてローマの宗教界を支配する。

ユダヤ教の教徒であったイエスはユダヤ教の形式的な律法主義を批判、人間の内面に根ざした信仰であらねばならないとするとともに、神の国の到来は近いことを説いていた。それにユダヤ教のなかで勢力をもっていたパリサイ派やサドカイ派の祭司や律法学者たちが反発、イエスをローマに反逆するものとしてローマの総督に訴え、イエスは十字架の刑に処せられる。紀元三〇年ごろであった。

しかし、弟子たちの間では、イエスは神から遣わされた救世主キリストであるとの信仰が生まれ、十字架の死は、イエスが人間にかわって罪を贖ったと考えられた。そしてキリストによって啓示された神による愛と救いは、民族をこえて社会的に差別されていた貧しい人々にも平等にあたえられること、この世の終末にはキリストが再臨して全人類を裁くであろうことが信じられるようになる。

ユダヤ教のもつ排他的な民族宗教を脱したキリスト教は、イスラエルの地では受け容れられず、ローマ帝国内でも皇帝崇拝を拒否するキリスト教は弾圧される。それでも、現世では幸福をのぞめない下層市民や奴隷の支持をえ、しだいに上層階級にもひろがる。心の平静を求めていたストア派やエピクロス派の宗教的思想も究極の救済を約束してくれるキリスト教に吸収されていく。キリスト教は拡大してゆき、三一三年にはキリスト教を敵視しては国家の統一も不可能であることをさとったコンスタンティヌス帝によってキリスト教は公認され、三九二年にはテオドシウス帝によってキリスト教は国教とされた。

こうして権力を手にしたキリスト教は、異教のミトラス教や異端のグノーシス派など反キリスト教的な宗教を排撃する。ギリシアの宇宙論も異教視する。ストア学派を通してローマ人のあいだに浸透していたアリストテレスの天球地球説の宇宙論への関心も殺《そ》がれ、聖書からとられた断片的な文章をもとに、宇宙は天幕のような構造をもつと主張するキリスト教の教父もあらわれた。

その一方で、神による天地万物の創造は絶対的な真理とされるとともに、神の卓越性が強調された。そのとき、キリスト教はギリシアの天文学を排斥しながらも、ギリシア哲学を学ぶ。『ヨハネによる福音書』で語られる「初めにことばありき」の「ことば」(ロゴス)もその一例である。このキリスト教のギリシア化はキリスト教がローマ社会に浸透する要因となった。初期のキリスト教が共通して親近感を抱いていたのがプラトンの哲学、プラトンのイデアはキリスト教の神と結びつけられた。それはアウグスティヌスの宇宙論にも引き継がれる。

アウグスティヌスはギリシアにはなかった「無からの創造」をキリスト教の神にむすびつけた。神はなんの材料もなく、どんな手段もつかわずに宇宙を創造した。それによって、神の全能性を主張する。キリスト教があらゆる異教・異端に卓越した教えであることの宣言であった。

## 1　初期キリスト教の宇宙観

### 新約聖書の天地像

キリスト教の教義の基本は救世主イエスへの帰依にある。その点ではイエスを救世主キリストとみとめないユダヤ教にするどく対立するのだが、宇宙の創成については、キリスト教もユダヤ教に従い、旧約聖書の『創世記』の神エロヒームが天地万物を創造したとの教えを絶対視する。紀元後五〇年から一五〇年ころにかけて、イエスの言行を書き留めた新約聖書の福音書やイエスの使徒たちの活動を記した使徒行伝のほか使徒の手紙などをあつめて新約聖書が編纂されたが、そこでも世界の創造は旧約聖書の記す神による創造が前提とされた。

キリスト教の布教ではもっとも功績が大きく、「パウロなくしてキリスト教なし」といわれる使徒のパウロ（?—五九ころ）が五六年ころにしたためた『ローマの信徒への手紙』には、

世界が造られたときから、目に見えない神の性質、つまり神の永遠の力と神性は被造物に現れており、これを通して神を知ることができます（一・二〇）。

と、神が造物主であることを表明していた。神は不可視でも、可視的な被造物から神に近づける。その権能と神聖さは全宇宙の創造者であることから認識ができるという。

ユダヤ人のパウロが生まれたのはローマの属州でヘレニズム文化の中心都市であった小アジアのタルソス。ギリシア語を自由に駆使でき、ストア哲学も学んだ素養豊かな文化人であったパウロは前三世紀にアレクサンドリ

アでギリシア語に訳された旧約聖書の『七十人訳聖書』を読むことができた。熱心なパリサイ派のユダヤ教徒となったパウロは、新興のキリスト教を攻撃していたが、あるとき死後のイエスの幻にあってキリスト教に回心する。パウロはユダヤ教の律法主義を排して、キリスト教を信仰主義の宗教にみちびき、ギリシア・ローマ世界への布教につとめた。その回心したパウロにとっても旧約聖書の説く天地創造の神は絶対的であった。

　パウロがギリシアでの伝道でコリントからエペソスへ移動したときに書いたと推測される『コリントの信徒への手紙一』には、「わたしたちにとっては、唯一の神がおられ、万物はこの神から出、わたしたちはこの神へ帰って行くのです。また、唯一の主、イエス・キリストがおられ、万物はこの主によって存在し、わたしたちもこの主によって存在しているのです」（八・六）との一文が見られる。パウロらとともに伝道にたずさわったマルコも「天地創造の初めから、神は人を男と女とにお造りになった」（『マルコによる福音書』一〇・六）と述べ、この世の終末を語るところにも、「それらの日には、神が天地を造られた創造の初めから今までなく、今後も決してないほどの苦難が来るからである」（同書一三・一九）とある。

　宇宙構造論についても、旧約聖書の記述に従い、ギリシアの地球説を斥けようとするキリスト教徒があらわれる。四世紀のはじめ、最初のキリスト教教学の体系者であり、キリスト教を公認したコンスタンティヌス帝の王子の家庭教師もつとめたラクタンテウスはギリシアの宇宙論を排撃、大地が球体であることを嘲笑するために一章をあてた書を著わしていた。[◇1] さらには、『イザヤ書』の「主は天をベールのように広げ、天幕のように張りその上に御座《みざ》を置かれた」（四〇・二二）といった文言を根拠にして、伝統的な天地の天幕説も復活する。ユダヤ人の天幕がそうであったように（六三ページ）、宇宙の形は直方体、大地はその床であり、天は天井であるというのである。

　六世紀になっても、エジプトの修道士コスマスは『キリスト教地形学』を書いて、天幕説にもとづく、宇宙構造論を説いていた（図60）。彼がとくに依拠したのは、新約聖書の『ヘブライ人への手紙』の第九章で説かれる

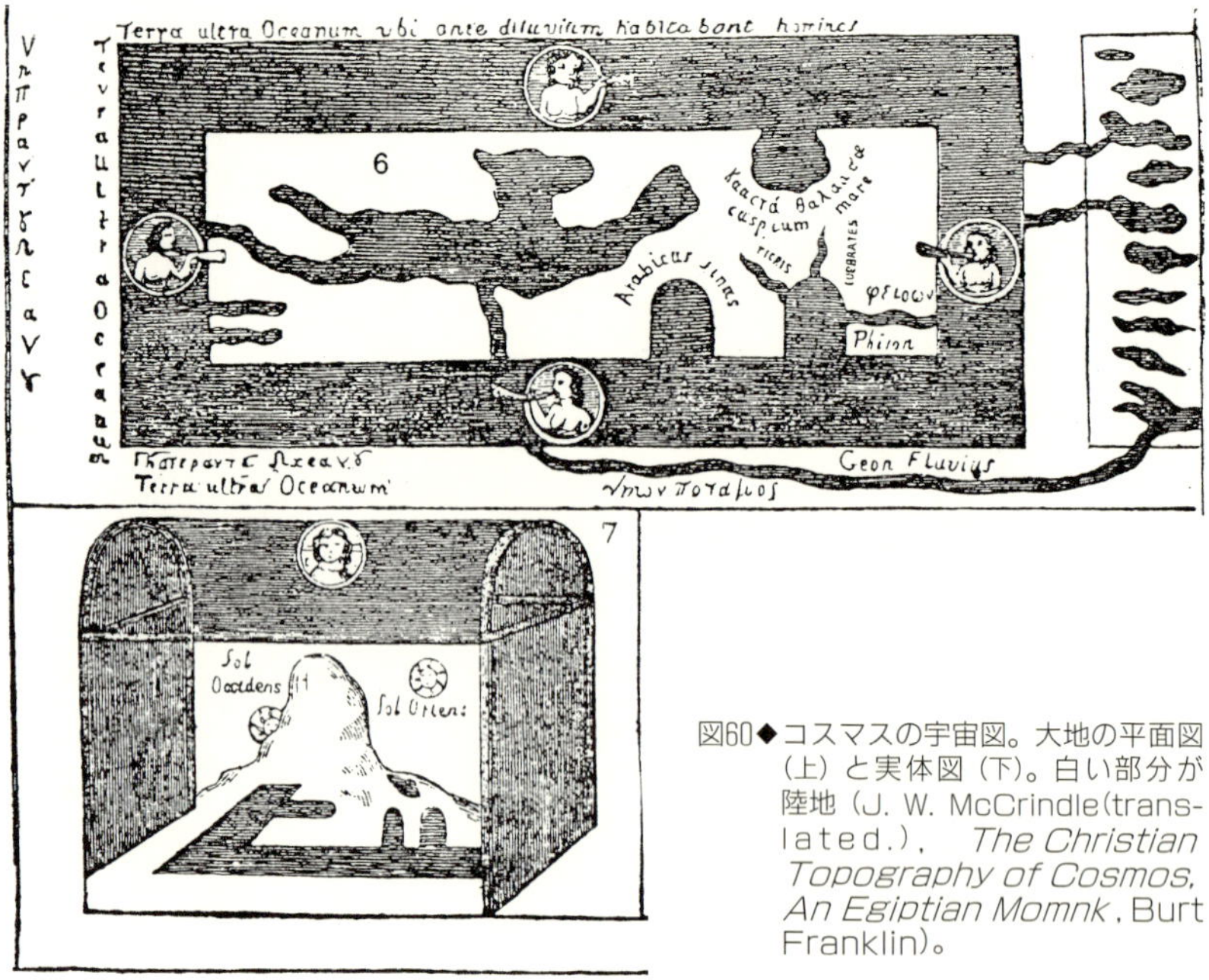


図60◆コスマスの宇宙図。大地の平面図（上）と実体図（下）。白い部分が陸地（J. W. McCrindle(translated.), *The Christian Topography of Cosmos, An Egiptian Momnk*, Burt Franklin）。

聖所の幕屋の構造である。彼も、世界を直方体型の天幕に似ているとし、幕屋におかれた机の形から大地は平板な長方形とした。それは四つの海に囲まれており、横幅は四〇〇日行程、縦幅は二〇〇日行と見積もった。その北方には大山があって、夜には太陽はその背後に隠れるとされた[◇2]。

といっても、天幕説は少数派であった。世界地図でも、世界をアジア、アフリカ、ヨーロッパに三分し、全体を大洋オケアノスでかこむ円形の地図がよく作成された。その形からTO図とよばれた。ギリシアのヘカタイオスの地図の伝統をうけついだものであるが、大地の中心にはエルサレムが位置し、楽園のある東が上とされる[◇3]（図61）。

それに、キリスト教会も公式に地球説を否定したのではなかった。そもそも中世の前期にはキリスト教公認といった宇宙論は存在しなかったのであって、知識人の間では球体説が支持されつづけた。アレクサンドリアに設立されたキリスト教の教理学校の学頭であったクレメンス（一五〇ころ―二一一ころ）や弟子で学頭を引き継いだオリゲネス（一八五ころ―二五四）も地球説を支持していた。[4] ギリシア哲学を利用してキリスト教学を構築しようとしていたのである。アウグスティヌスも地球説を否定はしなかった。コスマスと同時期にアレクサンドリアで活躍していたピロポノスはアリストテレスのエーテル説を批判しながらも、天球地球説はみとめていた。セビリアの司教イシドルス（五六〇ころ―六三六）は広く読まれるようになる一種の百科全書『語源論』を書いたが、その天文学の解説では天球地球的な宇宙論を紹介して、太陽の組成や月の大きさなどを論じていた。[5]

といっても、対蹠人の問題、つまり地球の裏側に人間が居住しているかどうかの問題となると、なお否定的な見方が多数を占めていた。アウグスティヌスもイシドルスも対蹠人を認めない。ローマ的常識がなお支配していた。しだいに、その容認派も増えるが、対蹠人の否定説が完全に退くのは一五一九年のマゼランの世界一周がおこなわれたときであった。

図61◆TO図。1472年（P.ウィットフィールド『世界図の歴史』樺山紘一監修、ミュージアム図書）

## 創造よりも終末――福音書

しかし、多くのキリスト教徒の心を強くとらえたのは、世界の創造や構造よりもこの世の終末と最後の審判であった。ユダヤ教には魂の不滅と復活、民族を救済するためのメシアの到来という終末の思想があり、セレウコス朝からの解放をめざしたマカバイ戦争のさなかには『ダニエル書』が書かれていたのだが（七七ページ）、キリスト教ではユダヤ民族を超えた全人類にたいする審判、新天地の到来という終末が説かれるようになる。

すでに、『マルコによる福音書』（六五年から六八年ころに成立）のほか、『ルカによる福音書』（七〇年から九〇年ころに成立）、『マタイによる福音書』（八五年成立）では十字架の刑に処せられる数日前に、この世の終末を語ったことが伝えられている。終末は間近に迫っているというのが、当時のキリスト教徒の共通の認識であった。『マルコによる福音書』は「時は満ち、神の国は近づいた。悔い改めて福音を信じなさい」（一・一五）と述べ、『マタイによる福音書』には「悔い改めよ。天の国は近づいた」（四・一七）とある。終末の到来を予言している。そこにはローマの大火の罪をキリスト教に帰して迫害した暴虐の皇帝ネロ（在位五四―六八）の治世も反映されている。

その終末の日の情景を、『マルコによる福音書』は、

太陽は暗くなり、
月は光を放たず、
星は空から落ち、
天体は揺り動かされる（一三・二四―五）。

と描く。終末は天と地の崩壊と考えられた。同じ文は『マタイによる福音書』（二四・二九）にも見られ、『ルカによる福音書』（二一・二五―六）にも同趣旨の文が載る。『ペテロの第二の手紙』には、

その日、天は激しい音をたてながら消えうせ、自然界の諸要素は熱に熔け尽くし、地とそこで造り出されたものは暴かれてしまいます。このようにすべてのものは滅び去るのですから、あなたは聖なる信心深い生活を送らねばなりません（三・八―一一）。

とある。天が崩壊し、地上は熱に覆われる。『マルコによる福音書』や『ペテロの第二の手紙』は、いま到来しようとしている終末をノアの洪水につづく第二の審判と位置づけているのだが、ここでは水ではなく火の終末が襲う。旧約聖書の『ダニエル書』でも火の終末が語られていた。新約聖書の終末は『ダニエル書』を引き継いだのでもあろうが、キリスト教徒がローマで体験せねばならなかった火災や火刑の恐怖も投影されているものと思われる。

## 『ヨハネの黙示録』

その終末と審判を詳細に記したのが、キリスト教徒に皇帝崇拝を強要したドミティアヌス帝の時代の九五年ころに成立、新約聖書の最終巻に収められた『ヨハネの黙示録』(二一・一)である。旧約聖書の『ダニエル記』が終末の到来の情景をダニエルの見た「幻」で語られるように、『ヨハネの黙示録』ではヨハネの「幻」によって克明に記される。隠喩と象徴を駆使しているので意味はとらえにくいが、全体の筋はメシア(イエス)の来臨による至福の一〇〇〇年(千年王国)と、復活した龍のサタンを退治してもたらされる、永遠の神の国の到来を記述しようとしたものである。

ヨハネの幻に最初にあらわれたのは、天上の玉座にすわり、七つの封印で封をされた巻物を手にする神。そこで、小羊の姿をしたイエス・キリストがその七つの封印を開くと、終末の前兆につづいて天地の崩壊がはじまる。

大地震が起きて、太陽は毛の粗い布地のように暗くなり、月は全体が血のようになって、天の星は地上に落ちた。いちじくの青い実が、大風に揺さぶられて振り落とされるようだった。天は巻物が巻き取られように消え去り、山も島も、みなその場所から移された(六・一二—一四)。

そこで七人の天使がラッパを吹くと、火の終末の本番となる。血の混じった雹《ひょう》や火の巨大な山や燃える巨大な星が投げ落とされる（図62）。太陽と月と星の三分の一が打ち砕かれる（図63）。ひとつの星が落下して、底無しの深淵（悪魔の住処）に通ずる穴が開けられ、ユーフラテス川のほとりに繋がれていた四人の天使が解放される。天使は二億の騎兵を連れ立って人間の三分の一を殺す（これらの騎兵の乗る馬は獅子の頭をし、口からは火と煙と硫黄を吐く）。最後に、七つの頭と一〇本の角をもつ赤い龍のサタンが登場するが、大天使のミカエルはこ

図62◆火の降下（『ベアトウス黙示録註解』岩波書店）

図63◆天体の破壊（『ベアトウス黙示録註解』岩波書店）

図64◆龍を底なしの深淵に投げ込む。11世紀なかごろ（小河陽訳・石原綱成図版構成『ヨハネの黙示録』岩波書店）

のサタンを天上から地上に投げ落とす。かつてはバビロンを意味したサタンはいまではキリスト教を迫害するローマ帝国を意味する。

最後に語られるのは、七人の天使のもつ金の鉢から生まれた終末の情景、再臨したキリストは龍のサタンであるローマ帝国を滅ぼし、偽予言者やそれに従ったものどもを硫黄の燃えている火の池に投げ込んで殺し、底無しの深淵に閉じ込める（図64）。悪人たちは滅ぼされて、住むのは義人のみである。キリストに殉じた義人たちも復活し、この国で暮す。『ダニエル書』がユダヤ人のセレウコス朝からの解放を語るのにたいして、『ヨハネの黙示録』はローマ帝国の圧政から逃れようとするキリスト教徒の願いを記したものであった。

至福の一〇〇〇年が過ぎると、深淵に閉じ込められていたサタンが復活し、神に挑む。しかし、そのとき天から火が降り注ぎ、サタンは火と硫黄の燃える池に投げ込まれる。ヨハネが白い玉座にすわる神を見ると、「地と天とはその方の御前から逃げ出し、跡形もなく消え去った」。それから、死者たちが復

図65◆最後の審判。13世紀なかごろ（小河陽訳・石原綱成図版構成『ヨハネの黙示録』岩波書店）

活、「命の書」にしたがって最後の審判がおこなわれる（図65）。「命の書」に名のないものは火の池に投げ込まれる。選ばれたものが永遠に幸せに暮らせる新しい天と地が出現する。『ヨハネの黙示録』は述べる。

わたしはまた、新しい天と新しい地を見た。最初の天と最初の地は去って行き、もはや海もなかった。更《さら》にわたしは、聖なる都、新しいエルサレムが、夫のために着飾った花嫁のように、用意を整えて、神のもとを離れ、天から降って来るのを見た（二一・一―二）。

旧約聖書における『創世記』の天地創造から『ダニエル書』の語る世界の終末までをユダヤ人の宇宙史と読むことができたが、『創世記』から新約聖書の『ヨハネの黙示録』までの旧・新約聖書を全体として見れば、人類の宇宙史となる。ここでは、旧約聖書の神によって創造された人間の子孫が裁きをうけるのは新約聖書の救世主のキリストとなる。

黙示録を書いたヨハネも終末は遠い将来のことではないと考えていたのであって、終末を「すぐにでも起こるはず」と記している。それはローマ帝国の滅亡への願望でもあった。だが、終末の日は到来しなかった。ローマ帝国はキリスト教と手をむすぶ。そして、アウグスティヌスによって強調されたように、キリスト教の拡大にともなって各地に建てられた教会が神の国とみなされるようになった。

## 2 キリスト教の勝利

### ユダヤ・キリスト教の神とイデア

じつは、キリスト教がギリシア文化に接触する前にアレクサンドリアではユダヤ教とギリシア文化との出会いがあった。ユダヤ教の聖書をギリシアに訳した『七十人訳聖書』がつくられたのはアレクサンドリアである。アレクサンドリアのユダヤ人哲学者フィロン（ピロン、前三〇ころ—後四五ころ）も『七十人訳聖書』で聖書を読んでいた。そして、ギリシア哲学によって聖書を理解しようとした。たとえば、『創世記』の神による創造については、プラトンの『ティマイオス』にしたがって解釈、神もまたイデアによって世界を創造したとみる。しかし、プラトンのイデアをそのまま受け容れたのではない。プラトンによれば宇宙はデミウルゴスがイデアを眺めながらつくったのだが、フィロンはイデアを神の頭の中にあったとする。◇6

フィロンは世界の原型であるイデアをロゴスともよぶ。ヘラクレイトスが変転する世界の基礎にある法則をそうよび、ストア学派にも採用されたロゴスである。神と世界を媒介するのはこの神のロゴスなのであるが、それは、神の思惟としてのロゴスであり、「光あれ」とか「水の間におおぞらがあって、水と水とを分けよ」と発した神の言葉としてのロゴスでもあった。

世界がそれからつくられる質料について、創造以前から存在していたのか、それとも神によって創造されたのか、フィロンの見解は明解でない。「神はすべての質料に働きかけ、それに秩序を与えた」と述べる一方で、「神はその最も完全な仕事たる世界を無から存在へもたらした」ともいうのである。◇7

ギリシア科学の継承の地となったアレクサンドリアはギリシア哲学やローマ哲学の坩堝《るつぼ》で、とくにプラトンの研究が盛んで新プラトン主義の発祥の場所ともなった。科学から哲学、キリスト教の教父が活躍する宗教の都市であったが、キリスト教以前にもユダヤ教がプラトン哲学を介して理解されていたのである。というよりも、フィロンのようなプラトン研究を土壌にして新プラトン主義も生まれたと見るべきであろう。

### はじめにことば《ロゴス》ありき

キリスト教も誕生の時からギリシア哲学の影響下にあった。キリスト教の成立と拡大のためにもっとも大きな貢献をしたパウロはヘレニズム文化のなかで成長、ストア学派の素養を身につけていたのであって、ギリシア人やローマ人など異邦人の伝道に成功したのにもギリシア的教養が役立ったと考えられる。同時に、キリスト教はヘレニズム文化との接触から、その影響をうけることになる。キリスト教とはギリシア化されたユダヤ教ともいえる。

一〇〇年前後ごろに成立した新約聖書の『ヨハネによる福音書』となるとギリシア哲学の影響は明白である。

はじめに言《ことば》があった、言は神と共にあった。言は神であった。この言は、初めに神と共にあった。万物は言によって成った。成ったもので、言によらずに成ったものは何一つなかった(一・一―三)。

とはじまる。『創世記』の神の言葉「あれ」による天地万物の創造を言葉《ロゴス》をつかって説明している。マタイ、マルコ、ルカに遅れて成った『ヨハネによる福音書』(この福音書のヨハネは『ヨハネの黙示録』のヨハネとは別人)ではフィロンの『創世記』の解釈とおなじくギリシア哲学に接して生まれたのであろうが、直接にはローマ社会に風靡していたストア学派のロゴスの影響と見るべきであろう。

また、「言《ことば》」にかんして、「言は肉となって、わたしたちの間に宿られた」(一・一四)とも述べる。イエスにおいて神のロゴスは人間の肉体の形をとる。不可視の神は可視的な被造物を創り出したのだが、ロゴスを媒介にして形ある人間のイエスを世に送り出したという。このような表現でキリストが神の子であると解された。

一時の熱狂的な運動から落ち着きを取り戻した二世紀も終わりごろになると、キリスト教界の内部からも教育重視の声があがり、ギリシア哲学の積極的な役割も見直されていた。フィロンを生んだアレクサンドリアは新プラトン主義の誕生の地であったが、同じアレクサンドリアではキリスト教についての理性的な研究がはじまった。二〇〇年ころにはキリスト教の教理学校も設立され、学頭のクレメンスやオリゲネスらはプラトンの哲学に好意をよせ、地球説を支持もしていた。だが、宇宙創成論についてクレメンスは、神がイデア界を創造、それを原型にしてロゴスが質料的世界を形成したとみていた。そこにはフィロンの哲学からの影響もみとめられる。◇8

## 異教・異端との戦い

帝政ローマ時代の宗教を支配したのが皇帝信仰である。それを代表する皇帝が死後には「神のなかの神」と宣言されたカエサル、前二九年にはカエサルのためにローマの中央広場に神殿が建てられた。植民地の神々の頂点の神と考えられたのである。そのため、カエサルの養子で初代皇帝となったアウグストゥスは「神の子」ともよばれた。◇9 ローマにキリスト教が浸透したとき、まず対決せねばならなかったのが帝国の強制する皇帝信仰であり、そしてストア学派やエピクロス学派といった宗教的な思想である。しかし同時に、帝国の拡大とともに帝国内に広まった異教・異端とも戦わねばならない。強敵であったのはメソポタミアに起源するミトラス教、グノーシス派のキリスト教、そしてマニ教であった。これらの異教・異端は共通してバビロニアの天文学・占星術の影響をうけていた。

ミトラス教の主神であるミトラス神はペルシアに起源する。インドのヴェーダにも現われる太陽神である。このミトラス神の信仰によって人間の霊魂は救済されるというミトラス教は一世紀末にペルシアからローマに浸透、

図66◆卵から生まれるミトラス神。卵には黄道十二宮が彫られている。2世紀（ジョスリン・ゴッドウィン『図説古代密儀宗教』吉村政和訳、平凡社）

ローマではとくに軍人の信仰を集め、ローマ各地にその神殿が造られた。バビロニア占星術の伝統の影響をうけたためであろう、ミトラス教の神殿には黄道十二宮と惑星からなる天文図が見られる（図66）。

二世紀になるとメソポタミアから、ゾロアスター教の善悪二元論とギリシア哲学の霊肉二元論が融合した、善なる霊魂と悪なる肉体の二元論にたつグノーシス主義がローマに流入した。このグノーシス主義がキリストに接触した結果、旧約聖書の創造主の神は悪である世界を造ったという理由から最高神とみとめられないとするグノーシス派のキリスト教が登場する。彼らは、世界の創造は神の全能性の証しとはならず、キリストについても、善なる存在だから物理的な肉体を持っていないとして、その人間性を否定する。そして人間が救済されるのは、創造者を超えた真の神（至高神）の霊力を認識するときであるという。グノーシスとはギリシア語で「認識」を意味する。正統のキリスト教以上にギリシア化した宗教であった。

キリスト教が公認・国教化された後には、やはりメソポタミアからもたらされたマニ教と戦わねばならなかった。三世紀にペルシアに生まれ、バビロンで布教につとめたマニを創始者とするマニ教も母体はゾロアスター教にあるが、ユダヤ・キリスト教のほか仏教も加味されていると見られている。グノーシス主義のイラン的変形物ともいえる。ゾロアスター教の教義と同じく光と闇の二元論の宗教で、光は善である霊的なものであり、闇は悪である物質的なものである。天地万物は闇の元素から形成されたが、まだ汚れていない光の元素から太陽と月がつくられ、少し汚れた光の元素から星がつくられたという。[◇10] 光と闇つまり善悪が混沌する現実から人類を光の世界へ導くために地上にくだったのが最高神「大いなる父」だが、それはマニ自身でもあるとする。ローマ、北アフリカに伝わり、インド、中国にも信仰圏をひろげた。七世紀の末、唐の則天武后のとき中国に伝わるが、道教に吸収される（魔尼教、魔《ま》尼《に》祆《けん》教）。ゾロアスター教も唐代の中国で盛行する（祆《けん》教）。

キリスト教はこのような異教・異端との戦いを通して教義を整備してゆく。ギリシア哲学との融合もそのためであった。三位一体説もそうである。

## 神とイエス――三位一体説

『ヨハネの黙示録』では最後の審判に立ち会うのがイエス・キリストであるように、イエスを救世主キリストとみることはキリスト教の共通認識であった。しかし、宇宙の創造者である神との関係をどうとらえるのか。

イエスを神の言葉《ロゴス》と同一視した『ヨハネによる福音書』はイエスを「父のふところにいる独り子である神」ともいう。イエスは神だというのである。『ルカによる福音書』も天使がマリアに「聖霊があなたに降り、いと高き方の力があなたを包む。だから、生まれる子は聖なる者、神の子と呼ばれる」（一・三五）と告知している。イエス・キリストがなぜ神や「神の子」でありうるのか。この問題についても、キリスト教の教理についての研究が盛んであったアレクサドリアでの議論がきっかけとなり、キリスト教内での最大の論争となった。

議論はアレクサンドリア教会の長老であったアリウスの、イエスは神の被造物であり、神とイエスは異質の存在であるとの主張にはじまった。キリストは神聖な存在であっても、神ではない。理性派を代表するキリスト観であった。それにたいして、おなじアレクサンドリアの司教であったアレクサンドロスとその主張を継承したアタナシウス一派は反論した。イエスは受肉した神のロゴス、つまり神の子なのであって、イエスは神と同質であるとともに、聖霊とも同質であるとする三位一体説を主張して、アリウスの見解に反駁した。

このような信仰上の対立はキリスト教によって帝国を統一しようとしたコンスタンティヌス帝にとっては好ましくなかった。そこで、三二五年に両派を調停しようとして、小アジアのニカイアに公会議を召集した。その結果、アタナシウス一派が正統の教義とされた。それが、理性からは理解しがたくても、キリストを神の子である救世主として神聖視するのがキリスト教の伝統的な見解となった。そこにはローマ皇帝を「神の子」とよんだのと似た、神にたいする意識が反映されているように思われる。アリウスの説は異端とされ、追放された。

そうはいっても、イエスを人間としての救世主とする理性派のアリウス派が消滅したのではない。ゲルマン人（とくに西ゴート族）には受け入れられ、六世紀まで存続した。とくに西ゴート王国（スペイン）ではアリウス派が国教となった[◇11]。

その後、コンスタンティノープルの主教ネストリウス（在位四二八―四三一）を祖とするネストリウス派はイエスの神性をみとめながらも、生まれながら神であるのではなく、マリアから生まれて成長した人間イエスの肉体に神的霊性が付与されたのだと主張、それゆえ、マリアを「神の母」とは称すべきでないと主張した。それにたいして、アレクサンドリアの大司教キュリロスを先頭とする正統派は、マリアは神のロゴスを受肉したイエスを生んだと主張してネストリウス派をはげしく攻撃した。あたかも、マリアをエジプトのホルスの母イシスのように理解していたのである（五四ページ）。結果は、四三一年のエペソ（エペソス）公会議でネストリオスは破門され、四五一年のカルケドン公会議ではネストリウス派は異端とされた。しかし、東ローマ帝国からは追放されたネストリウス派は、シリア、ペルシア、アラビア、インドに広まり、唐代の中国にも伝えられて景教という名で盛行、唐末には衰退したが、元代に再興して、明代に禁止されるまで命脈を保った。

## 3　アウグスティヌス

### キリスト教への回心

ローマ教会最大の教父となるアウグスティヌス（三五四―四三〇）も青年時代にはマニ教の信者であった。生まれは北アフリカのヌミデアの小都市タガステ（現在のアルジェリアの地）、一七歳でカルタゴの修辞学の学校に学んだが、二〇歳ごろにはマニ教に傾倒する。人間の悪を説明してくれるのが、キリスト教でなくマニ教の教えと考えていたからである。

しかし、ミラノにおもむきそこでキリスト教の指導者であったアンブロシウスの感化でキリスト教に改宗した。三二歳のときであった。アウグスティヌスが四〇代のなかばにみずからの半生を顧みるとともに、神の全能性と偉大さを称えようとした『告白』（五・三）は、改宗の理由について、天文学に強い関心を抱いていたのだが、アリストテレスの冬至、夏至、日月食などの理論と比較してマニ教の天文理論は不満足なものと思われたからであると述べている。

それに加えて、アウグスティヌスも新プラトン主義の影響をうけ、おそらくプロテノスの『エンネアデス』をとおして、悪を人間の自由意志によると理解することから、人間の罪とそれにたいする審判というキリスト教の核心的な教義が明確になり、キリスト教への道が開かれたからと考えられている。三九一年には、ヒッポ（アルジェリア北東部）の司祭となり、終生そこにとどまり、キリスト教の擁護につとめた。もちろん、アウグスティヌスはグノーシス主義のキリスト教をはげしく論駁、キリストの理解においてはアリウスの見解を退けて三位一体説を支持した。

アウグスティヌスがとくに重視したのは神による天地万物の創造と世界の終末であった。やがて訪れるであろう「神の国」という宇宙論的な問題の解明であった。

## 「無からの創造」——神の全能性

だから、『告白』でも、ローマの陥落にさいしてキリスト教が災いを招いたという攻撃からキリスト教を擁護しようとして晩年に筆を執った『神の国』においても、『創世紀』の解釈はもっとも重要なテーマとなった。その解釈で独自であったのが「無からの創造」であった。『告白』はいう、

あなた（神）は存在されて、他のなにものも存在しなかったのであるが、この無からあなたは天地を造られたのである（一二・七）。

さらにアウグスティヌスは創造の過程については、

あなたは世界を「形態のない質料」（materia informis）から造られ、そして、その質料を無からほとんど無にひとしいものに造られたのである（一二・八）

と述べる。神による創造は二段階である。第一章第二節の「地はかたちなく」以下の文は宇宙の創造の材料となった「無形の質料」と解釈する。神は「無」から質料を創造、その質料をもとにして世界を創造したという。「無からの創造」という考えは、フィロンによってその可能性が述べられてはいたが、ギリシア哲学にはなかった。プラトンにも新プラトン主義にもない。プラトンの『ティマイオス』に見られるデミウルゴスによる世界の

創造でも、「原子」の三角形を質料として正多面体の四元素を創造、それをもとにイデアに倣って宇宙をつくりあげたのである。新プラトン主義には創造という考えがない。「一者」＝神からの必然的な流出によって世界は生成された。

「無からはなにも生じない」というのが原子論者を問わず、ギリシア哲学の共通認識であった。それにたいして、アウグスティヌスはその質料さえもが「無」から造られたという。『告白』はつぎのようないいかたもする。

人間の技術家がするようなしかたによるものではない。手に何かを保持しておられ、それによって天地を造られたのではない（一一・五）。

神は材料や道具をつかうことなく、宇宙を創造した。『神の国』（一二・二六）では、陶工が陶器をつくったり、建築家が家をつくるのとは本質的に異なる行為なのであると述べていた。『ティマイオス』でデミウルゴスが轆《ろく》轤《ろ》で壺を造るようにして世界を創造したというのを意識しての発言であろう（図67）。

加えて、神による世界の創造は外的な形相ではなく「もっとも内奥にはたらく力」による。神の精神のうちにイデアとしての宇宙は存在していた。デミウルゴスによる創造と相違するところ、デミウルゴスはイデアをながめながら世界をつくったのである（『神の国』一二・二六）。この点では、イデアを神の精神としたフィロンの見解に近い。

なぜ「無からの創造」を主張したのか。アウグスティヌスは、神は「偉大さと美しさにおいて言い表わしがたい」ものであり、「見えざるすべてのもののなかで最大」の存在であるからこそ世界を無から創造できたのであると述べていた（『神の国』一一・四）。『創世記』は神による可視的な天地の創造を語ることで不可視的な神の全能性を説こうとしていたのだが、アウグスティヌスは、それを「無からの創造」と解釈することで、より明確に神の能力の無限性をしめそうとしたのである。

神は無限と対極の無から宇宙を創造したということから、神の無限性をしめそうとする。そうして、キリスト教の神を否定する異教・異端、とくにグノーシス派に対抗しようとしたのである。

図67◆神はデミウルゴスのように世界を創造した。13世紀、フランス語版の聖書（J. E. Murudoch, *Album of Science, Antiquity, and Middle Ages,* Charles Scribner's Sons）

## 時間の創造

いったい時間とはなにか、この問いにたいして、アウグスティヌスは『告白』で「だれもわたしに問わなければ、わたしは知っている。しかし、だれか問うものに説明しようとすると、わたしは知らないのである」(一一・一四章)という有名なことばを残す。といっても、時間についての議論を避けてはいない。『告白』では、時間は人間の精神のなかにあるとし、時間が過去・現在・未来にたいする人間の心象であることを強調していた。

じっさい、これらのものは心のうちにいわば三つのものとして存在し、心以外にわたしはそれらのものを認めないのである。すなわち過去のものの現在は記憶であり、現在のものの現在は直覚であり、未来のものの現在は期待である(一一・一九)。

時間は人間の存在を前提とするというのである。神によって創造された人間の主観によって生み出されたものである。神は時間を人間とともに創造したといえる。

『神の国』になると、時間を物の運動と関連させて考える。プラトンやアリストテレスの時間にたいする理解とおなじである。そのうえで、アウグスティヌスは時間を宇宙とともに創造したとみる。したがって、物の創造される以前には時間も存在しなかったのであって、「世界が時間のうちにつくられたのではなく、時間とともにつくられたのであることは疑いをいれない」(一一・六)のである。「しかし、かれらが世界以外に空間はないから人間の思いは無限の空間を過去の時間を考えることはそれと同じようにむなしいとかれらに答えられるべきである」(一一・五)とも述べていた。ちょうど、世界の外にはいかなる空間もないように、創造の前にはいかなる時間もないのである。

それは世界の歴史は一回かぎりであることを意味する。キリストは私たちの罪のためただ一回だけ、死なれ、復活し、もはや死ぬことがない（『神の国』一二・一二以下）。もうひとりのソクラテスやゼノンがアテナイに生まれ、まったく同じことを同じ弟子たちに教えるというストア学派の説くような回帰する宇宙は認めない。

したがって、神がもっと以前につくらなかったのかと問うのは無意味である。神は時間以前から存在していたのでもない。それでは神は時間のなかにいたことになる。そうではなく、神は時間の流れの外にいたと考えねばならない。

## アウグスティヌスにおける占星術と科学

宇宙創成論の意味を追求したアウグスティヌスも宇宙構造論にたいしてはふかく関心をしめすことはなかった。『創世記逐語的注解』では天体の運動に触れているものの、説明は簡単である。

マニ教の信者であった時代には占星術に惹かれていたアウグスティヌスもキリスト教の信者となると、占星術も退けた。人間の未来を決めるのは個々の人間の意志であって、被造物である天体に左右されることはないとするキリスト教の自由意志論にたつのである。『告白』（七・六）や『神の国』（五・一）では、同時に生まれながら（同じホロスコープでありながら）、奴隷の子は奴隷の境遇のままであり、裕福な家の子のほうは輝かしい人生を歩んでいるでないか、として占星術を論駁する。『創世記』のエサウとヤコブの兄弟は双子であった（同じホロスコープであった）のに、二人はまったく異なった人生を送ったようにである。『告白』（四・三）には占星術者は「罪の避けがたい原因は天から君のところにやってくる」とか「これは金星、土星、あるいは火星の仕業である」とかというが、このことは、「人間に、血と肉であり、高慢の固まりである人間に罪をなくして、天や星を創造してそれを支配するものに罪をおわせようとする」ことにほかならない、とも書いていた。

こうして天文学にも占星術にも否定的であったアウグスティヌスはギリシア科学について、『手引』で、さて、宗教にかんしてわれわれが信じていることはなにか、と問われた場合、ギリシア人に自然科学と呼ばれた人々がやったような、事物の本性を探るということは必要がない。またわれわれキリスト教徒が力とか元素の数といったことに無知なのではないかと騒ぎ立てる必要もない。すなわち天体物体の運動、配列および食、天の形、動物、植物、石、泉、川、山の種類および本性、時間とか距離、嵐のくる前兆、その他もろもろの哲学者が見出している、あるいは見出していると考えていることに気を遣う必要はない。[12]

という。ギリシア人の自然探求の成果には気を奪われる必要はない。大切なのはその自然が神の創造であることを忘れてはならないことである。そして、

キリスト教徒にとっては、創造された事物すべて、すなわちひとつの真なる神の慈愛であって、神そのもの以外には、その存在が神に由来していないものはひとつとしてない、と信じるだけで十分である。[13]

という。

ローマ帝国によって公認・国教化され、キリスト教権力が強大となるにしたがい、占星術にたいする弾圧も厳しさを増す。キリスト教を公認したコンスタンティヌス帝の王子を教えていたラクタンテウスは地球説への論駁者として知られているが、占星術も排撃した。[14] キリスト教会が天文学と占星術に敵対的であったのは、キリスト教の自由意志という教義と関連する問題ではあったが、同時に、キリスト教がグノーシス派やミトラス教やマニ教といった天文学と占星術に好意的であった宗教と戦わねばならなかったことにも一因があろう。

## 終末論の理解の仕方

キリスト教は三九二年にローマ帝国の国教となるが、三九五年に帝国は東西に分裂、辺境の異民族がローマに侵入することによって、西ローマ帝国は衰退する。その衰退の原因がキリスト教にあるとする異教徒からの攻撃から、アウグスティヌスはキリスト教と教会を擁護するために四一三年から『神の国』を執筆していた。

そこでは終末もローマの滅亡とは解釈されなくなる。この世にはやがて破滅的な天変地異が生ずるであろうとも考えない。サタンが深淵に投げ込まれた至福の一〇〇〇年について、「この千年とは、キリストの最初の到来につづくわれわれの時代をさしている」（『神の国』二〇・九）と述べる。イエスがいうところの「神の国はすでに来ている」というのである。その完成への道を歩んでいるのが教会である、とアウグスティヌスは考えていた。

キリスト教の国教化にともなって、ローマ教会はその権力を強化する。ローマ帝国の行政制度にならって属州には大司教区をおくなどして教会の組織化につとめた。その結果、キリスト教（会）は迫害をされた側から反キリスト教の勢力を迫害する側にまわる。西ローマ帝国が四七六年に滅亡すると、ローマ・カトリック教会は政治権力も兼ねるようになる。政治と宗教が一体となり、ヨーロッパの宇宙論は暗黒時代にはいる。

# 第6章　ユダヤとギリシアの融合——スコラ哲学の宇宙観

西ローマ帝国が滅亡し、ローマ教皇を頂点にした教会の権威がつよまるヨーロッパ社会ではキリスト教の支配が強化されると、それに反比例してギリシアの哲学・科学は衰退する。ギリシアの宇宙論についての議論も見られなくなった。しかし、コンスタンティノープルを首都とする東ローマ帝国に保存されていたギリシアの哲学・科学の書物はアラビア人、そして彼らのあいだで誕生したイスラム教徒に歓迎され、アラビア語に翻訳、研究される。それが十二世紀以降のヨーロッパに流入し、ラテン語に訳されてキリスト教徒によっても学ばれはじまる。「十二世紀のルネサンス」である。

その間、ギリシア科学を捨てたヨーロッパ社会にも変化があった。軍事力を独占する騎士階級が荘園の領主として農民を支配する封建制が維持されたのだが、それでもキリスト教会と国王を頂点とする聖俗の階層的秩序のもとで、農業生産に安定と一定の向上をもたらし、経済活動もしだいに活発化する。その結果、ヨーロッパには手工業者や商業者からなる都市が各地に出現し、そこに誕生した大学ではラテン語に訳されたアリストテレスの宇宙論が教えられ、研究されるようになる。スコラ哲学の時代である。

スコラ哲学のねらいはキリスト教とギリシア哲学を融合させること、その中心テーマが聖書『創世記』の宇宙論とアリストテレスの宇宙論の統一であった。宇宙は神によって創造されたと考えるキリスト教が、地球のまわりを天球が回転する宇宙が永遠の過去から存在したと主張するアリストテレスの宇宙論を、どのように受け容れるのか。この対立するように見える二つの宇宙論を調和・統合する仕事にとりくんだのが、ナポリ大学やパリ大学に学び、そこで教えもしたトマス・アクィナスであった。

アウグスティヌスは「無からの創造」で神の全能性を強調したのだが、アクィナスはアリストテレスの宇宙論をキリスト教に包含することで、神の全能性を神の創造した宇宙秩序の見事さからも証明しようとしたのである。アリストテレスが明らかにしてくれた可視的な宇宙から不可視の神の栄光を証そうとしたのだ。それに加えて、アクィナスは、聖なる天と俗の地上は峻別され、天から大地まで階層化したアリストテレスの宇宙はローマ教会を頂点とするキリスト教世界にふさわしいと見た。アクィナスの哲学はカトリック教会の正統的な理論となった。

これによってアリストテレスの宇宙論は正統的な科学理論となったが、あくまでも「神学の侍女」の地位におかれた。科学は神のために奉仕するものでしかない。しかし、科学が本来もっていた合理的思考は自立への道をあゆみはじめる。ギリシア的な批判精神もよみがえる。キリスト教に保護されることで権威づけられたアリストテレスの宇宙論が研究の対象となっただけでなく、そこにはらまれていた瑕疵《きず》が暴かれはじめる。なかでも、批判の眼はアリストテレスの運動論にむけられる。地球の自転説も唱えられ、無数宇宙の可能性も主張される。アリストテレスの宇宙論の権威が揺り動かされた。スコラ哲学は自己のはらむ宇宙論を批判することで科学の近代化への一歩を踏み出していたのである。

スコラ哲学の宇宙論はキリスト教の支配する中世社会が生み出した宇宙論であった。それゆえ、つぎの一歩として進め、スコラ哲学の宇宙論を打倒するには、社会の大きな変革をも必要としたのである。

# 1　イスラムの天文学と宇宙論

## 東ローマ帝国とネストリウス派のキリスト教

三九五年にローマ帝国が東西に分裂後、西ローマ帝国は四七六年に滅亡したが、コンスタンティノープルを首都とする東ローマ帝国（ビザンティン帝国）は存続し、六世紀には地中海世界での覇権を回復した（図68）。その最盛期は『ローマ法大全』の編纂で知られるユスティアヌス帝（在位五二七―五六六）のときで、イタリアもゲルマン人（東ゴート）からとりもどし、シチリアもエジプトも帝国に組み入れた。帝の死後には国勢は衰えたが、それでも首都のコンスタンティノープルはアレクサンドリアとともに文化の中心地でありつづけた。とくに東ローマ帝国の公用語はギリシア語で、そのため、ギリシアの哲学と科学も消滅しなかった。アリストテレス、アルキメデス、エウクレイデス、アポロニオスらの著作が収集され、注釈がおこなわれていた。

その一方で、前述のように、コンスタンティノープルの主教ネストリウス（在位四二八―四三一）を祖とし、イエスを人として生まれ、のちに神的な精神を獲得したのだと主張するネストリウス派の運動が起こる。この理性重視のネストリウス派のキリスト教は四五一年には異端として東ローマ帝国から追放されたが、周辺の地域で広い支持者をえた。そこで注目されるのは、ネストリウス派のキリスト教徒は正統派のキリスト教徒とちがって、ギリシアの哲学と科学を重視し、それを彼らが使用していた言葉であるシリア語に翻訳していたことである。なかでも高く評価していたのがアリストテレスであった。ネストリウス派は東ローマから迫害された後も、シリアのエデッサの町を拠点にして勢力を拡大、さらにペルシア西南部の都市ジャンディシャブル（古都スサの近く）に移ってギリシア語の古典の注釈の翻訳に当たった。そのなかにはアリストテレスの注釈でよく知られているギ

図68◆東ローマ帝国とイスラム世界の版図

リシア人のシンプリキオスもいる。

## イスラム教の誕生とギリシア科学

そのような時代にアラビアで唯一神アッラーへの絶対的な帰依を説くイスラム教（回教）が誕生した。五七〇年ころ、多神教の世界であったアラビアのメッカに生まれたマホメット（ムハンマド）はアラビアにも伝えられていたユダヤ教やキリスト教の影響をうけながらもうひとつの一神教を生み出した。東ローマ帝国ではギリシア科学を新たに発展させることはなかったが、ギリシア科学がイスラム教に取り入れられることで、重大な歴史的役割をになうことになった。

マホメットの故郷メッカはイエメーンとシリアを結ぶ東方貿易の中継地であり、遊牧の部族的社会から商業中心社会に変貌をとげるなかで、個人の信仰をもとにした新たな宗教が求められていた。助け合いの精神を説くことで個々の信仰に生きる個人を神のもとに再統合する、そうした社会の変化が生んだ宗教であった。◇1

教義的にはユダヤ教とおなじく純粋な一神教だが、マホメットはキリストのように神格化されることはなく、神の啓示をつたえる最後の予言者とされた。イスラム教は聖書もキリストも排除しなかったが、そのイエスにしてもアブラハム、モーセらとともにこれまでに出現した予言者のひとりにすぎなかった。「アッラーのほかに神はなく、マホメットは神の使徒なり」、あくまでも個々の人間が神アッラーに直接に向き合う宗教であった。

神アッラーとマホメットのあいだに父子といった系譜的な関係が想定されることはない。マホメットはあくまでも人間である。したがって、キリスト教のように三位一体のような問題は生まれなかった。イエスは人として生まれたとするネストリウス派に近く、イスラム教はキリスト教を排することなく、イエスを否定もしないのだが、神の子と見ることはない。このような点からも、イスラム教はアラビアにも浸透していたネストリウス派の影響をうけたと推察される。◇2

マホメットは六二二年に多神教を崇拝するメッカの大商人階級による迫害から逃れ、信者仲間とともにメディナへ移住したヒジュラ(聖遷)を機に、イスラム教は勢力を増す。マホメットを追放したメッカを攻略し、アラビア半島全域を支配下におさめた後も、イスラム教の支配は拡大、マホメットの死後一世紀もへないうちに、その勢力は西は西北インドから東はイベリア半島のスペインにまで広がった。それから六〇〇年間、ダマスクスを首都にしたウマイア朝、バグダードに都のあったアッバース朝、コルドバを首都にスペインで繁栄した後ウマイア朝、カイロを首都にエジプトと西北アフリカを支配したファーティマ朝といったイスラム帝国のもとに、イスラム文明が華を咲かせる。王朝の興亡はあっても、そこにはイスラムに固有な色彩をもつ宇宙観が見られた。

## 『コーラン』のなかの宇宙論

イスラム教の聖典『コーラン』は、神アッラーがときおり予言者マホメットに語った言葉の集録であるとされる。そのため、聖書のような物語性を欠き、われわれには馴染みにくいのであるが、教義の基本はキリスト教の聖書と変わらない。『コーラン』の各所に散りばめられた天地創造にかんする文言も旧約聖書の『創世記』を踏襲する。イスラム教はユダヤ教のアラビア化ともいえる。

神アッラーは「唯一なる神」（二・一六三カイロ版）、「並ぶものなき神」（四二・一一）といわれるように、超越的な唯一の神である。この神アッラーも天地万物の創造者であった。

信仰なきものにはわからないのか、天と地はもと一枚つづきの縫い合わせであったのを、我ら（アッラー）がほどいて二つに分けた上、水であらゆる生きものを作り出してやったということが（二一・三〇）。

創造にはどんな材料も必要としない。無からの創造であったという言辞もみられる（四二・一一、五二・三五）。創造に要したのは六日間。ただ「あれ」のことばによって天地を創造した（二・一一七、その他）。聖書の『創世記』からの借用であるのは明らかである。

天地の構造については、天と地はそれぞれ七つからなるという（二・二九、その他）。その最下層の天には太陽と月と星辰（星々）を配し、昼と夜をつくった（一七・一二、その他）。天と地はそれぞれ七つの層からなるというのは、旧約偽典の『エノク書』の宇宙像でもあった。前二世紀に成立した『エノク書』は偽典（正典と外典以外の書）に分類されたが、初期の教会ではよく読まれていた。

人間の創造についても旧約聖書『創世記』にしたがう。神は人間を「泥土」から創造し、その後裔を「卑しい水（精液）」からつくりなしたという（三二・七、その他）。こうもいう、

我ら（アッラー）人間を創造するには精選した泥を用い、つぎにその一滴をがっしりした容器《いれもの》の中におさめ、ついでその一滴から凝血を作り、ついでその凝血からぶよぶよの塊を作り、その塊から骨を作り、さらにその骨に肉を着せ、こうしてようやく新しい生き物を産み出した（二三・一二―一四）。

『創世記』第二章のアダムとエバの創造をもとにしている。『創世記』の創造の物語がアラビア的に脚色されたといえる。それによって神の偉大さを再確認しているかのようである。しかし、六日後の神の行為は『創世記』と異なっている。七日目は休息の日でない。

> 天と地とを六日で創り、（創造が終わると）それから高御座《たかみくら》につき、昼を夜で覆い給えば、夜は昼を休みなくせっせと逐《お》って行く。太陽も月も星々もその御言葉のまま。ああ、まこと、創造の業と（天地の）支配が（アッラー）のものでなくてなんとしよう（七・五四、二五・五九）。

六日目までの創造についで、神は天の玉座にすわり、天体の動きに命令をくだす。創造された世界はその後も全知全能の神の意志と力に支配されつづける。だからであろう、大地に雨をもたらすのも神であることが随所に語られる。アッラーはバアル神の権能も受け継いでいる（六・九九ほか）。

　天の御座に座る神のまわりには多数の天使が侍《はべ》るが、この神と人間の中間的な存在で天上と地上のあいだを仲立ちする天使も神の創造物である。大天使のガブリエルとミカエルをふくめて、『コーラン』には旧約・新約聖書の天使が登場する。モハメットに神の啓示を伝えてくれたのはガブリエルであった。

## 『コーラン』の終末論

『コーラン』でもノアの洪水の話が語られる（一一・三七、二三・二七、三七f）。神に忠実なノアに神の啓示がくだって箱舟をつくり助けられる。それによって、人類はいまに至るが、それでも最後の日を迎えねばならない。これもユダヤ・キリスト教の影響であろう、終末の日には、天使の吹くラッパが吹き鳴らされる。そうすると、

大空が真二つに割れて、畏れかしこみ主《しゅ》の（御言葉《みことば》）に耳傾ける時、
大地が平らに伸び（山が飛び散ってしまうので平らになる）、そのなかのもの全部吐き出し空《から》になって、畏れかしこみ主の（御言葉）に耳傾ける時（八四・一―五）。

そして、すべて墓は暴かれて、すべての人間は審判をうけるために神アッラーの前に引き出される。『ヨハネの黙示録』では裁くのはキリストであったが、『コーラン』では創造の神のアッラーが裁きの神でもあった。

義《ただ》しい信者は至福の園《その》（天国）に、
極道者は火の竈《かま》に。
裁きの日には丸焼きとなり、
抜け出そうとてそうはいかぬ（八二・一三―一六）。

天国が涼水とブドウ酒とミルクと蜂蜜と果物に満ちた世界であるのにたいして、地獄は炎熱と煮え湯の世界。イスラムの地に現実にあったオアシスと熱砂の対比から連想されたのであろう。

## イスラムの天文学

イスラム教はキリスト教と異なって他の宗教にたいして寛容な宗教であった。キリスト教徒もユダヤ教徒もゾロアスター教徒も迫害しない。旧約聖書も新約聖書も排斥せず、コーランに先立って生まれた神の啓示の書とみなしていた。

ギリシア科学にたいしてもそうであった。というよりも、ギリシア科学を積極的にとりこもうとした。天文学や数学や医学の摂取にはとくに熱心であった。占星術も錬金術も排除しない。神の与えてくれた恩恵は現世の人間の福利の向上に利用されるべきであるという。

だから、イスラム帝国のウマイア朝がペルシアを滅ぼすと、ペルシアのジャンディシャブルで翻訳に従事していたネストリウス派の学者をウマイア朝の都となったダマスクスに移し、シリア語に訳されていたギリシア語の文献のアラビア語への翻訳活動に従事させた。それによって、プラトン、アリストテレス、エウクレイデス、アルキメデス、ヘロン、プトレマイオス、ヒッポクラテス、ガレノスなどの哲学書と科学書がアラビア語で読めるようになった。その結果、八世紀から十世紀までのあいだにイスラムの科学は西欧のそれを完全に凌駕する。

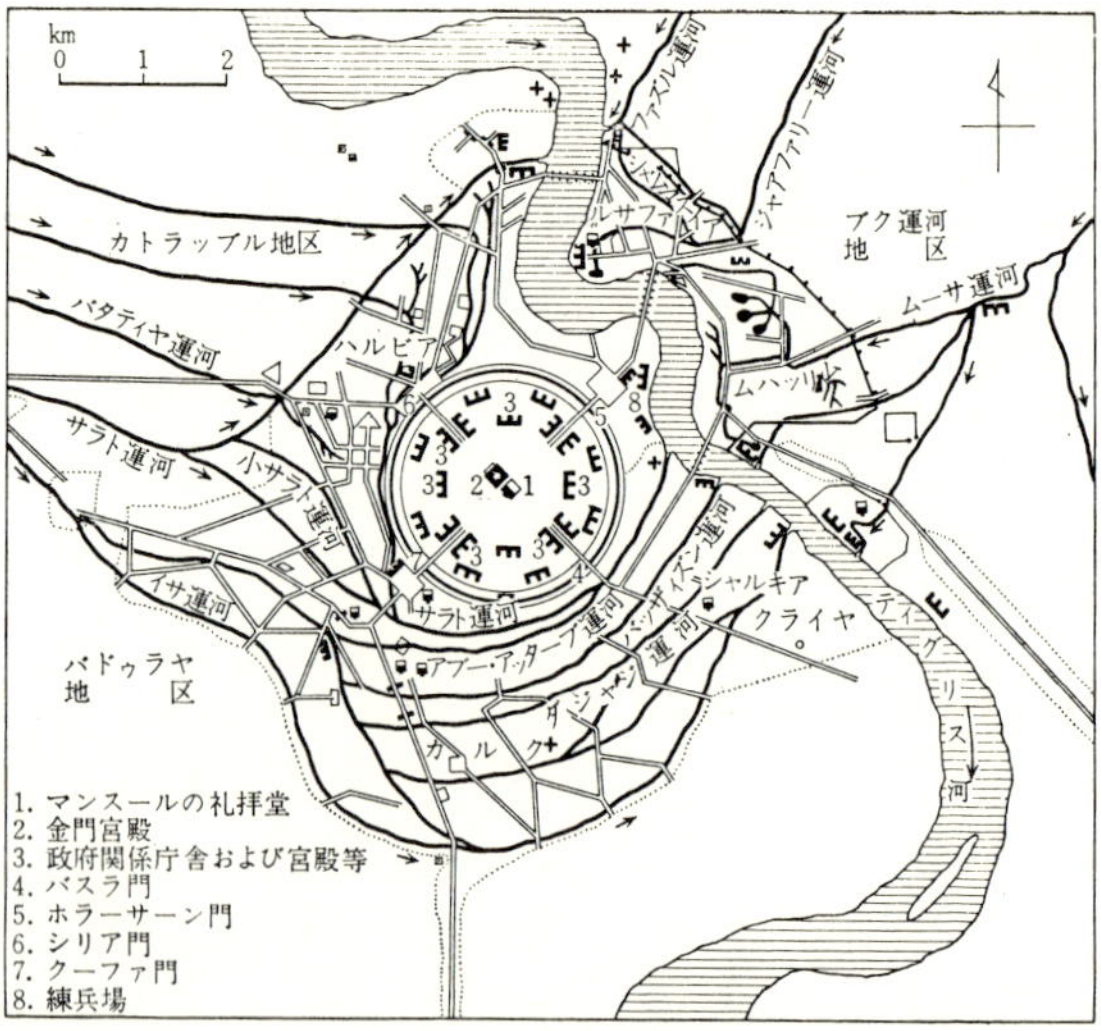


図69◆バクダード。767年から912年まで（蒲生礼一『イスラーム』岩波新書）

ウマイア朝を倒したアブールが七五〇年に樹立したアッバース朝もウマイア朝以上に科学の振興に力を注いだ。アブールをついだ二代目の君主マンスールは新しい首都のバクダードを建設、そこを科学の一大中心地とした（図69）。それまで以上に規模を拡大してギリシアの科学関係のアラビア語への翻訳がおこなわれたので、アッバース朝でもネストリウス派の学者は厚遇されていた。

七代目の君主アル・マムン（在位八一三—八三三）は八二九年に翻訳の機関「知恵の家」を設立、学頭にはネストリウス派の学者フナイン・イブン・イスハークを招聘して、翻訳事業にとりくみ、専門的な研究にも当たらせた。そこでは、あらためて、アリストテレス、プトレマイオス、ガレノスの著作が訳された。さらには、インド人科学者も招聘され、インド科学書のアラビア語への翻訳もおこなわれた。◇3

イスラムの科学活動は拡大する。十世紀になるとウマイア朝の一族がスペインにコルドバを首都とする後ウマイア朝をおこし、ここにも図書館を備えた翻訳と研究のセンターを設立した。エジプトではプトレマイオス王朝のアレクサンドリアにかわって、ファーティマ王朝によって建設された首都のカイロが学術の府となった。しかも、これらの地ではアラビア語が共通語となる。それによって科学の知識も共有することができた。

アル・マムンは天体観測のために天文台をバクダートとダマスクスに建設する。その後、天文台は、カイロ、コルドバ（現在はスペインの都市）にも建設された。そこで長期にわたる惑星の組織的な天体観測のデータをもとに占星術用の天文表が作成された。インドの数学・天文学にも通じていたアル・フワーリズミーはアル・マムンが設立したバクダードの天文台での天体観測によって「マムン表」とよばれる天文表をつくっている。これらの天文観測には、四分儀、アーミラリ天球儀（アストロラボン）、日時計など、ヒッパルコスやプトレマイオスも使用した装置が製作され、使用されていた◇4（口絵2）。

天文家のなかに、古代バビロアニの占星術を継承しているサービア教徒であったアル・バッタニがいる。◇5 象限儀やアーミラリ天球儀による長期にわたる正確な天体観測によって、プトレマイオスの観測結果を修正し、それによって黄道傾斜と歳差についての正確な数値をえている。

イスラムの天文学の理論的なアイデアのひとつに、プトレマイオスの周転円のかわりにボールベアリングのように回転する実体球の導入がある（図70）。トレドの天文学者にアル・ザルカリは、この実体球の考えで水星の光度の変化を説明していた（一〇八〇年）。アリストテレスが天球を数学的なものではなく、実際に存在するものと解釈したように、アラビアの天文学者はプトレマイオスの周転円を実体として機械的に理解しようとしたのである。

イスラムは地理学にも力をいれた。天文台を建設した君主のアル・マムンは北極星の高さの測定から緯度一度の距離の長さを求めさせた。その結果は一一三キロメートル、実際の値にきわめて近い値が得られている。それによると地球の一周は四万七〇〇〇キロメートルとなる。「マムン表」を作成したアル・フワーリズミーもこの測地事業に参加していたと考えられており、その成果も入れて緯度・経度を記載した『大地の形態』を著わした。[◇6]

このような科学的な地図が作成される一方で、伝統的な大洋オケアノスのめぐる円形の地図もつくられていた。

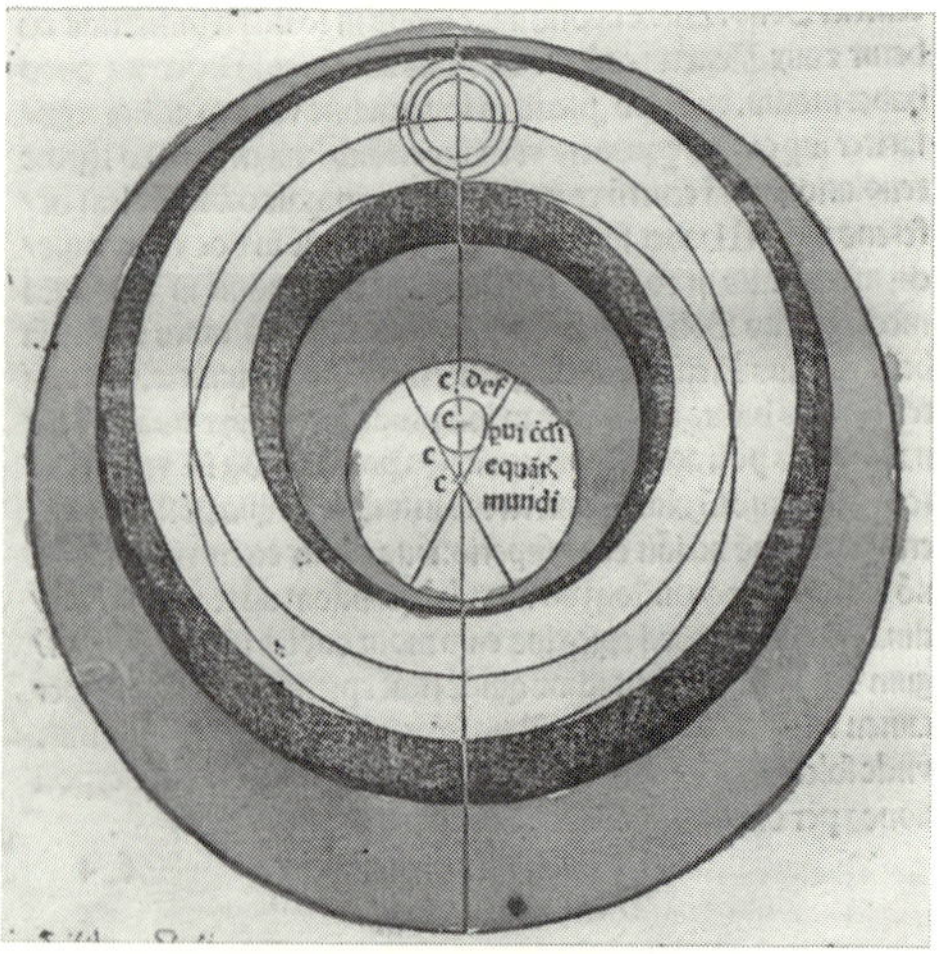

図70◆実体球（上部の三重丸）による惑星の運行の説明。ポイルバッハが水星の軌道の説明にアラビアの実体球をつかったもの（Michael Hoskin ed., *The Cambridge Illustrated History of Astronomy*, Cambridge University Press）

図71◆イドゥリーシーの世界地図。南が上に描かれている。1154年（海野一隆『地図の文化史』八坂書房）

中世ヨーロッパの世界地図がエルサレムを中心に描かれたように、イスラムの世界地図はアラビアが中心であった。しかも、西アジア、内陸アジア、北アフリカなどの記載は詳しく、正確になっている。十二世紀にシチリアのイドゥリーシーが描いた世界地図ではアジアの東南部にシンの国（中国）も見える（図71）。

## イスラムの占星術

イスラム教は、科学は神アッラーの理解のためにも意義があると考える。天地万物を創造した神の働きは物質世界に顕現されていると見るからである。その点で天文学は高く評価された。役立つ学問を大切にするとの立場から、占星術も歓迎した。占星術にたいする態度でもキリスト教と対蹠的であった。

占星術が盛んになった理由には、かつてバビロニアは占星術の本場であり、それがサービア教徒にも受け継がれていたこととも無関係ではないが、それとともに、個々の人間の将来は神に支配されているというイスラム教の宿命説（予定説）とも切り離しては考えられない。七世紀から九世紀にかけて、宿命説と自由意志説のあいだに論争がかわされたが、宿命説の勝利に終わった。◇7 自由意志説の立場からは、キリスト教がそうであったように、天体の運行によって人間の未来が決定づけられるとする占星術は受け容れがたいのだが、宿命説ではそうでない。イスラム教では、神の命令は神の創造した天体に具現されると見られていた。

天文台で観測されたデータは宮廷の占星術師に送られる。占星術師はそのデータと「天文表」をもとに人間の運命や旅の吉兆を占う。そのマニュアルとして使用されたのがプトレマイオスの『テトラビブロス』であった。だから、早くからアラビア語に訳されていた。

占星術に利用された天文器具にアストロラーブがある（図72）。原理的にはアーミラリ天球儀を平面に置き換えたものであって、航海術用としては星の位置の測定から方位や時刻を知るための道具であり、日常的にはメッカの方向を定めたり、礼拝の時間を知ったりするのに使われた。また、任意の時刻における天体の位置をもとめ

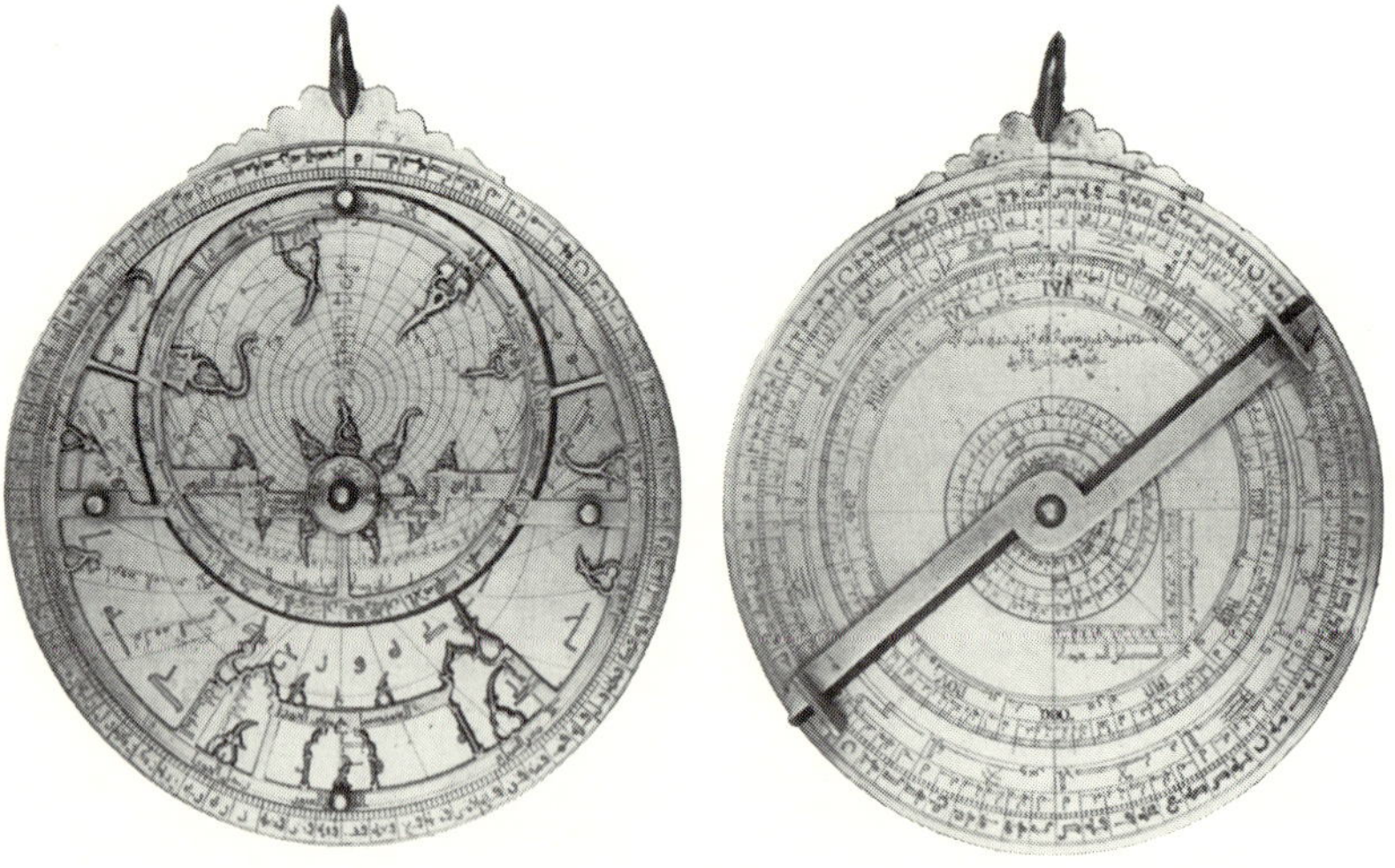

図72◆アストロラーブ。平面型のアストロラーブ（上、表と裏）が一般的であるが、球面型のアストロラーブ（下）もつくられた。（A. T. al-Hassen and D. R. Hill, *Islamic Technology*, Cambridge Univerisity Press）。

ることができるので、占星術師の格好の小道具ともなった。[8] アストロラーブが普及したのはアラビアだが、もともとの発明をアラビア人に帰することはできない。六世紀のアレクサンドリアのピロポノスがアストロラーブを記述していたからだ。

黄道十二宮や惑星を自動的に動かす天文時計もつくられていた（図73）。動力は水、アレクサンドリアで開発された機械式の水時計の技術をもとに自動人形などのカラクリを製作したが、同じ技術で天文時計を開発していた。[9]

図73◆水力天文時計。時間の経過とともに最上部の黄道十二宮が回転、その下の人形が時間をしめし、下の楽隊が音楽を奏でる（前嶋信次・蒲生礼一編『図説世界文化史体系4・オリエントII』角川書店）

## イスラムのアリストテレス研究

新プラトン主義は東ローマにも流布、ネストリウス派のキリスト教にも影響をおよぼしたのだが、ネストリウス派のキリスト教によってそれ以上に重視されていたのがアリストテレスであった。イスラム世界でもそうであった。新プラトン主義の影響もうけながら、アリストテレスの宇宙論に親近感をもち、アリストテレスの著作の翻訳をおこない、その研究をすすめていた。そのため、アリストテレスの天球地球説がひろく支持されるようになる。天球についてもアリストテレスにしたがって実体的なものとみられ、そこから、実体球のアイデアも生まれた。

初期の代表的なアリストテレス研究者にはバスラに生まれ、バクダットの「知恵の家」に学んだアル・キンディー（八〇〇ころ―八六六）がいる。アリストテレスの著作の最初期の翻訳者であり、アリストテレスの哲学にもとづく多数の百科全書的著作を残している。占星術についても関心がふかく、その原理をアリストテレスのエーテルと四元素からなるという宇宙の構造論から明らかにしようとしていた。[◇10] そのようなアル・キンディーは「アラビア人の哲学者」と称された。しかし一方で、『コーラン』の神による宇宙の創造説も肯定していた。

トルコ生まれの哲学者にはアル・ファラビ（九五〇―一〇三〇）がいた。アリストテレスの注釈に傾注、その他にもプトレマイオスやエウクレイデスの解説をふくむ膨大な著作にまとめた。哲学的にはプラトンとアリストテレスを融合させようとしたところに特徴があるが、宇宙論ではアリストテレスの説く世界の永遠説を信じていた。信仰よりも理性に信頼をおいた哲学者で、「（アリストテレスにつぐ）第二の師」とよばれた。

この二人の哲学者にみられるように、イスラム世界におけるアリストテレス研究では、『コーラン』の神アッラーによる天地創造説とアリストテレスの世界永遠説をどううけとめるかという問題に逢着せねばならなかった。この信仰と哲学との調整の問題はイスラム哲学を受け容れたキリスト教世界でも再浮上する。この点で重要な位置にあるのが、東方イスラム最大の哲学者といわれたのがイブン・シナ（アヴィケンナ、九八〇―一〇三七）であった。ペルシア・ブハラ（現在はウズベキスタン地方）に生まれたイブン・シナは「第二の師」のファラビの著作をとおしてギリシア哲学を学び、信仰と哲学を別問題という立場でアリストテレスの注釈と研究に傾注した。アッラーによる天地創造説とアリストテレスの世界永遠説は齟齬《そご》をきたすものではないとの立場をとった。その宇宙論のなかで、アリストテレスの「不動の動者」にもとづく一〇個の叡知体の存在を論じた。[◇11]

イスラム世界では医学も盛んであった。イブン・シナはガレノスの医学をアリストテレスの哲学を基礎にして論じた『治療の書』を書いた。この書も後にヨーロッパで医学の手引書としてひろく使用されることになる。

このようなアリストテレスの注釈研究の盛行によって、イスラム世界では「哲学」といえばアリストテレスの哲学となった。この東方のイスラム世界に起こったアリストテレス研究は、西方のイスラム世界にも伝えられる。七五六年にゲルマン人の西ゴート王国（スペイン）を滅ぼし、首都をコルドバにして成立した後ウマイア朝以来、イスラム教徒の支配下にあったスペインでも、コルドバを中心にアリストテレス研究が活発となる。同じアラビア語圏であったから、学問の交流も容易であった。

ヨーロッパへの影響という点でもっとも重要な哲学者がスペインのコルドバ生まれ、スペインで活動したイブン・ルシュド（アヴェロエス、一一二六―一一九八）である。ムワッヒド王朝の宮廷医師であったイブン・ルシュドはイブン・シナのアリストテレス研究を継承、アリストテレスの著作のほとんどについての注釈書を著わしていた。そのため「注釈者」と称された。それによって、みずからのアリストテレスの哲学にたいする考えもうちだしていた。そこでは不動の動者である叡知体をイスラム社会にも広まっていた天使と同一視した。◇12

イブン・ルシュドは、イブン・シナの姿勢を継承して、信仰と哲学は別次元の問題でよいとの立場にたつ。イスラム教徒として『コーラン』を信ずるが、アリストテレスの自然学や形而上学も正しいとする。神の存在も啓示だけでなく理性によっても証明できると主張していた。そして、アッラーによる天地万物の創造とアリストテレスの世界永遠説について、イブン・ルシュドも、イスラム教徒としては神による世界創造を信じながら、哲学的には、アリストテレスを全面的に受け容れて宇宙は永遠であることを認めていた。

一〇三一年に後ウマイヤ朝が滅亡したあと、スペインではいくつかの王朝が樹立されるが、北からのキリスト教徒による領土回復運動レコンキスタも激しくなった。そのようななか、イスラム社会では『コーラン』への回帰が強く叫ばれるようになり、アリストテレスの哲学を評価するイブン・ルシュドはモロッコに追放され、著書は焚書となった。学問の摂取に寛容であったイスラム社会の思想統制が目立つようになる。イスラム文化の停滞がはじまる。

## アラビアからヨーロッパへ

一方、レコンキスタはイブン・ルシュドの著作を、つまりアリストテレスの宇宙論をヨーロッパ社会にもちこむ契機となった。キリスト教徒は一〇八五年にはトレドを攻略、一二〇〇年ころまでにはイベリア半島の北三分の二を奪回し、十二世紀ころにはかつては西ゴート王国の首都であり、イスラム勢力を駆逐した後はカスティリア王国の首都となったトレドにおいてアラビア語で書かれたアリストテレスらの著作がラテン語に翻訳されはじめた。十三世紀の前半にはイブン・シナやイブン・ルシュドなどの注釈書もラテン語で読めるようになった。

イブン・ルシュドの著作のラテン語訳者のなかでよく知られているのが、オックスフォード大学とパリ大学に学んだイギリス人学者のミハエル・スコトゥス（マイケル・スコット、一一七四―一二三五）である。一二二〇年から一二三〇年までのあいだに、イブン・ルシュドによるアリストテレスの『自然学』『天体論』『生成消滅論』『気象論』『霊魂論』『動物誌』『形而上学』の注釈書がラテン語に訳された。こうしてアリストテレスの哲学が東ローマ帝国からイスラム世界を迂回してヨーロッパに伝えられた。ヨーロッパ人はイスラム教は排除したが、イスラム世界から伝えられるギリシアの哲学と科学は拝借した。そのとき、ギリシアの哲学と科学をヨーロッパへ拡大する過程で重要な役割をはたしたのがスペインに住んでいたユダヤ人であった。彼らによってヘブライ語に訳され、注釈されたものが、さらにラテン語に訳されヨーロッパの人々にも読まれた。

アリストテレスだけでない。プトレマイオスの『アルマゲスト』、エウクレイデスの『幾何学原論』『光学』、アポロニウスの『円錐曲線論』、アルキメデスの『円の測定について』、ヒッポクラテスの『語録』、ガレノスの各種の論書、ヘロンの『気体論』といった書物がラテン語に訳された。さらに、ギリシア語の書物からの翻訳もはじまる。

翻訳された地域はスペインのほかにシチリア王国があった。東ローマ帝国の領土であったシチリアは九世紀にはイスラムの支配下におかれるが、十一世紀後半にはキリスト教のノルマン人（バイキング）が征服、シチリア王国を樹立する。一一三〇年にはナポリをふくむ南イタリアも併合した。王国はローマ・カトリック教を受け容れていたが、ギリシア正教もイスラム教も容認、ギリシア語、アラビア語、ラテン語を公用語とした。それに、東ローマ時代からギリシア語の書物が多数運ばれていた。そのため、ここではアリストテレスやプトレマイオスやエウクレイデスらの著作が直接ギリシア語からラテン語へ翻訳されるようになる。

# 2　トマス・アクィナスの宇宙論

## 大学の誕生

十二、三世紀は翻訳ラッシュの時代、「十二世紀のルネサンス」によってギリシア科学の重要な著作のほとんどがラテン語に訳された。アヴィケンナ（イブン・シナ）やアヴェロエス（イブン・ルシュド）によって書かれたアリストテレスの著作についての注釈書もラテン語で読めるようになる。ギリシア語で書かれたシンプリキオスによるアリストテレスの注釈書もラテン語に訳される。

「十二世紀のルネサンス」はヨーロッパに大学を生み出した。大学といってもキャンパスを中心にした大学ではない。学生と教師の組合ウニヴェルシタスであって、最初期の大学であるボローニア大学にしてもパリ大学にしても、その都市に発生した私塾の連合体であった。ボローニア大学は法律と医学の教育、パリ大学は神学教育にはじまるが、神学部、法学部、医学部と基礎教養を教える学芸学部からなる大学の形態が成立する。大学から分立して誕生した大学もあった。ボローニア大学からはパドゥア大学やシエナ大学などが、パリ大学からはオクスフォード大学が独立した。

これら自然発生的な大学にたいして、教皇や国王によって創設された大学もあった。一二二四年には北のフィレンツェと並んで繁栄を誇ったシチリア王国のナポリにもシチリア王で神聖ローマ帝国皇帝となったフリードリヒ二世の勅令で大学が設立される。誕生の事情は同じではないが、十四世紀のうちに、イタリアではピサ、フィレンツェ、パヴィア、フェラーラ、ドイツではプラーグ、ウィーン、ハイデルベルグ、ポーランドではクラコフ、スペインではリスボン、コインブラなどに大学が出現した。

大学の神学部でつかわれた基本的なテキストは聖書とイタリアのスコラ哲学者ペトルス・ロンバルドゥスの『命題集』(一一五〇年ころの著作)であった。『命題集』というのはアウグスティヌスの教えを集めたものである。法学部では、ユスティアヌスの『ローマ法大全』とローマ法にもとづいて成立した教会法の注釈解説が中心の教育であった。医学部では、ギリシアの医学書であるガレノスとヒッポクラテスの著作が読まれた。

学芸学部ではアリストテレスの哲学が中心となる。パリ大学で一二五五年に必修の指定書として列挙されたのは、『範疇論』『命題論』『分析論前書』『分析論後書』といった論理学関係の書(オルガノン)のほか、『自然学』『天体論』『生成消滅論』『霊魂論』『形而上学』などであった。そのほかにも、エウクレイデスの『幾何学原論』やサクロボスコの天文学書『天球論』もテキストとなった。ギリシアの哲学と科学の教育であった。

これら「十二世紀のルネサンス」が生んだといってよい学芸学部の教育は哲学と科学の研究を刺激、宇宙論の研究にも新しい状況を生み出した。アテナイのアカデメイアと似た状況である。それは中世から近代にまでおよぶ。

こうした大学以前にも修道院の学校や司教座聖堂の学校が存在していたのだが、これらの学校がキリスト教会の支配下にあったのにたいして、私塾から生まれた大学の特徴は政治と宗教の権威からは独立していた。学生と教師の自主的な団体である。しかし、大学の学芸学部の教育についていえば、修道院の学校や司教座聖堂の学校でおこなわれていた伝統的な自由七学科である文法・弁論術・弁証法の三科と算術・幾何・天文学・音楽の四科を継承した。ただ、テキストは、アラビアから伝えられたギリシアの哲学書と科学書となる。内容はずっと高度となる。

### ナポリ大学とパリ大学のトマス・アクィナス

イタリアのナポリ近くに生まれたトマス・アクィナス(一二二五―一二七四)がフリードリヒ二世によって設立されたナポリ大学の学芸学部に入学したのは一二三九年、一四歳のときであった。アクィナスが入学したときには設立からまだ一五年しかたっていない。

ナポリ大学でも学芸学部の教育の中心はアリストテレスの哲学であった。主に論理学と自然学であって、自然学については、アリストテレスの著作のラテン語訳とアヴィケンナやアヴェロエスの注釈書のラテン語訳がつかわれたと推察されている。◇13 ナポリ大学でアリストテレスが重視されたのは、設立者フリードリヒ二世の育ったシチリアがイスラム哲学の盛んであった土地であり、アラビア語の著作のラテン語への翻訳がおこなわれていたということも切り離しては考えがたい。フリードリヒ二世はイブン・ルシュドの著作のラテン語訳に尽力したマイケル・スコットをシチリアに招聘している。アクィナスが入学したときにはマイケル・スコットは亡くなっていたが、スコットはナポリ大学でも教えていた。

アクィナスはアヴィケンナやアヴェロエスの注釈書をもとにアリストテレスを深く学んだにちがいない。同時に、ナポリ大学内に設立されていたドミニコ修道会の修道士とのつきあいもはじまった。祈りと瞑想中心のベネディクト会とはちがって、ドミニコ修道会(一一八一年ごろ創立)では学問研究が重んじられていたので、修道会が大学の内部に設けられていたのである(同じころアシジの聖フランシスコによって設立されたフランシスコ会も清貧を旨としながら学問も尊重した修道会で、ベネディクト会とともにパリ大学に神学講座を獲得している)。その関係であろう、二〇歳のときパリに赴き、ここでもパリ大学の神学部教授アルベルトゥス・マグヌス（ドイツ人、パドヴァ大学でドミニコ会に入会、一一九三ごろ—一二八〇）のもとで聖書とアリストテレスを学ぶ。一二五六年、三一歳のころパリ大学神学部教授に就任した。一時ナポリに帰るが、一二五九年、ふたたびパリ大学神学部教授をつとめている。

### トマス・アクィナスの宇宙創成論——パリ大学での論争

もちろん、キリスト教会がこのようなアリストテレスの哲学の浸透をただ座視していたのではない。パリ大学にたいしては一二一〇年以後何度かアリストテレスの自然学関係の書物の使用禁止令を打ち出している。しかし、アリストテレス哲学の侵入をくい止めるのは難しい。一二五五年には学芸学部のカリキュラムにアリストテレスの著作が取り入れられた。それではキリスト教とアリストテレスの哲学をどう調整すべきか。かつてイスラム教とアリストテレスの哲学とのあいだにあった問題がキリスト教とアリストテレスの哲学との問題に変わり、アクィナスがふたたび教授となった一二六〇年代のパリ大学でも浮上し、議論が闘わされていた。

当時パリ大学の学芸学部を支配していたのが、イスラムのアヴェロエスの哲学を継承し、キリスト教の信仰とは独立にアリストテレス哲学を真理とみるラテン・アヴェロエス派であった。その代表者が学芸学部のブラバンのシゲルス（一二二八ころ—一二八二）である。アリストテレス哲学を真理と見るといっても、聖書の真理性も否定はしない。だから、二重真理説とよばれた。この立場では信仰とは関係がなくアリストテレスの哲学を理性的に研究・教育できる。神による天地の創造も信ずるが、聖書と対立するアリストテレスの世界永遠説もみとめ、その研究をおこなってよいとした。

ラテン・アヴェロエス派に対立の論陣をはったのは、フランシスコ会の会員で神学部教授であったボナヴェントゥラ（一二二一—一二七四）である。「無からの創造」を墨守するボナヴェントゥラは、キリスト教神学に矛盾しないかぎりにおいてアリストテレスの宇宙論を受け容れるものの、アリストテレスの世界永遠説のほうは拒否した。宇宙に始まりがあったことは信仰の真理であるとともに、理性的にも確実であるとし、宇宙永遠説は哲学的にも反論できると考えた。◇14

アクィナスも、アヴェロエスからアリストテレスを学んだのであったが、両者を独立のものとみるシゲルスのラテン・アヴェロエス派の見解にはしたがわなかった。二重真理説は退け、両者は調和・融合すべきものと考えた。一方で、世界は神によって無から創造されたということではボナヴェントゥラに同意しながらも、キリスト教の神学とアリストテレスの哲学を正しく理解するならば、統一的な理解が可能であるとの立場を貫き、世界は神によって無から創造されたということと世界が時間の始まりをもたないことは矛盾しない、としてボナヴェントゥラに反駁した。◇15 一見矛盾するようであるが、そうではないとアクィナスは主張する。

ただ、神の意志は、啓示によって人間に示されることができるのであり、信仰はこうした啓示に依拠している。だからして、「世界に始まりがあった」ということは、信じられるべきことがらであって、学的に認識されるべきことがら、乃至は論証されるべきことがらではないのである（『神学大全4』第四十六問題第二項）。

論理の問題でない。人間の理性の限界をみとめ、不可知なものとして受容せねばならないとする。世界が永遠から存在するのか、あるいは時の始めに創造されたのか、それは神の意志によるのであって、人間の理性によっては断定できない。理性の論証を超えた信条箇条である。こうしてキリスト教の教義にアリストテレスの哲学を包摂させる。アヴェロエスの見解は誤りであるが、理性による自然研究は容認されるとした。

論争はアクィナスの勝利で終了した。アクィナスが正統とされた。一二七二年、パリ大学学芸学部はアクィナスの見解をもって真理であると宣し、違反者を追放するとして威嚇した。一二七七年にはパリ大学学芸学部に勤め、いまではパリの司教となっていたダンビエはブラバンのシゲルスの見解は異端と断じて、シゲルスをその職から追放、異端審問所に召喚する。シゲルスは教皇に直訴しようとローマにむかうが、狂信的な下僕によって刺殺されてしまう。学生と教師の自主をもってはじまった大学の研究の自由を圧殺する動きがはじまっていた。

## 宇宙構造論——神の栄光の証明

メソポタミアの神話的な宇宙創成論はユダヤ教に受け容れられ、合理的な宇宙の構造論はギリシア科学に受け渡された。いまや、神の全能性を深化させたユダヤ教と幾何学的な宇宙論を発展させたギリシア科学はアクィナスによって統合された。それが正統的なスコラ哲学として教会の支持を獲得する。

すでに見てきたように、フィロンはユダヤ教の神をプラトンのデミウルゴスあるいはイデアと結びつけ、アウグスティヌスはキリスト教の神を新プラトン主義から解釈した。ユダヤ・キリスト教的なものとギリシア的なものとの統一の試みはみられたのだが、フィロンもアウグスティヌスも宇宙の構造には目をむけなかった。旧約聖書がそうであったように宇宙の創造に注目し、そこに神のもつ全能性を確かめ、神の栄光を賛美する。とくにアウグスティヌスは「無からの創造」を唱えることで神の全能性を強調した。

もちろんトマス・アクィナスにとっても神の本性の追求が最大の目標であり、キリスト教の神をアリストテレスの第一動者と同一視するのであるが、アクィナスの新機軸はアリストテレスの宇宙構造論を哲学体系に取り込み、その宇宙の構造の卓越性をしめすことで神の栄光を称えようとしたところにある（図74）。宇宙の秩序は神の摂理の証しであり、不可視の神の啓示が可視的な宇宙となって顕現したものと見る。こうして可視的世界というギリシア的なものが哲学のテーマとなった。

不可視的な神によって創造されたのはアリストテレスの可視的な宇宙であった。その宇宙の中心には人間の住む土と水からなる地球があり、そのまわりには空気と火の層がある。火の層をとりかこんで、月、水星、金星、太陽、火星、木星、土星があり、恒星の天球をかこんで歳差運動を説明するための水晶天球とアリストテレスの第一動者の天球があり、さらにその外側には神と天使の住む最高天がある。

惑星と恒星の運動を説明するアリストテレスの宇宙論を支持はするが、アリストテレスが惑星の不規則な運動も説明するために導入した五五の同心の天球の理論は重んじない。七つの惑星の天球と一つの恒星の天球だけになる。アクィナスにとっては宇宙は神の創造にふさわしく壮麗・荘厳なもの、理論の精密さよりも理論の審美性を優先した。それは中世を支配した宇宙観でもあって、アクィナスに特有なことではない。アクィナスよりも少し年長のパリ大学の教授であったサクロボスコ（?―一二五六）がアラビアの翻訳書をもとに著わし、大学の標準的な天文学の教科書となった『天球論』もおなじように単純化したアリストテレスの理論であった。このサクロボスコの『天球論』は大学の天文学の標準的な教科書として長く使われつづけた。もちろん、これでは惑星の不規則運動は説明できないのだが、アクィナスは神

図74◆アクィナスの宇宙体系。４元素の月下界を中心とし惑星と恒星の天球の外側には水晶天球と第一動者の天球が加わり、その外には、９つの階級からなる天使にかこまれた神が座する（Michael Hoskin ed., *The Cambridge Illustrated History of Astronomy,* Cambridge University Press）

によって派遣された天使の意志によって動かされるとした。

## 天体を動かす天使

天使はすでにバビロニアにもみられ、旧約・新約聖書をはじめ、イスラム教、ゾロアター教、ギリシア神話にも登場する。キリスト教についていえば、神と人間の中間に位置する天使は、神の意志にしたがって行動する。キリストの受胎告知をしたのは大天使ガブリエルであり、同じく大天使のミカエルは最後の審判に立ち会い、地獄の龍であるサタンを殺害する。天上の神と人間を媒介する役をになうため、天空を移動する性能が強調され、翼をもって表現されることが多い。

アクィナスはこの天使の存在を宇宙の完全性から証明しようとした。宇宙の生物的秩序について、アリストテレスの議論にしたがって、被造物を生命も精神ももたない自然物、生命だけの動植物、生命と精神をもつ人間とに分類するが、宇宙の完全性から見て被造物でない純粋精神の神と人間のあいだには、肉体をもたない純粋精神の被造物である天使が存在せねばならないというのである。天使は形相だけからなる、非質料的存在であった。このような天使の研究に熱心であったアクィナスは「天使博士」と称された。

他方で、アリストテレスは天球を動かす動因として純粋形相の叡知体である「不動の動者」を導入していた。したがって、どちらも純粋形相の叡知体である「不動の動者」と天使とをむすびつけたのはごく自然であった。すでに、イスラムの哲学者のあいだでもアヴィケンナがアリストテレスの天体論における叡知体を論じ、アヴェロエスはそれを天使と同一視していた。アクィナスもキリスト教の天使の伝統だけでなく、アヴィケンナからアヴェロエスにいたるイスラムの哲学からの影響もうけたのは疑いない。◇16

伝統的な天使という点で注目されるのは、九世紀にラテン語に訳されていたデオニュシオス・アレオパキデスの『天上位階論』(六世紀初頭にシリアで成立)に見られた天使論である。デオニュシオスは天使にも階層があって、最上階は熾天使《セラフイム》、智天使《テルビム》、座天使《トローニ》、中間位階は主天使《ドミナテイオーネス》、力天使《ウイルトウーテス》、能天使《ポテスターテス》、最下位には権天使《プリンキパートウス》、大天使《アルカンジエリ》、天使《アンジエリ》からなるとしていた。◇17 熾天使が神の被造物のなかで最高のもので、神のもっとも近くに存在し、天使《アンジエリ》はもっとも遠いところ、人間に近いところにいる。

しかし、デオニュシオスも天球の起動者を天使と同一視する。最上階の熾天使は第一動者であり、智天使は恒星天球を動かし、以下、低位の天使は下層の土星・木星・火星・金星・水星の天球にあずかり、最下位の天使は月の天球を動かしているとみなした（図75）。

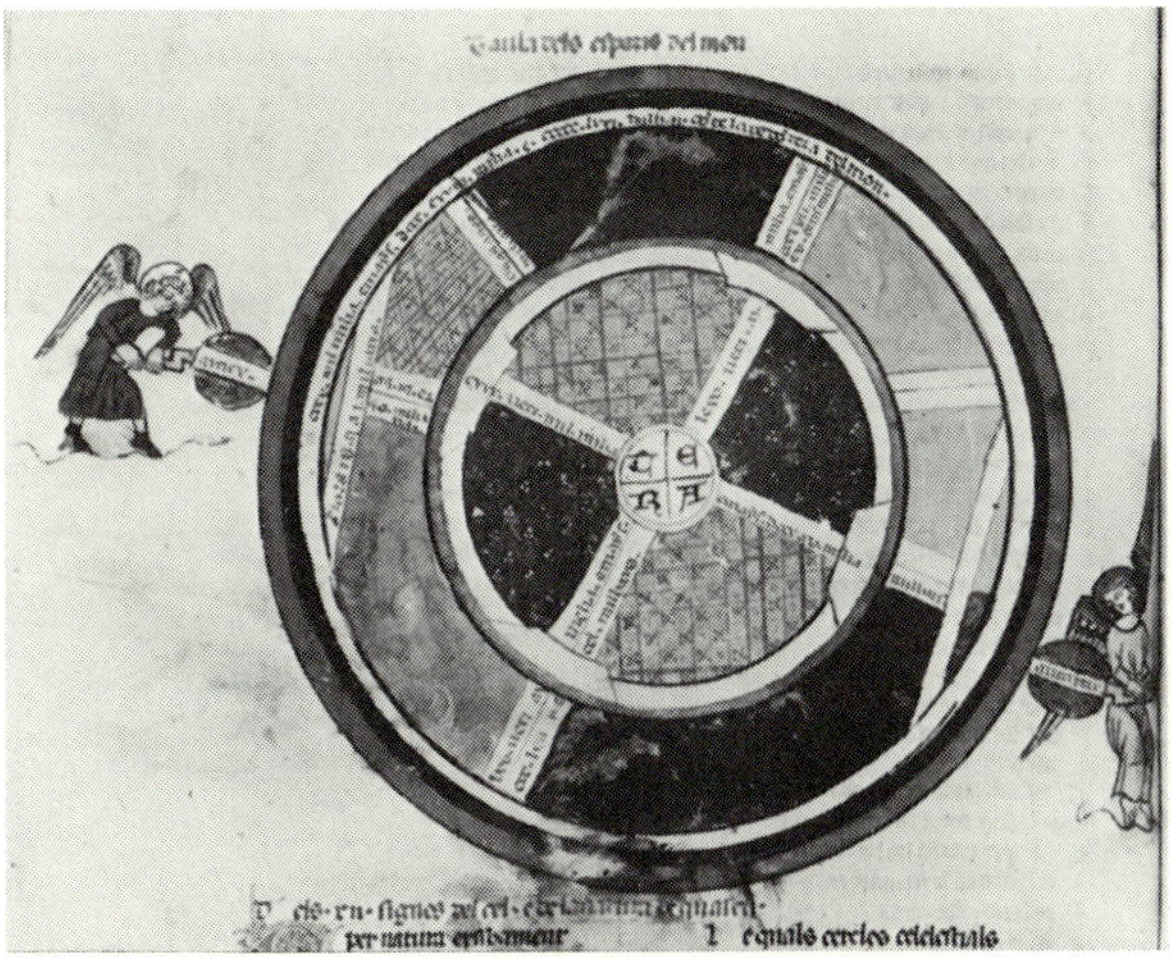

図75◆天使が天の北極と南極でハンドルを回し、天球を動かしているところ（J. E. Murudoch, *Album of Science, Antiquity, Album of Science, Antiquity, and Middle Ages*, Charles Scribner's Sons）

## ダンテの『神曲』

フィレンツェに生まれ、政争でフィレンツェを追われた詩人ダンテ（一二六五―一三二一）が地獄・煉獄・天国をめぐる一週間の旅で宇宙の構造と人類の歴史を語ろうとした『神曲』の「天国篇」でも、アクィナスの宇宙論と天使論をもとに描かれている（図76）。天国は地球のまわりをめぐる月、水星、金星、太陽、火星、木星、土星、恒星という八つの天球と第九の原動天にあり、惑星と恒星の天球は天使によって回転される。

地球上では陸地があるのは北半球のみで、その陸地の中央部にあるとされるエルサレム（イェルサレム）の地下には、漏斗状をした、九層からなる地獄がひろがる。ダンテの旅はこの地獄界からはじまる。地獄の最上層がリンボ（辺獄）、ここには有徳の異教徒が住む。「知のある人のなかでももっとも知のある者」であるアリストテレスをはじめとする哲学者・科学者が住む。本書の宇宙論の歴史にも登場した、タレス、エンペドクレス、ヘラクレイトス、プラトン、アナクサゴラス、

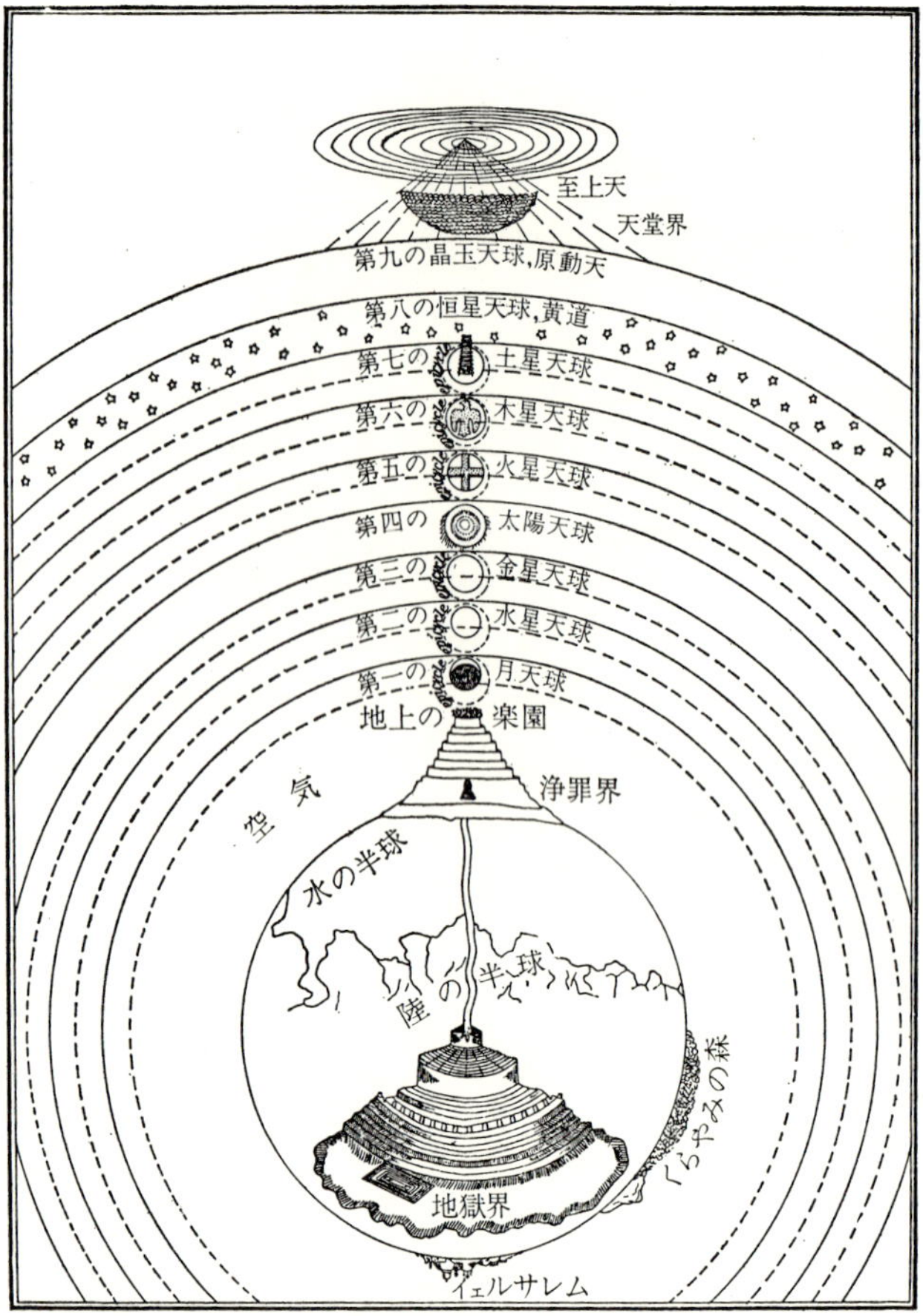


図76◆ダンテの宇宙図（Ch. シンガー『科学思想の歩み』伊東俊太郎ほか訳、岩波書店）

エウクレイデス、プトレマイオス、ガレノスのほかイスラム哲学者のアヴィケンナもアヴェロエスもリンボの居住者であった。

欺罔《ぎもう》者が住む第八圏にはマホメットがいた。ダンテを追放した政敵も地獄に住まわされ、地獄の住人七九名のうち三二名はフィレンツェ人。最下層の地獄は地球の中心に位置する氷地獄のコキュトス。神に謀反を企てたような極悪人の地獄。イエスを裏切ったユダ、カエサル（シーザー）を裏切ったブルータスとカッシオらが閉じ込められている。すべてが灼熱の世界ではなく、氷のコキュトスのほか、冷水や沼や怪獣の地獄もある。

コキュトスから隘路を通って地球の裏側に出ると、浄罪界となる。そこの山を登り、空気と火の層を通り、かつての恋人のベアトリーチェに導かれて種々の天球をへて至上天の天堂界にむかう。天球の天国では、キリストやマリアをはじめ、アクィナス、ボナヴェントゥラ、イシドルスに会う。パリの司教から破門され、下僕に刺殺されたラテン・アヴェロエス派のシゲルスもいた。第四の太陽天のところではダンテはつぎのように詠う。

その者から汝の視線が私のほうへ帰ってきた。
魂はその厳粛な思想のため、死がくるのが
遅くてもどかしかった光明であったが、
その魂は藁の小路でひとに教え、嫉妬を
買うにいたった真理を三段論法で説いた
シジェーリ（シゲルス）の永遠の光なのである（天国篇・第10歌）。

天国は八つの天使の住む天球と第九のアリストテレスの「第一動者」に対応する原動天、そして、その上空に神と聖人と天使の住む天堂界がある。

そこではアクィナスの宇宙論にしたがいながら、ダンテの宇宙には絶対的な上下が存在する。もっとも高いところには天堂界が位置し、もっとも低いところには地獄をふくむ大地が位置する。大地も天堂界も不動、その間を九つの天球の天国が回転する。

### 占星術の復活

キリスト教は公式には占星術を禁じたが、教会の目のとどかないところで占星術は生きつづけた。六、七世紀ごろになると教会の内部にも変化が見られた。セヴィリアの司教のイシドルス（五六〇—六三六）は、天体の人体への影響を認め、医師には占星術の学習をすすめている。◇18 プトレマイオスの『アルマゲスト』や『地理書』に先駆けて『テトラビブロス』がラテン語に訳された十一世紀のはじめには、占星術がヨーロッパにひろく流布する。自由意志説に否定的であったアリストテレスの哲学のヨーロッパへの流入がそれに拍車をかけた。アリストテレスの哲学を重視した神聖ローマ帝国の皇帝フリードリヒ二世も占星術者を保護した。皇帝はトレドにおいてアヴェロエスのラテン語訳に当たっていたマイケル・スコットを占星術師として遇していた。スコットはアラビアの占星術書を参考にし『天球の創造者』という占星術書をラテン語で執筆している。

アレクサンドリアの占星術がその本場であったメソポタミアの地で洗練され、ヨーロッパに回帰する。十三世紀のはじめにはパドヴァ大学やボローニア大学には占星術の講座があり、パリ大学で占星術が教えられていたことは、一二七〇年にパリの司教タンピエがパリ大学での占星術教育を禁止したことからもわかる。

スコラ哲学では、天使の動かす天体によって運命が決まるという占星術とキリスト教の立場にたつ自由意志説をどう調整するかが議論されていたが、トマス・アクィナスも条件づきながら占星術をみとめる。『神学大全』でいう。

天体の影響は、それでいて、間接的に、そして附帯的には、――つまり、知性も意志もともにやはり身体的器官に繋がる下位の諸力から何らかの仕方で受けるところのあるものかぎりにおいては――やはり知性や意志にも及びうるものなることを、我々は知らなくてはならない（一一五・4）。

個人の自由意志を認めながら、地上の事物にたいする惑星の影響を否定せず、それによる知性と意志への影響は否定しなかった。こうして、天体の影響を自由意志説と折り合わせようとしたのである。絶対的な運命論ではなく、人間の努力の余地を残している。現代の占星術がそうであるように。

ダンテの『神曲』は占星術師のマイケル・スコットを「まことに魔法の欺罔者の術にたけていた」（地獄編・第二十歌）として、欺罔者の住む地獄の第八圏に住まわせていた。それでも占星術を拒絶しなかったのであろう、ダンテが生まれた一二六五年五月一八日には太陽は双子座にあった。この双子座を訪ねたダンテは、

おお栄光の星（双子座）よ、大いなる力に
満る光よ、
私の才はそれはなんであろうとも、すべて
汝から出たのだということを認めよう
（「天国編二十五歌」）

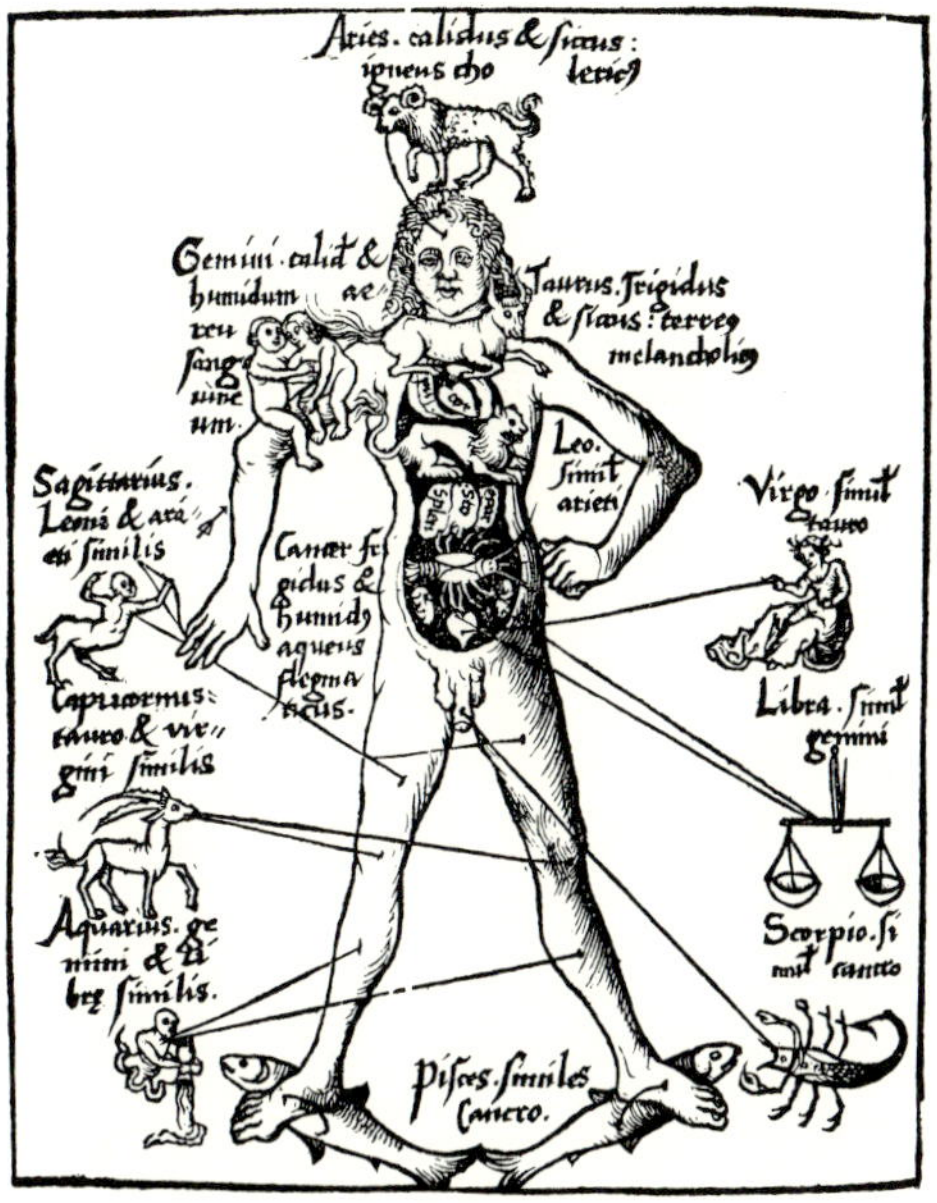

図77◆黄道十二宮と人体の相関（ウド・ベッカー『図説・占星術辞典』池田信雄ほか訳、同学社）。

と詠う。

アリストテレスの宇宙論の復活によって、天上と地上の構造的な関係が明らかになり、天上世界からの地上世界の支配・監視が理解しやすくなったアクィナスの時代以降、黄道十二宮と人体、つまり大宇宙と小宇宙の相関が強調されるようになる（図77）。イスラムをへてヨーロッパに流入したアレクサンドリアの錬金術も結びつく。錬金術師は天体の動きを見定めて、仕事にとりかかった。

十五世紀になると占星術師を招く教皇もあらわれる。占星術自体が新しい天文学の道を切り開くことはなくても、占星術のための天体観測は天文学の発展に寄与する。占星術を生活の支えとしながら、新しい天文学を生み出していったケプラーのような天文家もやがて出現する。

## 3　スコラ学的宇宙論の展開

### スコラ学の歴史的意義

アリストテレスの哲学をキリスト教の神学とは独立の真理とみる革新派のラテン・アヴェロエス派は追放された。正統の地位をえたアクィナスのスコラ哲学ではアリストテレスの哲学は「神学の侍女」とみなされた。しかし、そうでありながら、そうであることによって、厚く庇護されることになった。アリストテレスにたいする批判はキリスト教にたいする批判とされる。

しかし、アリストテレスの哲学が「神学の侍女」であるにしても、それによって科学を学ぶ意義が明確となった。科学は神の栄光を証すために存在するのだ。しかも、その宇宙論が運動論、物質論をふくむ豊富な内容をもつ理論体系であるだけに、多面的な議論が可能となった。同時に、キリスト教と一体となったことで、アリストテレスの宇宙があらためて超越的な唯一神との関係で論じられるようになった。

そして、トマス・アクィナスが正統とされてから、一世紀もたたないうちに、スコラ哲学の宇宙論は新しい段階を迎える。アリストテレスの宇宙論が疑われはじめる。そこから近代科学への道も見えはじめた。

## 「いきおい」の理論

アリストテレスの宇宙論はもっとも経験にかなうとみられていた理論であった。四元素の自然な運動は同心的な宇宙構造論と一体のものであった。土と水は宇宙の中心に下降しようとし、空気と火は中心から外にむかって上昇しようとする。人間が物を放り投げるような強制的な運動では、物体はその背後に生ずる渦による継続的な作用で前進するとされた。だから、真空中では物体は運動をしない。物体の速さは外力に比例し、媒質の密度に反比例する。ということは、密度がゼロになると、つまり真空では速度が無限になってしまうので、真空はありえないとされた。

アリストテレスの宇宙論にたいする批判は、まず強制的な運動論にむけられた。その先進的な研究は、パリ大学から分かれて設立されたオックスフォード大学で神学を学び教えていたオッカムのウィリアム（一二八五ころ—一三四九／五〇）である。オッカムのウィリアムはアリストテレスが考えたように継続的な力が働かなくても、物体の連続的な運動は可能であると主張した。最初にあたえられた推進力が維持されて物体は運動をつづけるという「いきおい」の理論である。六世紀の東ローマ時代のアレクサンドリアでアリストテレスの注釈につとめていたピロポノスの「いきおい」の理論が、イギリスでよみがえった。

このアリストテレス批判も、アリストテレスの力学と同じようにアラビアを迂回してヨーロッパに伝えられた可能性がある。[◇19] ピロポノスの「いきおい」の考えはアラビアの「第二の師」アヴィケンナにとりあげられ、その後継者のひとりにスペイン・サラゴサ生まれの哲学者アヴェンパーケがいた。このアヴェンパーケと論争したのがアリストテレスの運動論を支持する「注釈者」アヴェロエスであったが、アヴェロエスのアリストテレスの運動論とともに、それを批判する「いきおい」の理論がオックスフォード大学のオッカムのウィリアムに伝えられのではないのか、との推察がなされている。

オックスフォードには、観察と実験の重要性を強調していたロバート・グローステスト（一一七五ころ―一二五三）やその教え子のロジャー・ベーコン（一二一四ころ―一二九四）がおり、真空中でも磁石が鉄を動かせるように、力の伝達にはかならずしも物体的な接触を必要としないと考えていた。オッカムのウィリアムの理論はそれを受け継いだ理論ではなかったか。この「いきおい」の理論によれば、神は始めの時にあたえた「いきおい」のために天体は運動をつづけることができる。アクィナスが天体ごとに割り振った天使も不要となる。無用な髭は切り落としたほうがよい――いわゆる「オッカムの剃刀《かみそり》」の原理にもかなう。

「いきおい」の理論はパリにも伝えられ、一三二七年にパリ大学の学長になったビュリダン（?―一三五八）も、経験的な反例をあげてアリストテレスの運動論を論駁する。ビュリダンは「いきおい」に「インペトゥス」の術語をあてた（インペトゥスは物体の物質量と速さの積によって表される）。インペトゥスを付与されて放たれた物体はそれを消費しながら進み、それが尽きると落下する。この理論では物体を動かすための媒質は必要がないので、真空を忌避しなくてもすむ。[◇20] 天体の運動についても、

> 聖書には、諸天球にそれぞれの運動を伝える役割をもった英知体があるとは書かれていない。そのような英知体の存在を想定することは不必要だといってもさしつかえないであろう。事実、神は、宇宙を創造したとき、各天球にいきおいをこめてその御心のかなうように各天球を動かし、以来これが天球を動かしてきたのであるということができよう。[◇21]

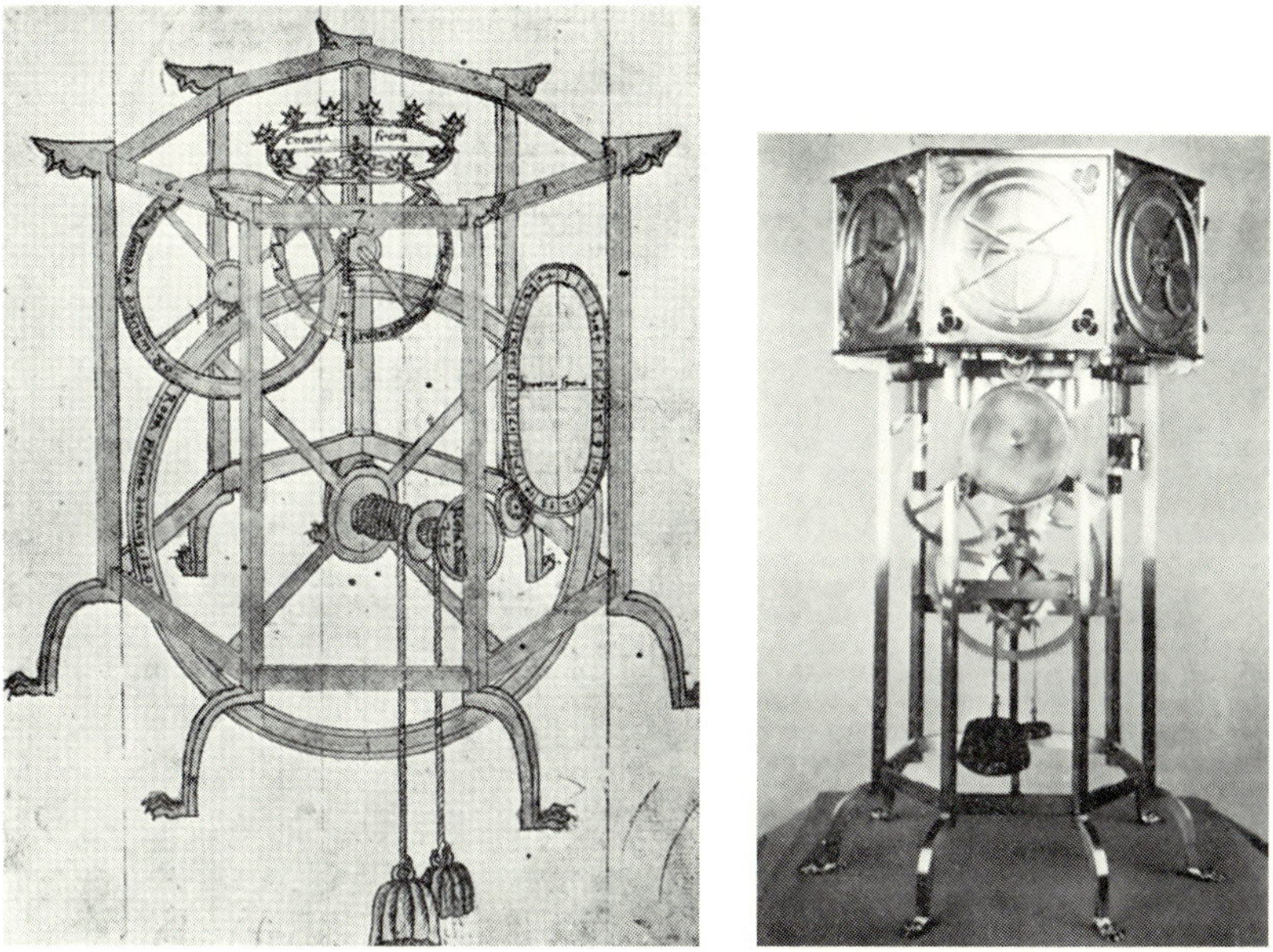

(a)　(b)

図78◆ドンディの天文時計。(a)ドンディ自筆の設計図、(b)復元された天文時計（E.ブラットン『時計文明史』梅田晴夫訳、東京書籍）

神によってあたえられた「インペトウス」は減少することがない。天球を動きつづける。聖書にも書かれていない叡知体、つまり天使など必要がない。

ビュリダンについでパリ大学の学長となったザクセンのアルベルトも「インペトウス」説に賛意を表し、「インペトウス」と重さの合成の理論によって投射体の運動を説明している。一三六二年にパリのナヴァル学院の院長となったニコル・オレームは物体の運動の議論に幾何学的方法を導入したことでも知られているが、「インペトウス」説にしたがって、神はあるとき機械時計のように宇宙を動かしはじめ、その後については機械時計がそうであるように、宇宙の動きを宇宙自身に任せたのだと思われる、とも述べた。[◇22] 十三世紀末葉にはアラビアの機械式の水時計の示唆をうけて錘《おも》りを駆動力に、棒テンプと冠状脱進器によって一定の時間間隔で歯車を回転させる機械時計がヨーロッパに生まれた。

天文学の研究が盛んであったパドヴァ大学でもジョヴァンニ・ドンディが機械時計の製作にとりくみ、一三六四年には天体時計を完成させている[23]（図78）。時間の表示だけでなく、太陽や月をふくむ惑星の黄道十二宮上における位置や月の満ち欠けの位相などをしめす天体時計は、各地の都市の教会や市庁舎に設置される。都市の人々は機械じかけの宇宙を目にしながら暮らすようになった。

### 地球は動いているのか

「いきおい」説を支持するビュリダンもオレームも地球の運動の可能性について論じていた[24]。ビュリダンは、恒星や惑星の運動は、地球は静止しており天が回転するとの仮説からでも、地球が自転をするという仮説からでも説明ができる（「現象を救う」ことができる）との確信をもち、どちらの仮説を採るかについては、天文学とは別の観点からなされるべきだとした。そこでビュリダンには、高貴な恒星天球には運動よりも静止がふさわしく、また、天球よりも下等な地球には運動がふさわしい。しかし、自転説では、真上に発射した矢が発射点に落下することが説明できない。そこで結局のところ、地球は静止しているという仮説がより蓋然的であると考えた。

オレームもビュリダンと同じ見解であった。『ヨシュア記』（一〇・一二―一四）にはヨシュア（モーセの後継者）が太陽にむかって「日よ、とどまれ、ギブオンの上に」と命じ、日を長引かせて、イスラエルをアモリ人に勝たしめたという記事がある。たしかに、ヨシュアは太陽に停止するよう命じた。しかし、オレームは、神はもっとも単純で、最小限の混乱ですませるような仕方で行動するとの前提にたてば、神は天よりはるかに小さな地球の自転を一時的に止め、それによって、太陽停止という奇蹟を実現させたとも解せると考えた[25]。しかし、リジューの司教となったオレームも地球は静止しつづけるというキリスト教伝統の説を支持する。

ビュリダンもオレームも最終的には自転説を破棄したが、キリスト教の支配とともに葬られた地球の自転説がスコラ哲学のなかで見直されたことには注目してよい。スコラ哲学のなかで復活し成長した「いきおい」の理論がスコラ哲学の宇宙論をその根底から揺るがしはじめたのである。

最終世代のスコラ哲学者となるドイツ・ブリクセンの司教であったクサのニコラウス（クザヌス、一四〇一―一四六四）は形而上学的な議論から宇宙の有限性を否定するとともに、地球の運動を認めていた。[26] クサのニコラウスは、宇宙を神の顕現ないし展開であるとすれば、宇宙は空間的に無限であること、世界の中心はない、あるいはいたるところが中心であるという認識に到達する。そこから世界のなかに存在するものは静止したままではおれないという事実が導かれ、地球が運動していることは明白であるとした。[27]

## 科学革命の前夜

スコラ学者の内部で、「いきおい」の理論やそれにもとづく地球の自転説、無限宇宙説が生まれた。しかし、ビュリダンやオレームは最終的には自転説を否定したし、クサのニコラウスのようなスコラ哲学者も現われたが、それを発展させる天文学的な研究がなされることはなかった。「いきおい」の理論にしても、オックスフォード大学でもパリ大学でも主流とはならなかった。むしろ、アリストテレスの宇宙論にたいする疑義と批判は十五世紀のうちに衰退し、アリストテレス的な物理学にもとづくトマス・アクィナスの宇宙論が君臨する。曙光は見えたが、夜明けまでにはなお時間があった。

十五世紀末、イベリア半島では国内のイスラム教徒から国土の回復運動の過程で、カスティリア、アラゴン、ポルトガルの三王国が成立、カスティリアとアラゴンが合同してスペイン王国が生まれる。スペインとポルトガルの両国はその勢いで海外に進出する。スペインは北のネーデルランドを領有、アジアやアメリカにも広大な領土を獲得し、経済的富強をほこる中央集権体制の王国を樹立する。一五八〇年にスペイン王はポルトガル王も兼ねる。

それとともに、宗教的にはカトリックを支持、反イスラム教のレコンキスタ運動の土地柄から、カトリックの強力な布教活動がすすめられる。その結果、トマス・アクィナスのスコラ学が十六、七世紀のスペイン、ポルトガルで強い支持をうけ、その宇宙論も広まる。

その尖兵となってカトリックの勢力拡大を担ったのがイエズス会であった。反宗教改革運動の一環を担おうとして、イグナティウス・デ・ロヨラが一五三四年にパリ大学でフランシスコ・ザビエルらの同志と結成、一五四〇年にローマ法王から公認をうけた。このイエズス会の海外布教の活動によって日本人も西洋の宇宙論に接することになる。

## イエズス会による世界布教

「より大いなる神の栄光のために」をモットーにして、反プロテスタントの立場から世界布教に尽力したイエズス会は、科学活動と教育活動に熱心であった。この点ではトマス・アクィナスが入会したドミニコ会と共通している。そのため、イエズス会は学校の設立にも力を注ぐ。近代の宇宙論史で重要な位置をしめることになるデカルトもヴォルテールもディドロもイエズス会のコレジオに学んでいる。

そこでは宇宙論についても講義がおこなわれ、コレジオ・ロマーノには当時最大の天文学者クリストファー・クラヴィウスがいた。天体観測にも熱心で、一六一〇年にガリレオが『星界の報告』を出版したその冬に、クラヴィウスとイエズス会士たちはガリレオの観測を追試している。各地に天文台も設立した。

ザビエルは一五四二年に宣教師としてゴアに渡り、一五四九年には日本人のアンジローの案内で鹿児島に上陸、日本での布教を開始した。都に大学を設立するというザビエルの望みは実現しなかったが、一五八二年には宣教師のヴァリニアーノの尽力で府内（大分）にもコレジオが設立された。翌年からはポルトガルから来日したペドロ・ゴメスが天球論についての講義をはじめた。ゴメスの制作したテキスト『天球論』はサクロボスコの『天球論』やアリストテレスの『気象学』を下敷きにしてトマス・アクィナス流に書かれたものであった。神によって創造され、天使に動かされる天体の宇宙であった。[28]

ヴァリニアーノはコレジオ・ロマーノでクラヴィウスの門下生である。一六〇二年に来日した数学者の宣教師スピノラも同じ門下生であった。中国にわたったイエズス会のマテオ・リッチもクラヴィウスのもとで学んでいる。その知識を生かして、リッチはヨーロッパの天文学、数学、地理学を中国人に伝えた。中国の北京に設立した天文台は今も残る。ここでは望遠鏡はつかわれないが、一六三四年には持参してきた望遠鏡を皇帝に献上している。[29]イエズス会によって、東の世界にも大地が球体であり、それが宇宙の中心に静止しているという宇宙論が伝えられたのである。

コペルニクスの『天球の回転について』が刊行されたのとほぼ時期を同じくして活動を開始し、宇宙論の教育を重視していたイエズス会であったが、地動説を公式には認めなかった。リッチが中国人に教えたのはアリストテレスの天文学であり、その後継者がもってきた宇宙論もティコ・ブラーエの太陽系の理論であった。

日本に地動説が伝来するのが遅れたのはそのためともいえるが、しかし、イエズス会のおかげで、日本人も十六世紀のうちに宙に浮く地球という宇宙像に接することができたのである。ゴメスの『天球論』をもとにして、『乾坤弁説』『二儀略説』といったアリストテレス的な宇宙論の書物も書かれ、それは鎖国の時代にオランダから伝えられた地動説を受容するための基礎となった。

# 第7章 宇宙の主役は人間に——近代科学の成立

十字軍の遠征で活発となった地中海貿易と東方貿易を契機として、教皇と皇帝の支配から独立した都市国家がイタリアを中心に出現した。そこで政治的な力を獲得した市民階級がめざしたのは民主政治の実現と人間性を回復することで、その理想はギリシア・ローマの古典文化にもとめられた。ギリシア・ローマ文化の復興、ルネサンスである。

この「十五世紀のルネサンス」も宇宙論を刺激した。中世ヨーロッパに君臨していたスコラ哲学の宇宙論に批判の目をむけるとともに、キリスト教の支配によって葬られていた古代ギリシアの地動説を復活させる。その旗手となったのが、十五世紀末から十六世紀初頭にかけてイタリアの大学に学んだポーランド人のコペルニクスである。地球は特別の天体でなく、他の惑星と同じく太陽のまわりを回転する惑星のひとつにすぎない。かつてギリシアの都市で唱えられていた地動説という平等の宇宙論がイタリアの都市でよみがえる。近代の地動説はそこにとどまらない。新しい科学の地平を切り開く。

ブルーノ、ガリレオ、ケプラー、デカルトらによる宇宙の探求の歴史をへて、ニュートン力学に到達、それによって、天体も地上の物体も同一の法則によって説明されることが明らかにされた。しかし、コペルニクスはもとよりブルーノもガリレイもケプラーもデカルトもニュートンも、地動説にもとづく宇宙論や力学がキリスト教に反するとは考えなかった。両立すると信じていた。かつて、トマス・アクィナスがアリストテレスの自然学をキリスト教と調和させようとしていたようにである。地動説でも、全能の神が創造した太陽中心の宇宙は美的にもすぐれたものであるにちがいないと考えていた。彼らの目標は共通して新しいスコラ学の確立にあったといえる。

それでも、ローマ教会は地動説を異端として断罪した。トマス・アクィナスを聖人として崇めながら、新しい宇宙論をキリスト教にとりこもうとしたアクィナスの精神に立てなかった。ローマの異端審問所はヨーロッパの各地でコペルニクスの地動説を説いたジョルダノ・ブルーノを焚刑に処する。『天文対話』でコペルニクスの地動説の正しさを主張したガリレオは有罪の判決を受けて、地動説の放棄を誓わされた。そのため、デカルトは地動説をのべた著書を用意していたのだが、その出版を取りやめる。

そのようなことはあっても、科学は勝利する。地動説は正しい宇宙論として認知され、ニュートン力学が成立する。しかし、ニュートンが宇宙の創造と監視と調整に必要としていた神は余計物とされた。ニュートンの数学的な力学法則だけでよい。

科学の法則が全宇宙に君臨する。それは神に代わって人間が主座にすわったことにほかならない。人間が宇宙の法則を見いだし、それを技術に利用する。物と金を生み出す魔術としての科学技術を手にした人間が全能者として自然を支配する。ヨーロッパに生まれた資本主義は科学技術をとりこみ、大航海時代のキリスト教の世界布教につづくようにして、世界制覇にのりだした。自然の支配だけでない、科学技術は人間による人間の支配の有力な道具ともなった。

# 1　地動説の再発見

## 十五世紀のルネサンス

「十五世紀のルネサンス」は芸術の花を花の都フィレンツェに咲かせた。その開拓者となったのは、ダンテの友人でもあった画家のジョット、十四世紀のフィレンツェで温かい血を通わせた人間を描いていた。十五世紀になるとメディチ家を頂点に財力のある市民が芸術家の保護・育成に力を注いだため、建築家のブルネレスキやアルベルティ、彫刻家のドナテーロ、画家のマサッチョらが活躍する。彼らは共通してギリシアとローマの芸術を復興させ、神が中心である中世的世界から人間精神を解放しようとしていた。それにつづいてボッティチェリ、レオナルド・ダ・ヴィンチ、ミケランジェロら芸術の巨人たちが活躍する。ボッティチェリの「ヴィーナスの誕生」、ミケランジェロの「システィーナ礼拝堂天井画」やレオナルド・ダ・ヴィンチの「最後の晩餐」など、彼らの理想としたのは人間の美であった。ボッティチェリには『神曲』の挿絵もある。「十五世紀のルネサンス」はなによりも芸術のルネサンスであった。

フィレンツェを経済的に潤したのは毛織物工業と貿易である。イギリス、ネーデルランド、スペインから輸入した原料の羊毛を製品に加工してヨーロッパはもとより近東方面にも輸出した。そうして富を築いた商工業者の市民は教皇と皇帝を頂点とする封建制にたいして自治を要求して、すでに十三世紀には民主政治を実現させていた。その政治抗争のなかでダンテはフィレンツェを追放されもした。

十五世紀のフィレンツェではメディチ家の政治的支配がつづいたのだが、自治と人間解放の意識は市民のなかに深く根をおろしていた。「十二世紀のルネサンス」が神の栄光を確かめようとしたルネサンスであったのにたいして、「十五世紀のルネサンス」では神の栄光をもとめながらも、人間が主体となる新しい秩序《コスモス》が追求されはじめた。

フィレンツェは芸術だけでなく、学術にも力をいれた。その中心となったのは、メディチ家の援助によって開かれた「アカデミア・プラトニカ(プラトン・アカデミー)」、それを指導したのが新プラトン主義の研究に傾注した哲学者のマルシリオ・フィチーノ(一四三三―一四九九)である。ここではプラトンとプロテノスの著作のラテン語訳がおこなわれた。それには、一四五三年にオスマン・トルコによって首都のコンスタンティノープルを陥落させられた東ローマ帝国の学者が招かれている。一三四九年にはフィレンツェ大学が設立され、彼らはこの大学でも教えた。

フィチーノが学んだのは一三三八年に設立されたピサ大学である。ピサ大学は一五六九年にメディチ家のコシモ一世のトスカナ大公国の支配下にはいり、一五八一年にはガリレオが医学を学ぶために入学した。後にガリレオは教授として数学と物理を教えている。パドヴァ大学の数学教授をつとめた後には、トスカナ大公のコシモ二世に招聘されてフィレンツェで研究生活を送り、『天文対話』を書く。異端審問所で有罪の判決をうけて幽閉されたのもフィレンツェの郊外であって、そこでは『新科学対話』が執筆された。

フィレンツェは近代科学の誕生にも重要な役割を演じた。あたかも、羊毛の加工と貿易で繁栄したギリシアのミレトスの再現のようであった。

フィレンツェだけでない。イタリアの諸都市に設立された大学は科学のルネサンスに寄与した。十二世紀にはじまった大学ブームは全ヨーロッパに広まったが、数でもイタリアは他を圧倒する。ボローニア、パドヴァ、ピサ、フィレンツェ以外の都市にも大学が設立された。十二世紀から十四世紀にかけて大学を設立したイタリアの他の都市には、ナポリをはじめ、レッギオ、ヴィエンナ、アレッソ、ヴェルツェリ、ターリア、シエナ、ピアツェンズア、ローマ、ペルギア、トレヴィリ、ハヴィア、フェララなどがある。そこで比較的自由な研究が保障され、とくに、学芸学部の自由七科の教育が大きな貢献をした。法学部でも文法・弁論術・弁証法の「三学」が、医学部では算術・幾何学・天文学・音楽の「四科」が修められるなど教養教育が重視されていた。医学を学ぶためにピサ大学に入学したフィチーノはギリシア哲学を知り、新プラトン主義の哲学に専念する。ガリレオも医学を学ぼうとしてピサ大学に入学して数学と天文学に接する。

近代科学がイタリアに発祥したのは海上貿易の隆盛によって外国の文化が伝えられやすい土地であったことに加えて、フィレンツェをはじめイタリアの各地には東ローマ帝国から多数の学者が移住したことが見落とせない。それにともなって東ローマ帝国に伝えられていたギリシアの哲学書・科学書もイタリアに運ばれてきた。それに、イタリアは古代ローマ帝国の故地、古代文化の伝統も残されていた。ルネサンスには格好の舞台だったのである。十五世紀後半にはじまるグーテンベルクの印刷術の普及も古代文化の拡大に拍車をかけた。

十六世紀にはいると、ルネサンスはアルプスを越えてヨーロッパ全域にひろがる。北ヨーロッパではやはり世界貿易で繁栄し、スペインから独立して市民が主人となったオランダの都市がルネサンスの拠点となった。油絵法を完成させたファン・アイク兄弟や大地に生きる民衆を描いたブリューゲルらを生んだオランダ美術界は、イタリアのルネサンスに刺激をうけて、レンブラント、フェルメールら多くの個性に富んだ画家が育つ。

学術でも先進地となる。独立戦争中の一五七五年にはライデン大学が創立されたのにつづき、フラネッカー大学、ユトレヒト大学が生まれる。デカルトは研究の自由をもとめてオランダに住み、『宇宙論』をまとめあげる。つぎの時代にはオランダ生まれの技術者シモン・ステヴィンは静力学を体系化し、ライデン大学に学んだクリスティアン・ホイヘンスは振り子時計を開発するとともに力学の発展に大きな貢献をする。哲学の世界ではスピノザが登場する。中央集権的国家をめざしたスペイン、フランス、イギリスは国家主導でルネサンスを導入した。

## コペルニクスの『天球の回転について』――ギリシアの地動説の再発見

私たちの住む大地は一日一回の自転を繰り返しながら、一年かかって太陽のまわりを一回転する――この地動説によって、惑星のしめす不規則な運動も光度の変化も簡明に説明できる。その理由も明快となる（図79、80）。

宇宙論の「転回」となったコペルニクス（一四七三―一五四三）の地動説は、彼の一〇年におよぶ北イタリアの大学への遊学中においてであった。

教会の職に就くために故国ポーランドのクラコフ大学の神学科に入学したコペルニクスが学んだ天文学の講義

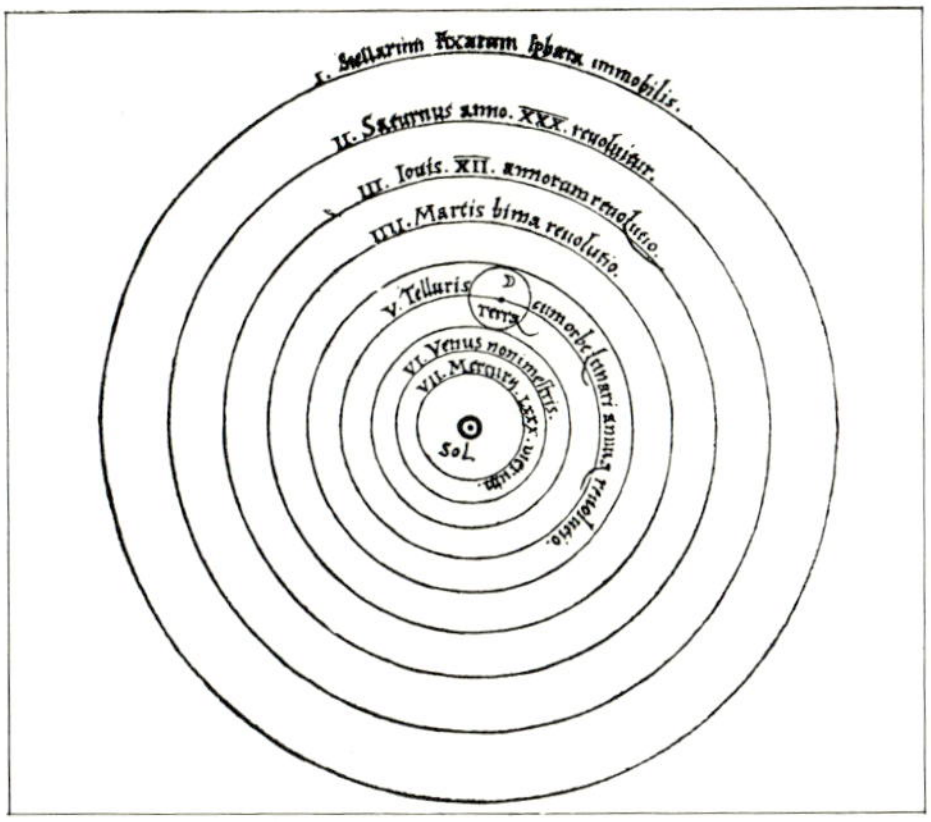


図79◆コペルニクスの太陽中心の宇宙体系。『天球の回転について』の挿図、周転円は省かれている（C. A. Ronan, *The Cambridge Illustrated History of the World's science,* Cambridge University Press）

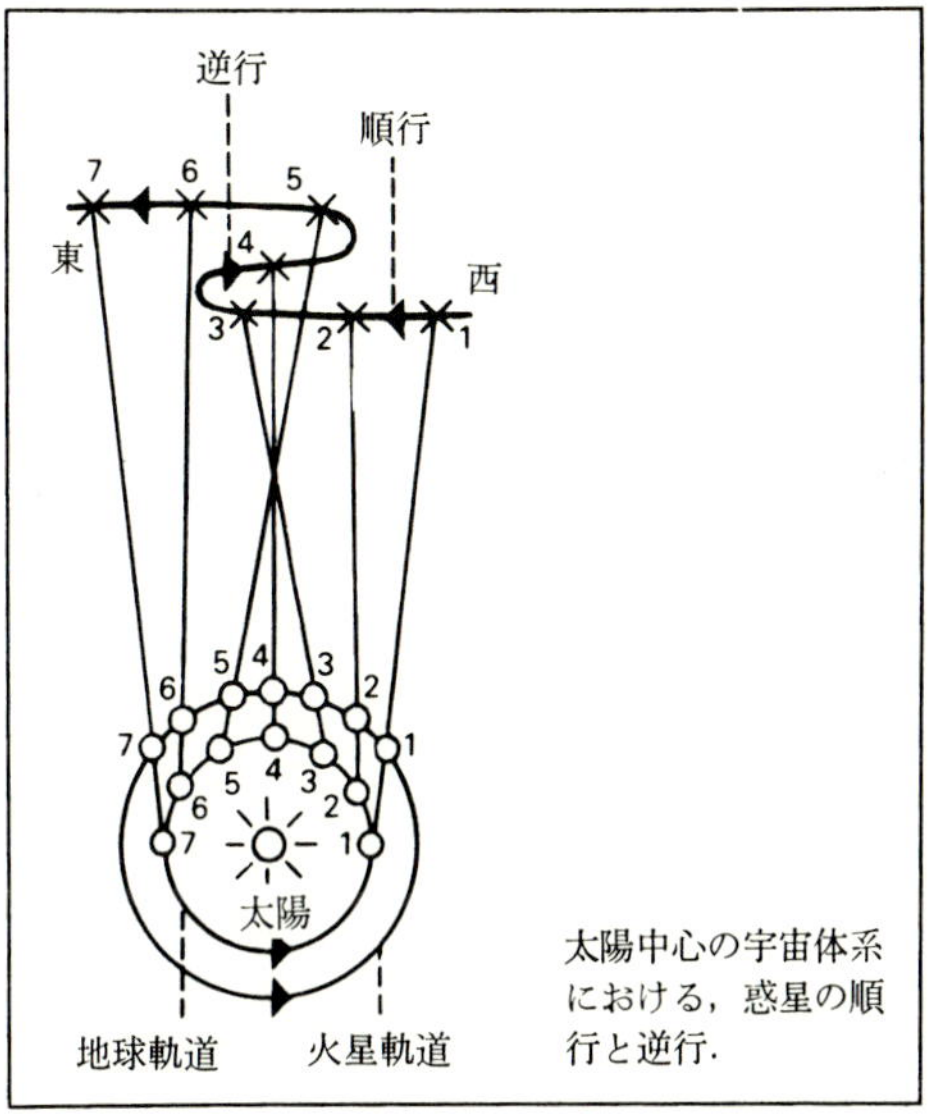


図80◆地動説による火星の不規則運動の説明図（ウド・ベッカー『図説・占星術事典』池田信雄ほか訳、同学社）

では、多くの大学でもそうであったように、アリストテレスの天文学を要約したサクラボスコの『天球論』、プトレマイオスの天動説を解説したポイルバッハの『新惑星理論』がテキストにつかわれたと考えられている。しかし、三年でクラコフ大学を退学し、法学と医学を修めるのを目的に、一四九六年からイタリアに遊学する。

イタリアでは法学と医学を学びながらも、心は天文学に向けられた。法学を学ぶために入学したボローニア大学ではドメニコ・マリア・ダ・ノヴァラから天文学を教わっている。一五〇一年に一時帰省した後に医学を学んだパドヴァ大学でも天文学に熱を入れた。医学が中心であったパドヴァ大学では経験主義的な学風が色濃く、パリから追放されたラテン・アヴェロエス主義が生きつづけていたのである。このころのコペルニクスはギリシア語の習得にも熱をいれ、ギリシア語の原典を直接読めるようになっていた。

コペルニクスの地動説の着想はこの遊学中に芽生えたと考えられる。一五〇三年に帰国した七年後の一五一〇年ごろには地動説の基本的な前提をまとめた『コメンタリオルス』を執筆している。[◇1] 太陽は宇宙の中心にあり、そのまわりを地球をふくむ惑星は回転し、加えて地球は自転もする。そう考えるならば、プトレマイオスの理論よりも簡単な円の組み合わせによって、惑星の不規則な運動や光度の変化も自然なものとして説明できる。惑星の順序は外から土星、木星、火星、月を衛星にもつ地球、金星、水星であった。月は惑星からはずれた。

その後、大冊の『天球の回転について』が執筆され、一五四三年、コペルニクスの死の直前に出版された。『コメンタリオルス』の構想をもとにまとめられたこの著作では、観測データとの正確な一致を期するために、プトレマイオスももちいた離心円や周転円をつかわねばならなかった。でも、その数は三四個、プトレマイオスの半数以下となった。

コペルニクスの説く地動説は天体観測から導かれたものでもない。コペルニクスが発見した理論であるともいいがたい。古代ギリシアの天文書から地動説を知り、それを発展させた理論であった。すでに、ボローニア大学留学中に、ポイルバッハとミュラーの『アルマゲスト注釈』を入手しているので地動説の存在（否定的に説明であるが）を知っていただけでなく、『天球の回転について』に記しているように、コペルニクスはピロラオス、エクパントス、ヘラクレイデスらの自転説、地球＝太陽中心説を学んでいた。アリスタルコスの太陽中心説については言及されていないが、アルキメデスの『砂粒を算えるもの』によってアリスタルコスの太陽中心説を知っていたのであろう、『天球の回転について』の自筆原稿では太陽中心説に関連してアリスタルコスの名をいったんあげながら、それを抹消しているのだ。だから、アーサー・ケストラーは「コペルニクスはアリスタルコスの考えを継承しただけである」と述べていた。◇2

コペルニクスは地球中心説を支持するキリスト教が支配していた時代であったという不利な条件もあったが、ギリシア人の地動説を学ぶことができた人間であった。とくに、東ローマからイタリアに運ばれてきたギリシア語の文献を読むことができた。もしも、ギリシアの遺産を引き継げなかったならば、ヨーロッパの科学が地動説に到達するのにどれだけの年月を要したであろうか。宇宙論の「転回」となったコペルニクスの『天球の回転について』はまさしくギリシアの「再生」であった。

もちろん、スコラ哲学では「いきおい」の理論をめぐる活発な議論があり、それに関連して地球の自転説が唱えられていたことも想起されねばならない。そのころスコラ哲学内で「いきおい」の理論は後退していたのであるが、コペルニクス在学中のパドヴァ大学では「いきおい」の理論が教えられていたという。その影響も否定できないであろう。

加えて、科学史家のトーマス・クーンが強調している新プラトン主義の高揚も見落とせない。十五世紀後半にフィレンツェの「アカデミア・プラトニカ」で研究されていた新プラトン主義に見られた太陽信仰から、フィティーノは、神の本性は太陽によって啓示されたのであり、神は最初に太陽を天の中心に創り出したと唱えていたという。◇3 フィティーノは、プラトンが太陽を最高の存在者である善のイデアに譬えていたのを受け継いでいたのである。

コペルニクスの『天球の回転について』はいう。

そうして真ん中に太陽が静止している。この美しい殿堂のなかでこの光り輝くものを四方が照らせる場所以外のどこに置くことができようか。ある人々がこれを宇宙の瞳と呼び、他の人々が宇宙の心といい、さらに他の人々が宇宙の支配者と呼んでいるのはけっして不適当ではない。トリメギストスは見える神と呼んだ。ソフォクレスのエレクトラはすべてを見るものと呼んだ。太陽は王様の椅子に座ってとりまく天体の家来を支配しているようなものである（第一〇章）。

コペルニクスにとっても、この宇宙は「偉大な創造者の荘厳な作品」、神の創造物であった。しかも、その宇宙の中心の「王様の椅子」に座るのは太陽でなければならなかった。

太陽が「王様の椅子」に座することで、アリストテレスの天と地を秩序づける階層的宇宙の構造は廃棄された。コペルニクスは秩序の破壊者というよりも、新しい「宇宙の秩序の法則」の発見者、高貴な太陽を中心とする新しい階層的構造の構築者だったのだが、キリスト教的な宇宙の秩序は維持しがたくなった。天国と地獄はどこにあるのか。人間と宇宙と神の関係も見直さねばならない。コペルニクスの革命は天文学の革命であったのだが、天文学だけでなく、宗教や哲学もふくむ宇宙観の革命ともなったのである。

## コペルニクスにたいする反発

教会の力が以前ほどではなかったとはいっても、参事会員として教会に勤めるコペルニクスには地動説のおかれている状況がよく理解されていたのであろう。出版には気を遣い、ポーランドに戻ってから書いた『コメンタリオルス』も親しい人々には見せても、出版はしなかった。『天球の回転について』の場合でも、その原稿は一五三〇年にはできあがっていたのであり、一五三六年にはカプアの枢機卿ニコラス・シェーンベルグからの出版要請もあったのだが、コペルニクスの慎重な態度は変わらなかった（その要請の手紙は『天球の回転について』に掲載される。それは法王クレメンス七世の意をうけての手紙であった可能性があるという）。一五三九年、コペルニクスの地動説の支持者であったオーストリアのウィッテンベルク大学の教授レティクスも出版を勧めた。それには心を動かされたものの、ついに同意しなかった。やむをえず、レティクスは一五四〇年にコペルニクスの地動説の解説書『ナラティオ・プリマ（最初の解説の意味）』を出版する。

結局、コペルニクスは死の近いことを覚ったとき、『天球の回転について』の刊行をレティクスの友人である神学者のオシアンダーの手にゆだね、それは実現する。だが、オシアンダーも慎重であった。教会からの批判を恐れたオシアンダーはコペルニクスの説は数学的な仮説であるとの旨を述べたみずからの序文を付して出版した。

それでも、コペルニクスの地動説にはルターを先頭とするプロテスタントから攻撃される。彼らも反論の根拠を『ヨシュア記』に求め、ヨシュアは太陽にむかって「日よ、とどまれ」（一〇・一二）と命じたのであって、大地に向かっていったのではない、として地動説を論難する。だが、ルターは『天球の回転について』の公刊された三年後には世を去り、攻撃も長つづきしなかった。一方で、カトリックのほうはコペルニクスの著書を表立って排撃することがなかった。一五四二年には異端審問所が設立されたが、そこでも問題にされなかった。『天球の回転について』が禁書目録に掲載されるのは一六一六年になってからである。カソリックの内部でもオーレムやクサのニコラウス（クザヌス）によって地球は動くと見られていたのであるから、コペルニクスの地動説にも抵抗が感じられなかったともいえる。[◇4]『天球の回転について』の初版部数は約一〇〇〇部、一五六六年には再版がされているが、それほど話題になった本ではなかった。[◇5]

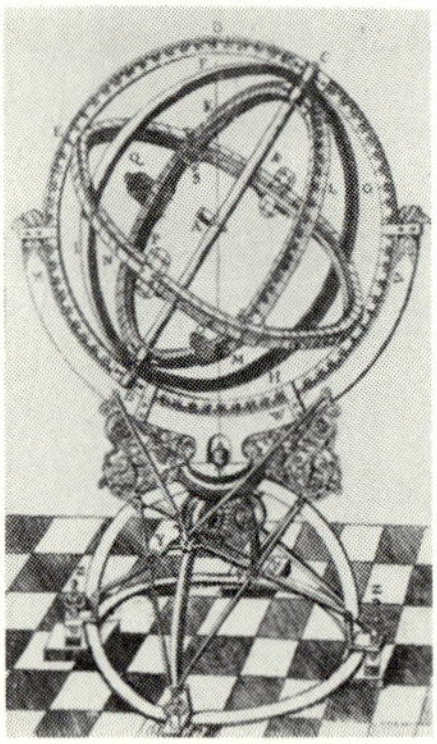

図82◆ティコ・ブラーエのアーミラリ天球儀（G. E. Tauber, *Man and the Cosmos,* Greenwich House）

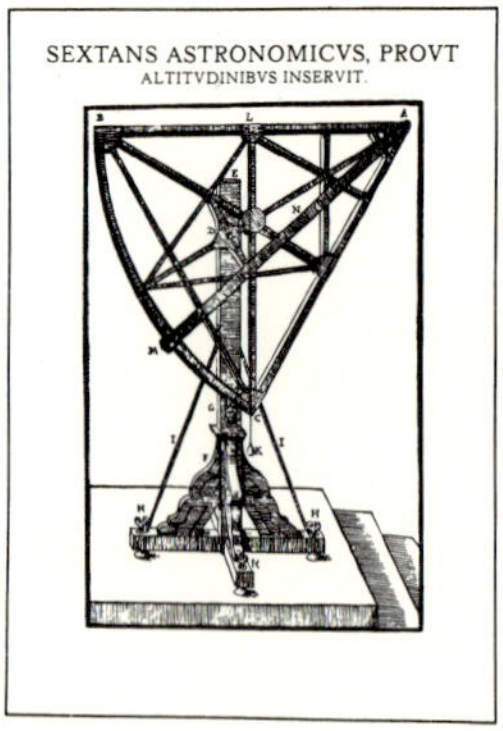


(b)

(a)

図81◆ティコ・ブラーエの天体観測器具(a)四分儀、(b)六分儀（G. E. Tauber, *Man and the Cosmos,* Greenwich House）

## ティコ・ブラーエの折衷論

宗教界だけでない。当時最大の天文家であったティコ・ブラーエ（一五四六―一六〇一）もコペルニクスの理論にたいして一定の評価をしながらも、精密な天体の観測から地球が公転と自転をするとの考えは認めることはできなかった。

デンマークの貴族であったブラーエはライプチヒ大学とロストック大学に在学中から占星術に関心を示し、一五七六年にデンマーク王フレデリク二世から下賜された小島の天文台で組織的かつ精巧な天体観測をおこなっていた。目的は占星術のための天体データを求める（天文表を作成する）ことにあり、とくにフレデリク二世とその王家の将来を予言することであった。ここには直径三メートルもある四分儀や直径一メートルのアーミラリ天球儀をはじめとする種々の天体観測器が備えられ、助手が観測に従事していた（図81、82）。コペルニクスよりもはるかに高い精度の観測がなされていた。

一五七七年には大彗星が出現、その距離を観測して、月よりも遠いことを確認した。それは彗星を月下界の現象とするアリストテレスの見解を退けるものであった。その一方で、コペルニクスのいうように地球が太陽のまわりを回転しているならば、ある同じ恒星を夏と冬に観測すれば異なる方向に見えるはずである。ブラーエはこの視差を見つけようとするが、どんなに精密な観測をしても確認できなかった。コペルニクスの理論は惑星の運行を簡明に説明してくれるが、地球が運動しているということは認められない。

そこで一五八七年にブラーエが提唱したのは、地球は静止しそのまわりを月と太陽が回転しているが、その回転する太陽のまわりを五つの惑星が回転するとする理論であった（図83）。プトレマイオスとコペルニクスを折衷した理論であり、ギリシアのヘラクレイデスの理論の再現であった。ただ、ヘラクレイデスの理論では太陽のまわりを回転するのは水星と金星のみであったが、ブラーエは五つの惑星すべてが太陽のまわりを回転するとした。

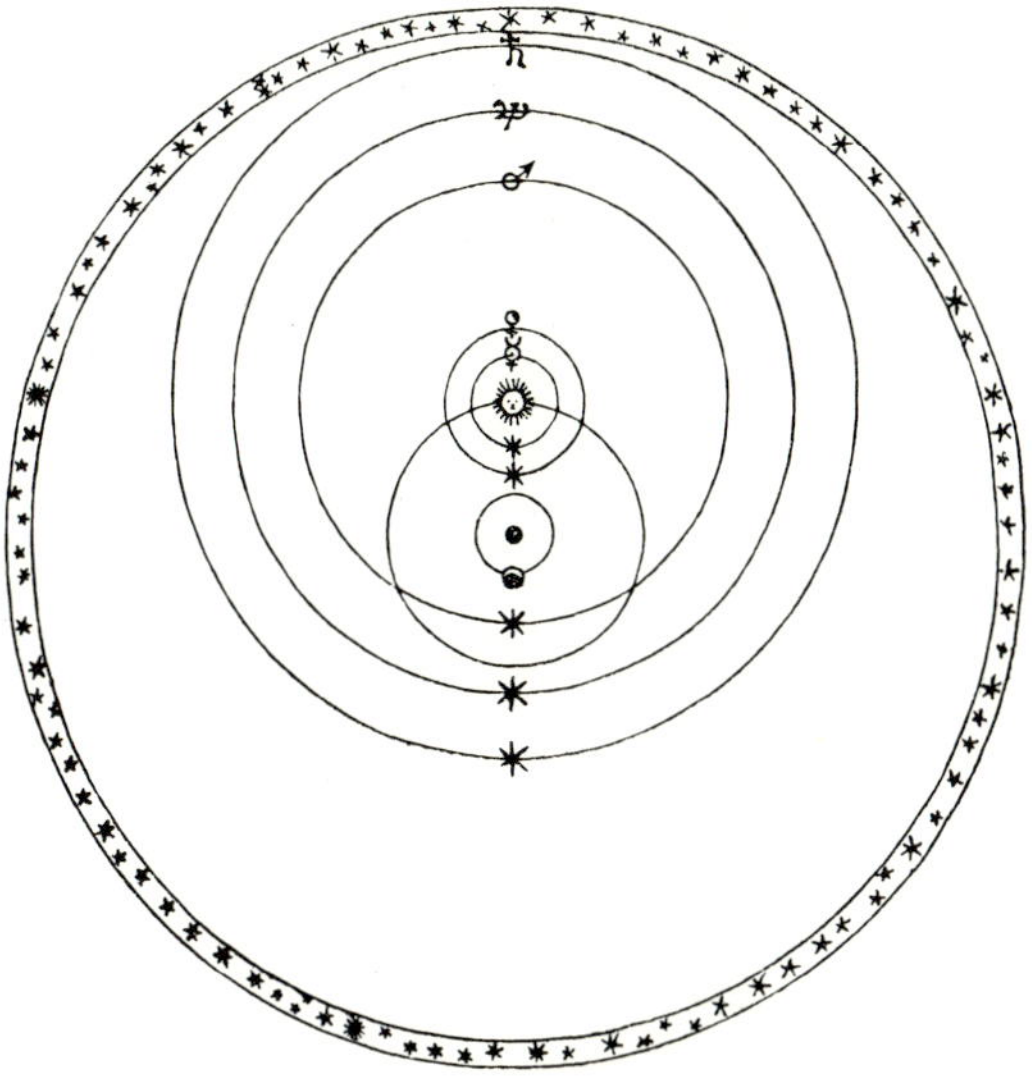
図83◆ティコ・ブラーエの宇宙図（Michael Hoskin ed., *The Cambridge Illustrated History of Astronomy*, Cambridge University Press）

地球が静止している点で、地動説にたいする批判をかわせる。惑星が太陽のまわりを回転するという点では天体の運動を自然に説明してくれる理論をとりこむ。地動説に批判的になるローマ教会の側にたつ天文家を中心に根強い支持をうけるようになる。

**コペルニクスの古さ**

ブラーエの批判だけでなく科学的にも、『天球の回転について』にはなお克服されねばならない内容がふくまれていた。それはつぎの時代の課題として残された。

コペルニクスは、プトレマイオスの地球中心説を否定しながら、プトレマイオスの円の宇宙論を継承する。惑星の正確な運動を記述するためには離心円と周転円の方法も借用せねばならなかった。コペルニクスの理論では円も数は少なくなったとはいえ、それでも三四の円を必要とした。円の宇宙からどのようにして離脱できたか。

天体の運動の原因についても、プトレマイオスとおなじく円と球という天体の形に帰した。「球のなしやすい運動は回転である」。円運動が自然な運動であるとしたから、慣性の観念はもちえなかった。したがって、自転する地球上の物体の運動の説明は困難であった。地球は宇宙の中心ではなくなったが、それでも物体は地球の中心にむかって落下する。運動の原理をあらためて考え直す必要に迫られた。天と地の区別がなくなったいま、天体と地上の物体についての運動の原因と運動の法則が追求されねばならない。

宇宙の形状と大きさについても、コペルニクスは明確な見解をもっていなかった。『天球の回転について』第一巻第一章は、「まず宇宙は球形であることをいう必要がある」とし、恒星は宇宙の限界であった恒星天上に配されているとするが、その大きさについては、後のほうで、「宇宙が有限であるか無限であるかは学者たちに任せよう」と述べる。コペルニクスも地球の公転で生ずるはずの恒星の視差が確認できないことを問題にしていたが、コペルニクスはそれで地球の公転を否定するのではなく、恒星までの距離がきわめて大きいからである考えた。しかし、ただちに距離を無限とは見なさなかった。

もちろん、コペルニクスもスコラ哲学の伝統にしたがって宇宙は神によって創造されたとする。全能の神は厳として生きていた。コペルニクスが秩序と調和の宇宙とみた太陽中心説は「偉大な創造者の荘厳な作品はかくのごとく完全である」。神は必要なのか。この問題も大きなテーマでありつづけた。

これらコペルニクスの理論を覆っていた古さを克服することによって宇宙論の近代化は達成された。この意味で、コペルニクスは宇宙論の近代化の原点にたつ。われわれの議論もそこに注目しながらコペルニクス以降の宇宙論の展開を見てゆきたい。

## 2　円と球の呪縛からの解放――新しい宇宙の調和へ

### ケプラー――惑星は楕円運動をする

コペルニクスを早くから支持し、大きく前進させたのがドイツ人のヨハネス・ケプラー（一五七一―一六三〇）であった。神学を学ぼうとして一五八九年にチュービンゲン大学に入学したケプラーが天文学教授のミカエル・メストリンの講義で聴いたのはプトレマイオスの天動説であったが、個人的にはコペルニクスの地動説の教えをうけることができた。

大学を卒業後にグラーツの州立学校の数学教師となったケプラーはすぐれた占星術家として知られていた。惑星の動きから人間の運命を予測するという仕事で生計をおぎないながら、惑星の科学的な研究をつづけ、一五九六年には『宇宙の神秘』を出版する。占星術は天動説によるのだが、天文家としては地動説の支持者であり、『宇宙の神秘』も地動説にもとづく宇宙論の書であった。

『宇宙の神秘』の正式のタイトルは「宇宙誌論への手引き――天体軌道の称讃すべき見事な比と、天体の数、大きさ、および周期運動の真正にして適切な根拠について、幾何学の五つの正立体により明らかにされた宇宙形状誌を含む――」である。ケプラーは、太陽のまわりを回転する地球もふくむ惑星の軌道の大きさはプラトンの五つの正多面体をつかって説明できると考えた。土星の天球・正6面体、木星の天球・正4面体、火星の天球・正12面体、地球の天球・正20面体、金星の天球・正8面体、水星の天球という配列で、これらの図形がちょうど内

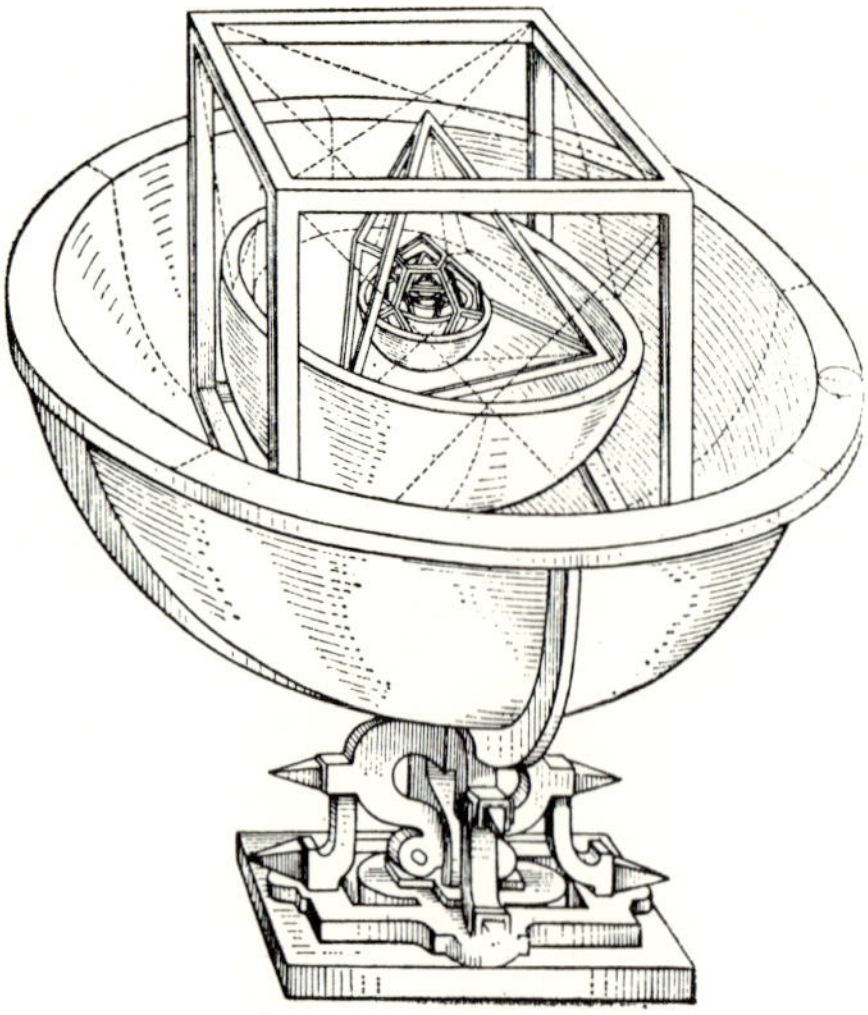

(a)

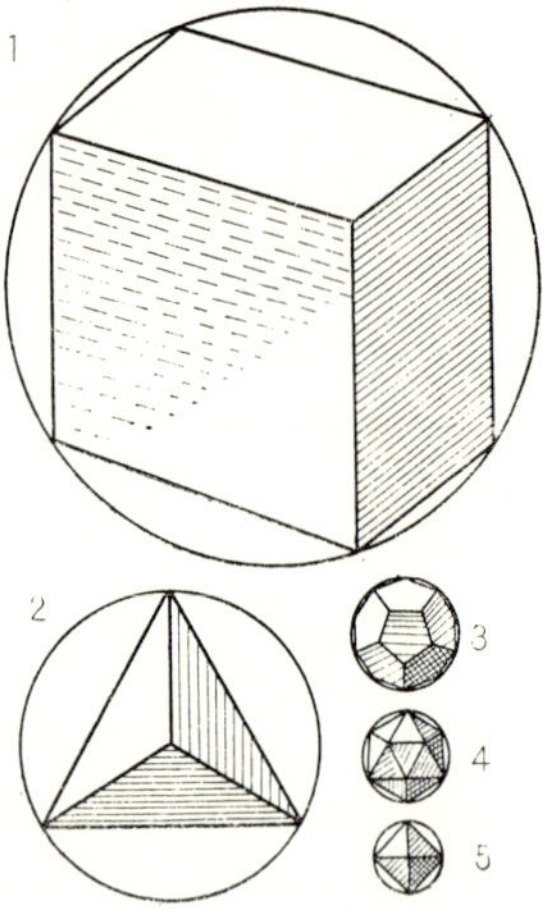


(b)

図84◆プラトンの立体で構成されたケプラーの宇宙体系。(a)『宇宙の神秘』に掲載された図、(b)その説明。1は土星球面（正6面体）、2は木星球面（正4面体）、3は火星球面（正12面体）、4は地球球面（正20面体）、5は金星球面（正8面体）。正8面体に内接して水星球面がある（『世界思想全集31・ガリレオ・ケプラー』島村福太郎ほか訳、河出書房新社）

接・外接するようにして六つの惑星の天球の大きさは決定されるというものである（図84）。

太陽中心の理論であるが、その精神はプラトンの門人のエウドクソスたちが同心球説によって惑星の不規則な運行を説明しようとしたのと共通する。ケプラーもプラトンの徒であった。プラトンが『ティマイオス』で、デミウルゴスは正12面体をのぞく正多面体からなる四元素をつかって宇宙を創造したとの理論（正12面体は地球あるいは宇宙に対応）に通ずる思想がみとめられる。

『宇宙の神秘』の宇宙論では惑星の数が六つであることは説明がついても、天球の大きさをうまく説明ができなかった。が、その書のお蔭で当時最大の天文観測家であったティコ・ブラーエの助手となることができた。ティコ・ブラーエが亡くなり、その後継者となっていた一六〇五年に書かれた手紙では、宇宙を機械時計と関連させて考えてもいた。

私の目的は、天の「からくり」は神性の生きた存在物の類いではなく、一種の時計仕掛けであること（時計に魂があると信ずる者は、その製作者の栄誉をその機械のものであるというわけです）を示すことです。多様な運動のほとんどすべてが、ちょうど時計のすべての運動が一個の単純な重りによって引き起こされているように、一つのもっとも単純で磁石力に似た物質的な力によって引き起こされている、ということを示すことです。また私は、これら物理的原因には、数による幾何学的な表現を与えることができることをも示します。[◇6]

ピサ大学の学生であったガリレオがピサで振り子の等時性を発見、それをもとにオランダの物理学者ホイヘンスは精巧な振り子時計を発明したが、コペルニクスの地動説を精密な数学的な理論に改善しようとしていたケプラーも天体の運行を錘りで動く機械時計で比喩する。機械時計の歯車の運動がそうであるように天体も一様な円運動をせねばならない。

　しかし、ケプラーはブラーエの三〇年におよぶ精密で組織だった観測結果を分析した結果、惑星の軌道は楕円であるということにたどりつき、それを『新天文学』にまとめて一六〇九年に出版した（図85）。それによって、ギリシア以来の宇宙論を呪縛していた円と球の宇宙と対称性の原理は捨てられた。宇宙が機械時計とすれば不思議な回転をする時計となった。これによって、離心円や周転円は不要、コペルニクスは惑星の運行を説明するために三四個の円を要したが、六個の楕円で記述できた。離心円と周転円はギリシアの数学者アポロニオスによって見いだされたが、楕円もまたアポロニオスによって研究されていた曲線である。

　ケプラーはこの惑星が太陽を焦点のひとつにして楕円の軌道を描くという法則に加えて、太陽から惑星に引いた線は等しい時間に等しい面積を通過するという法則を明らかにした（図86）。さらに、九年後の一六一八年に公刊した『世界の調和』では、惑星が軌道を一周するのに要する時間の二乗は平均距離の三乗に比例するという法則を付け加える。

円と球の宇宙が放棄された。そのとき、あらためて運動の原因が求められねばならなくなった。円や球が運動するのは自然なことであっても、楕円ではそうはいかない。機械時計の錘りに対応する惑星運動の原因を突き止めねばならない。それにたいしてケプラーはその原因として「一つのもっとも単純で磁石力に似た物質的な力」を考えた。イギリスのW・ギルバートが一六〇〇年に公刊した『磁石について』を論じていた大地の磁力（地磁気）である。惑星の楕円軌道の焦点にある太陽が流出する磁力というのは、新プラトン主義の太陽信仰と「一者」からの流出という考えを受け継いでいるようにも見えるが、プラトンの宇宙霊の系譜にあるようにも思われる。

惑星の運行の数学的な法則を明らかにしたケプラーも、その力と運動の関係を法則化することはできなかった。

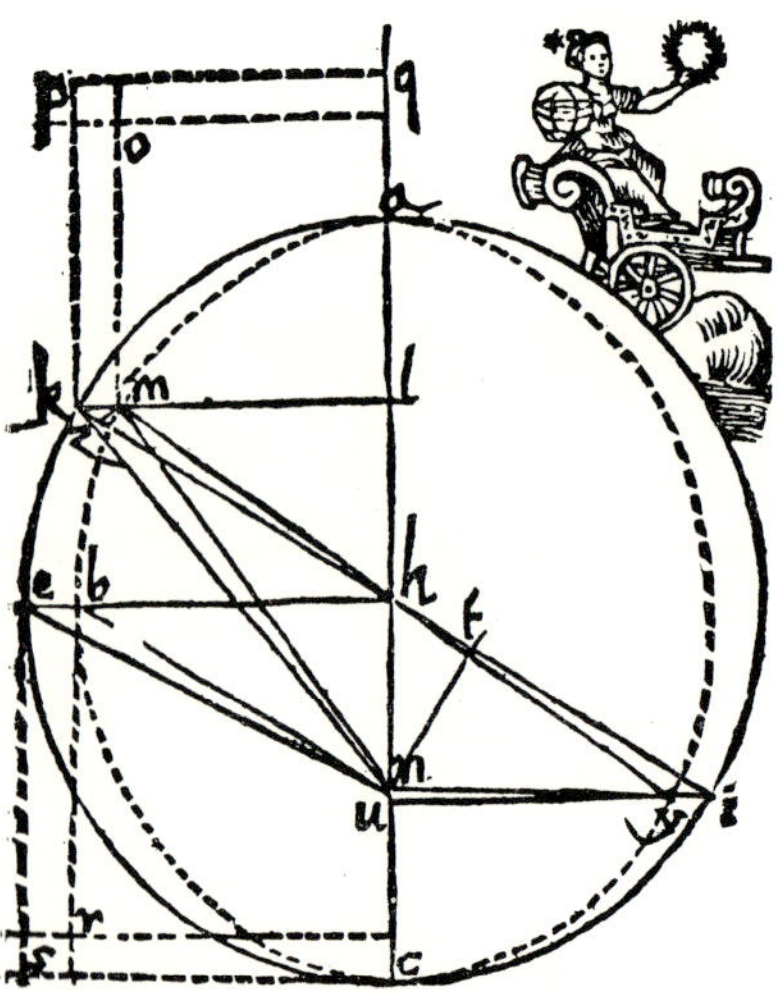


図85◆『新天文学』における火星の楕円軌道の説明。火星mは太陽nを焦点とする楕円軌道（点線でしめされる）を描く。半径nmは等しい時間に等しい面積を掃く（A. S. クロンビー『中世から近代への科学史・下巻』渡辺正雄・青木靖三訳、コロナ社）

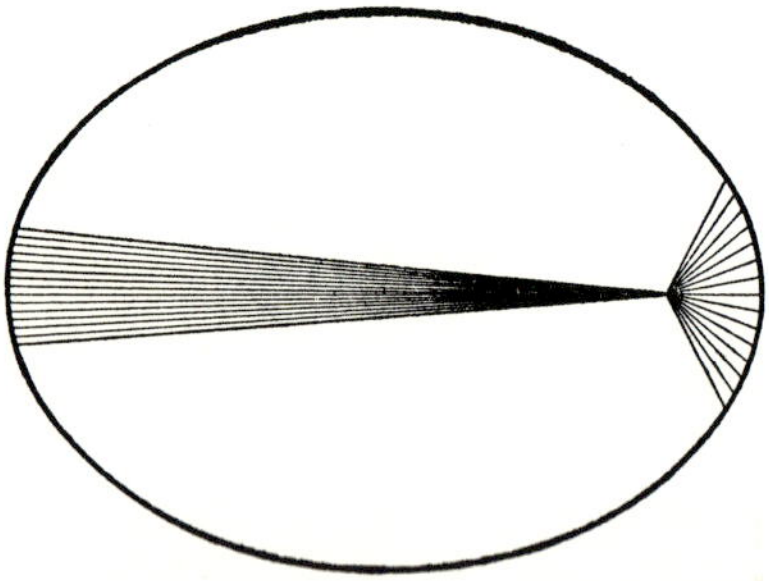

図86◆ケプラーの面積の法則。等しい時間間隔で記された惑星の動き。二線の間の面積は等しい（R. S. ウェストフォール『近代科学の形成』渡辺正雄・小川真理子訳、みすず書房）

## ガリレオ——それでも惑星は円運動をする

カリレオ・ガリレイ（一五七三—一六四二）もコペルニクスの支持者であった。当時パドヴァ大学の教授であったガリレオはケプラーから『宇宙の神秘』の献呈をうけ、その礼状のなかで地動説に賛意を表明していた。一五九七年のことである。しかし、ガリレオの天文学の講義ではプトレマイオスの天動説を教えていた。ケプラーの師のミカエル・メストリンのとった態度に似ている。

その後も地動説への支持の公表は差し控えていた。一六一〇年に出版した『星界の報告』は、オランダでの発明の噂を耳にし自作した望遠鏡をつかって、月にも山や谷があること（月が地球と同質の天体であること）、木星にも衛星があること（地球以外にも中心となる天体の存在すること）などを確認したという報告であり、それは地動説の有力な根拠となったのだが、そこでも地動説への支持を述べていない。その翌年には、太陽の黒点を観測してそれが太陽表面上を西から東に移動することを確認することで、太陽もまたスコラ学者が考えたような完全な天体ではないことを明らかにしたときにも、同じ態度であった。ガリレオが地動説の支持を公けにしたのは、一六三二年に出版した『天文対話』、つまり「プトレマイオスとコペルニクスとの二大世界体系についての対話」においてであった（図87）。

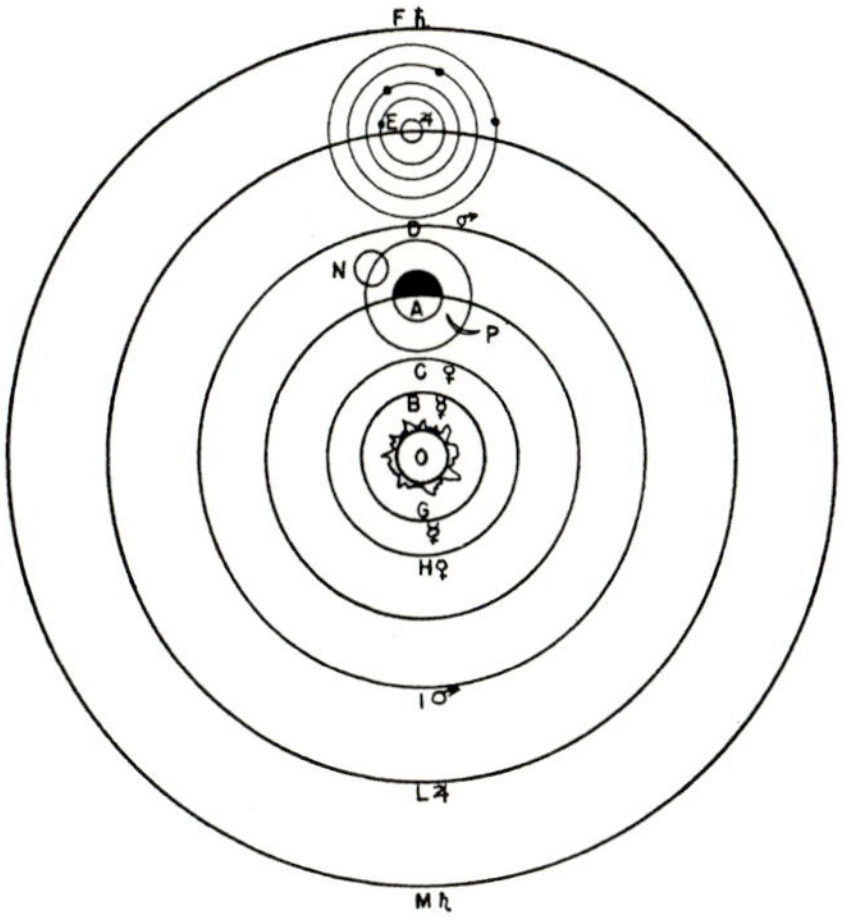


図87◆ガリレオの宇宙（『天文対話』）。木星のまわりにはガリレオによって発見された衛星が描かれている（Galileo Galilei, *Dialogue Concerning the Two Chief World Systems,* translated by Stillman Drake, University of California Press）

そこでガリレオは、コペルニクスの地動説の正しさを物理的に説明しようとしたが、天の世界は円であらねばならないと考えていた。天体は円（あるいは球）であるから自然な運動をするのである。ケプラーの惑星の楕円運動の理論を知っていたのだが、ガリレオにとっては、惑星は円運動でなければならない。ギリシア的な形の美意識を捨てることはできなかった。

ガリレオは円運動も慣性的な運動であるとみなしていた。だが、外力の作用がないかぎり、物体は等速直線運動をつづけるという正しい慣性の法則には到達できなかったのである。この正しい慣性の法則を正しく認識できたのは、円の呪縛から解放されていたデカルトでありニュートンであった。

## 3　無限の宇宙へ

### ジョルダノ・ブルーノの無限・無数宇宙

コペルニクスの地動説の普及とともに、恒星は恒星天に配置されているのではなく、それを超えて無限の空間に分布すると見られるようになった。この宇宙の無限性の主張はまずコペルニクスの理論が早く受け容れられたイギリスに現われた。オックスフォードではなおアリストテレスの宇宙論が支配していたが、ロンドンはちがっていた。一五七六年にロンドンの天文家トマス・デイゲスは、恒星は天球上に配されている必要はなく、太陽からばらばらの距離に分布していると考え、父レオナード・デイゲスの作成した「万年暦」に恒星が無限の遠方にまでひろがる宇宙図を載せていた（図88）。ロンドンでエリザベス女王の侍医であったW・ギルバートは一六〇〇年に出した『磁石について』で、コペルニクスの地動説と無限宇宙の支持が表明していた。そして、ナポリ近くに生まれたジョルダノ・ブルーノ（一五四八―一六〇〇）が『無限、宇宙と諸世界について』を出版したのもロンドンである。ギルバートもこの本を読むことができた。

ナポリのドミニコ会の修道院に学んだブルーノは敬虔なキリスト教徒であったが、三位一体説に疑問を投げかけ、そのためにベネツィアの異端審問所から呼び出された。そこでナポリを脱出、ジュネーブ、トゥールーズ、パリなどの諸都市を遍歴、その間、大学でコペルニクスの天文学を教えていたが、一五九三年にイギリスに渡り、ロンドン滞在中の一五八四年に地動説を紹介した『晩餐』につづいて、『無限、宇宙と諸世界について』を出版した。『無限、宇宙と諸世界について』は書名のとおり、宇宙は有限で、その外にはなにも存在しないというアリストテレスの説に反駁、宇宙の無限性と無数性を主張した書である。たとえば、宇宙の無限性については、

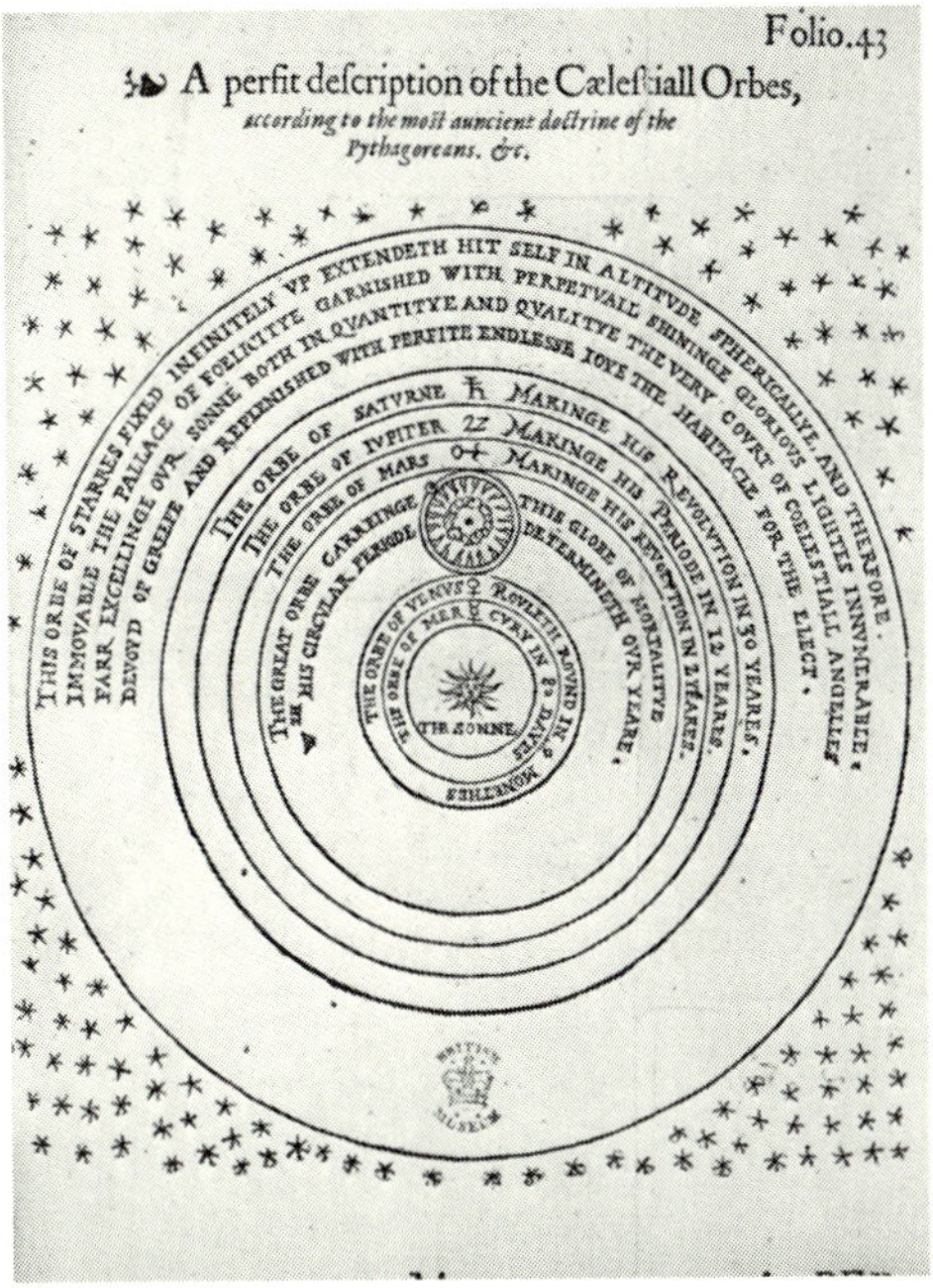

図88◆デイゲスの描いた宇宙体系。恒星は無限に広がっている（C. A. Ronan, *The Cambridge Illustrated History of Astronomy,* Cambridge University Press）

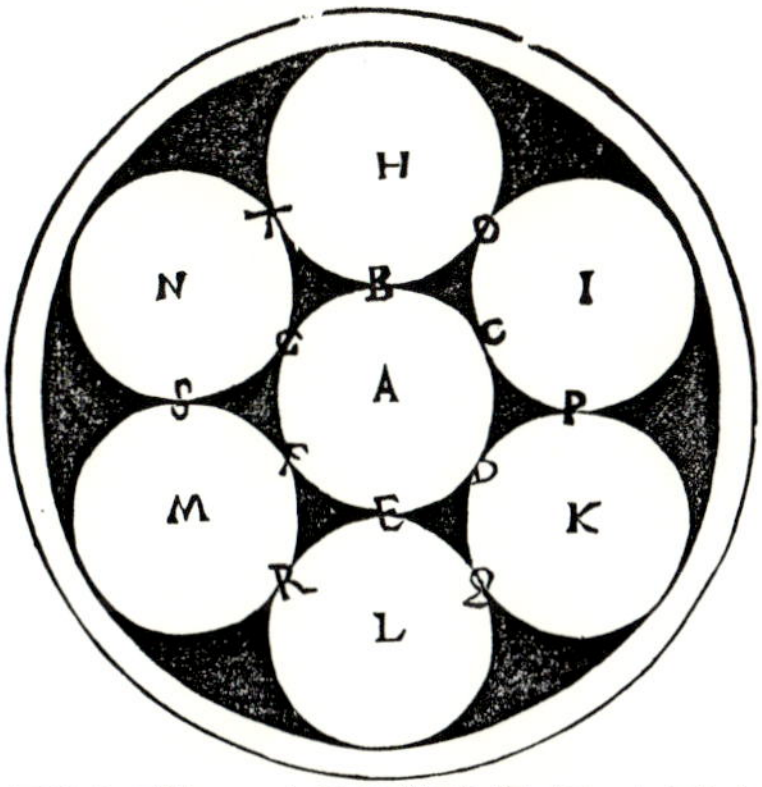

図89◆ブルーノの無数宇宙（S. J. Dick, *Plurality of Worlds,* Cambridge University Press）

宇宙は全体の無限です。なぜならば宇宙には縁も終わりもありませんし、これを取り囲む表面もないからです（第一対話）。

と述べていた。この広大無辺の宇宙には無数の恒星が分布するが、ブルーノはこれら無数の恒星はそれぞれがユペルニクスの理論にしたがう惑星をもつ太陽であると考えた。

だから太陽は無数に存在し、同じようにそれらの太陽のまわりを回っている地球も無数に存在する。われわれの近くにあるあの七つの惑星がこの太陽のまわりを廻っているように（第三対話）。

コペルニクスは地球を他の惑星と同類とみたのだが、ブルーノは太陽を他の恒星と同一視した（図89）。人間の住む太陽系さえも相対化される。宇宙の平等観が徹底される。無限の宇宙には中心というものはない。あるいは、中心はいたるところにもある、ともいえる。

この無限・無数の宇宙論はブルーノの創見ではない。ギリシアのレウキッポスやデモクリトスによって唱えられ、ローマのルクレティウスにも見られた宇宙論である（一〇三、一六四ページ）。スコラ哲学者のクサのニコラウスという先駆者もいた。ブルーノはこれらの宇宙論を学ぶことができた。とくに、ルクレティウスの『物の本質について』は一四一七年に刊行され、一六〇〇年までに、三〇版を重ねるほどで、当時、広く読まれていた書物であった。

原子論者の主張する無限・無数宇宙を排斥、宇宙は有限、ただ一つしか存在しないとするアリストテレスの宇宙論は、キリスト教、イスラム教にも受け容れられてきたのだが、それを否定する無限宇宙がよみがえった。

ブルーノは、無限の能力をもつ神であれば、無限の宇宙を創造したにちがいないとして、さて私のいいたいところを結論づけると、最初の動力因に無限の力があるとすれば、その働きから生み出されるものは、無限大に大きくて無数の世界を含んだ宇宙、ということになります（第一対話）。

という。「無からの創造」を補強する、もうひとつの神の全能性の証しである。全能の神であるから無限・無数の宇宙を創造できた。

ブルーノはそう考えたのだが、教会の認めるところでない。ブルーノは一五九一年にヴェネツィアの貴族モチェニゴからの招聘で一五年ぶりにイタリアに帰国する。帰国後まもなくはヴェネツィアとパドヴァとのあいだを往復していたが、それは、ブルーノはパドヴァ大学の数学教授の座をガリレオと競っていたからであるとも考えられている。[◇7] 一五九二年にガリレオはその座に就任、ブルーノはそれがかなわなかった。それどころが、モチェニゴはブルーノを裏切り、ヴェネツィアの異端審問所に引き渡す。ヴェネツィアの審問所からローマに移され、八年間の獄中生活を送りながら、自説を貫き、花の広場で焚刑に処せられた。

しかし、ブルーノの研究と啓蒙活動はコペルニクスの地動説とともに無限宇宙説を全ヨーロッパに広めるのに貢献した。無限宇宙はデカルトやニュートンに引き継がれた。

## デカルトの無限の宇宙とニュートンの絶対的な時空間

フランス人哲学者ルネ・デカルト（一五九六—一六五〇）は、イエズス会の学校でギリシア・ローマの古典文学とスコラ哲学を学び、ボアチェの大学で法学を学んだのち、志願兵としてすごしたオランダで数学と哲学を修めた。最初の著作となったのが『宇宙論』であり、そこではコペルニクスの地動説と無限宇宙説を支持していた。

デカルトは『宇宙論』を一六三三年にオランダで出版の予定であったが、ガリレオの『天文対話』がローマ教会の忌諱《きい》に触れ、有罪の宣告をうけたのを知り、公にするのを断念した（公刊されたのは死後の一六六四年）。一六三七年には屈折光学、気象学、幾何学をあつかった『序説及び三試論』を出版するが、コペルニクスの説には触れなかった。その「序説」の部分が『方法序説』である。一六四四年には宇宙論もあつかった『哲学原理』を世にだすが、なお地動説については慎重な言い回しをしており、明確な支持は見られない。しかし、宇宙は無限の広がりをもち、そこには太陽系と同等の無数の恒星が存在するとの見解を示していた。

もちろん宇宙の無限性には反対者もあった。デカルトの論敵であったガッサンディはブルーノとおなじようにルクレティウスの『物の本質について』からギリシアの原子論を学んだのだが、宇宙の大きさも、原子の数も有限であると主張している。宇宙はただ一つしかない。ガッサンディは原子論を学びながら、キリスト教との調停に心を配り、キリスト教の神を認めたうえで、ギリシアの原子論者とは意見を異にし宇宙と原子の無限説を否定した。神は無限の原子を創造する能力があったのだが、創造したのは有限の原子であったという見方をしていた。

デカルトとガッサンディのあいだでの議論の場となったのが、パリのフランシス修道会の神父で、数学者でもあったマラン・メルセンヌのサロンである「メルセンヌ・アカデミー」である。イエズス会の学校で同窓であったデカルトと交友をむすぶが、メルセンヌのもとには、パスカル、ホッブス、フェルマー、ガッサンディ（後にはホイヘンスも）らが集まってきた。その結果、メンバーのあいだで議論も展開された。

宇宙の無限性についていえば、メンバーのひとりのパスカル（一六二三―一六六二）も無限宇宙に批判的であった。パスカルにとって人間は「考える葦」である。「宇宙は空間によって、わたしを一つの点のように包み込む」のであるが「思考によってわたしは宇宙を包み込む」（『パンセ』三四八）と述べるパスカルにも無限の宇宙は認めがたかった。「この無限の空間の永遠の沈黙は私を恐怖させる」（二〇六）という。宇宙は心的なものと峻別された機械的世界であることを承認しながらも、人間の意識を超えた無限の宇宙は受け容れられなかった。

十六世紀のヨーロッパでは宇宙の無限性にたいしては、見解が分かれていたのだが、ニュートンの時代になると、無限宇宙は科学者の常識となる。ニュートンの『プリンキピア』（一六八七年刊）も無限の時間と空間を前提とした。その無限の時間と空間について『プリンキピア』の冒頭の「定義」は、絶対的時間と相対的時間、絶対的空間と相対的空間に区別する。真に実在するのは絶対的時間と絶対的空間であって、相対的空間は感覚でとらえるだけの仮象的なものと見る。絶対的時間については、

絶対的な、真の数学的時間は、それ自身で、そのものの本性から、外界のなにものとも関係なく、均一に流れ、別名を持続《ドウラチオ》といいます（注解一）。

といい、絶対的な空間については

絶対的な空間は、その本性として、どのような外的事物とも関係なく、つねに同じ形状を保ち、不動不変のままのものです（注解二）。

という。この絶対的な時間と空間のなかでの物体の運動は、「無限遠から無限遠まで」の不動の場所に関連して生起する。

## 4　原子論の復活と機械じかけの宇宙

### 近代の原子論

地動説から出発、円の呪縛から解放され、無限の空間の認識にむかった宇宙論は、物体の構造についても新し

い知見を獲得する。アリストテレスの宇宙論は廃棄され、彼の月下界の四元素説も天上界のエーテル（アイテール）の観念も捨てられた。それとともに、ルクレティウスの『物の本質について』が再評価され、世界は原子と空虚からなるというデモクリテスやエピクロスに唱えられていたギリシアの原子論が復活する。

ガリレオも、デモクリトスの名をあげることはないが、デモクリトス的な自然観の持ち主であった。自然の物体の性質と変化は、粒子の形や運動によって規定されるのであって、たとえば、『新科学対話』は粒子が自由に運動するようになると固体は液体に変わると述べている。客観的に存在するのは粒子の大きさ・形・量・運動など量的なものだけで、味・色・香りといった質的なものは、人間の感覚される性質であって、人間がいなくなればその性質も消える。

有限な宇宙を主張しながらも原子論者であったガッサンディは世界は原子と空虚からなると見ていたが、メルセンヌ・アカデミーで論敵であったデカルトは、宇宙は微粒子によって満たされているのであって、宇宙には空虚は存在しないと考えた。この点ではアリストテレス的であった。[◇8]

原子にたいする見解には差があっても、原子論者は多数派となる。最初の近代的原子論者といわれる化学者のボイルも物質は原子の大きさ、形、配列、運動によって説明できると主張する。原子論はニュートンにも引き継がれた。ニュートンも神によって原子が創造されたと考え、『光学』のラテン語版（一七〇六年）に付した「疑問三一」では、

> すなわち、初めに神は物質を、固い、充実した、密な、堅い、不可入の、可動の粒子に形作り、その大きさと形、その他の性質および空間に対する比率を、神がそれらを形作った目的に最もよくかなうようにした。

と述べる。最初に固い粒子がつくられた。そして、ガッサンディと同じく空虚をみとめる。ただし、ガッサンデ

ィとちがって宇宙は無限であるとし、無限の空間を無数の原子が運動するとみなした。光さえも粒子の流れと考えた。

## 機械論の登場——宇宙も人間も機械時計

自然現象を原子の運動で説明しようとする原子論の復活は世界は機械仕掛けのようなものであるとする機械論とむすびついた。とくに、十二世紀末葉のヨーロッパに出現した機械時計がモデルとされた。

機械時計は金属の錘りを動力に、棒テンプと冠状脱進器で一定のリズムを生みだし、それを歯車のくみあわせで時針を動かし、鐘を鳴らして時を告げる。十四世紀の初頭に書かれたダンテの『神曲』も、ベアトリーチェに案内されて太陽天に昇り、ラテン・アヴェロエス学派のシゲルスに会ったところで、最新の文明である機械時計を登場させる。前出の文（二二一ページ）につづいて、

かくてまるで神の新婦（教会）が朝の歌を
新郎（キリスト）のためにうたい、その愛を得んと
立つ時、私たちを呼ぶ時計の一部が
他の部分を曳き、かつ押していとも妙なる
調べでティンティンと鳴り、心構えのできた
精神を愛でふくらませるように、
まさにそのように栄光の輪を廻りつつ、
喜びが永遠につづくところでなければ
味わうことのできない調和と美とに

その声を合わすのを私は見たのである（天国第一〇歌）。

と、太陽天の情景を時計の比喩をつかって詠う。ダンテの時代には都市の公共の場や教会には機械時計が設置されており、ダンテとあまり違わないスコラ学者のオレームも地球を中心に回転する天体を機械時計に譬えていた。くだって、太陽中心説にたつケプラーも天体の運動は錘りによって動かされる機械時計のようなものであると考

図90◆1574年に完成したシュトラスブルグ大聖堂の天文時計（第2のもの）の木版画（オットー・マイヤー『時計じかけのヨーロッパ』忠平美幸訳、平凡社）

図91◆初期の小型時計。左から、フランス製の懐中時計、イギリス製の懐中時計、ドイツ製の置き時計（E.ブラットン『時計文明史』梅田晴夫訳、東京書籍）

えていた。

ケプラーの時代には精巧な天文時計（図90）がつくられる一方で、ゼンマイを動力とする時計が開発され、小型の置き時計や懐中時計も普及する（図91）。それにともなって、天体だけでなく、地上の物体もまた、機械時計に譬えられるようになる。

デカルトは原子論者ではなかった。宇宙は微粒子からなるとしながら、空虚の存在はみとめなかった。流体的な宇宙であった。しかし、一方で、物体は延長を属性とすると見るデカルトは、世界のあらゆる現象は機械論的に説明できると考えた。木が花や実をつけるのも時計の仕掛けと変わらない。「歯車でできている時計が時を示すことは、何らかの種から生じた木がしかるべき果実をつけることと同様に自然なことである」[◇9]。

植物だけではない、人間をふくむ動物も機械である。『方法序説』第五部において、動物を機械時計になぞらえ、心臓については熱機関と考えていた。ただし、人間の身体はまったくの機械であるが、身体とは独立な存在である精神をもつ。心身二元論だが、精神と身体は松果腺においてたがいに働きかけ合うのであって、この意味では心身合一の理論であった。

宇宙を機械時計の比喩で考えることはイギリスにも広まる。原子論に立つ化学者のロバート・ボイル（一六二九―一六九一）も自然を好んで機械時計に譬《たと》えていた。人体を「比類なき機械」とよび、宇宙を「自動装置または自動機械」とみていた。[10] そして、シュトラスブルク大聖堂の天文時計に繰り返し賛辞をおくる。[11] 原子論には機械時計はふさわしいモデルであった。

ロンドンの王立協会でボイルのもとで働いていたロバート・フック（一六三五―一七〇三）もそうであった。一五九〇年にオランダ人のZ・ヤンセンが発明した顕微鏡によって、生物の細胞を発見するが、一六六五年に著わした『ミクログラフィア』では、歯車と駆動装置とゼンマイによって動かされる機械時計を理解するように、顕微鏡は、自然の営みを理解することを可能にしてくれたと述べていた。[12]

ただし、ボイル、フックについで王立協会の会長となったニュートンとその一派は機械時計の比喩を好まなかった。原子論的な宇宙観をもちながらも、宇宙の仕組みを時計に譬えることはなかった。後で触れるように、ニュートンの宇宙論ではつねに神の関与が想定されていたのであって、それには、自動的に動きつづける機械時計の比喩はふさわしくなかったのであろう。

### 機械論と技術

機械論的な自然観が拡大した背景にはヨーロッパにおける機械技術の発達と普及があったことはいうまでもない。水車は工場の動力にひろく利用され、ポンプも開発され、公園には噴水が設置された。多くの歯車でうごく機械時計が公共の建物を飾るようにもなった。ギリシアに見られた機械への蔑視観も消える。レオナルド・ダ・ヴィンチは「万能の発明家」で、ダ・ヴィンチの画房は機械の研究と設計のための工房でもあった。ガリレオはパドヴァ大学で機械学を講じ、それをもとに竿秤《さおばかり》、テコ、車輪、滑車、ネジ、揚水用のアルキメデスの螺旋について機械学的な原理を述べた『機械学』（一五九二年）を著わした。メルセンヌはこの『機械学』をフランス語に訳している。[◇13] 力学の発達の成果として、一六五七年にはオランダのホイヘンスによって振り子時計が発明された。十七世紀には蒸気の利用もはじまる。一六〇六年にイタリアのデラ・ポルタは蒸気で水を押し上げる機械をつくり、一六一六年にはフランスのサロモン・ド・コールが蒸気を利用した噴水装置を考案した。蒸気機関の準備がはじまる。

ルネサンスで醸成されたこのような機械論的な自然観は、人間が自然の力を利用し、技術に利用できるとの確信を強めた。「かくてものものの勢力ならびに作用それぞれに固有な用法において私どもが用いることができ、私どもを自然界の主人にして所有者のごときものとなしうることをこの哲学は私にしめしてくれるのである」（デカルト『方法序説』第六部）。自然を時計職人が機械時計のように理解する。そうすることで、神にかわって人間が自然の主宰者となれる。

ヘロンやアルキメデスたちが機械じかけの装置を工夫していたヘレニズムの時代が再来したかのようであった。しかも、ヘレニズムの機械技術が中世のキリスト教社会で衰退したのとちがって、近代の機械技術は拡大の一途をたどる。ヘロンの蒸気機関は一種の玩具におわったが、ワットの蒸気機関は工場を動かすようになる。

## 近代医学の成立

機械論的な自然観は人間観にもおよび、解剖によって生命の原理を明らかにしようとする新しい医学を発達させた。その開拓者がパリ大学で医学を学んだアンドレアス・ヴェサリウス（一五一四―一五六四）である。ヴェサリウスがパリ大学で教えをうけたのは伝統的なガレノス流の医学であったが、パドヴァ大学の教授となってからは人体の解剖に取り組み、一五四三年には多くの解剖図を載せた『人体の構造について』を出版した。そこで、ヴェサリウスはガレノスの血液の理論のポイントであった心臓の右心房と左心房のあいだに想定されていた小穴の存在を否定せねばならないとの所見を述べる。[14] ここから正しい血液理論の研究が開かれた。近代の天文学がアリストテレス－プトレマイオスの天文学の検証にはじまり、コペルニクスの『天球の回転について』によってそれを根底から覆す天文学が提唱されたが、その同じ年にヴェサリウスは『人体の構造について』を刊行、医学の近代化への道を指し示したのである。

正しい血液循環の理論を発表したのは、ヴェサリウスが教授であったパドヴァ大学で医学を学んだW・ハーヴェイ（一五七八―一六五七）である。ちょうどその時期にガリレオはパドヴァ大学で数学と天文学を教えていた。ロンドンで開業したハーヴェイは解剖実験をおこない、一六一五年までに血液循環についての明解な考えに到達、一六二八年に『動物の心臓ならびに血液の運動に関する解剖学的研究』を刊行している。ハーヴェイも右心房と左心房のあいだの小穴の存在を明確に否定、血液は、心臓（右心室）→肺動脈→肺静脈→心臓（左心室）→大動脈→心臓（右心室）という経路で循環するという理論を提唱、実験的にも明らかにした。ポイントは心臓の方向にだけ血液が流れるように働く静脈の弁と、心臓から出てゆく方向にだけ働く大動脈の弁の存在であった。ハーヴェイはこのようなメカニズムをもつ心臓をポンプに譬えた。[15]

心臓から出た血液は動脈によって全身に運ばれ、静脈を通って心臓にもどる。コペルニクスは太陽を「宇宙の心」と述べていたが、ハーヴェイの講義ノートにも、「心臓は小宇宙のなかの太陽であり、太陽はまた世界の心臓とよばれてもよい」とある。人間における心臓は宇宙における太陽、血液の循環はその太陽を中心とする天体の回転運動に匹敵するとみていた。[16] ハーヴェイにとっても人体は小宇宙だった。

デカルトもハーヴェイの血液循環の理論に心を動かされた。『方法序説』第五部で「イギリスのある一人の医師」の理論として紹介している。デカルトの機械論にどのような影響をあたえたかについては単純でない。ハーヴェイの血液循環論はデカルトの渦動説のきわめて適切な事例であったのだが、ハーヴェイが心臓をポンプに譬えたのにたいして、デカルトは心臓を熱機関と考えた。ハーヴェイの理論に学びながら、みずからの機械論を完

成させていったとみられている。[◇17]

## 5　力学の誕生——しかし神は死なない

### 「自然という書物」

コペルニクスにとって太陽中心説の宇宙は「偉大な創造者の荘厳な作品」（『天球の回転について』）であり、『天球の回転について』は聖書と対立するものではない。ガリレオも神は聖書とともに「自然という書物」も書いたという。神は聖書と自然においてみずからの啓示をあらわした。だから、聖書もその観点で理解されなければならない。天幕の天も比喩として理解せねばならないし、例の『ヨシュア記』の「日よ、とどまれ」についても、地球をふくむ全惑星の運動を支配する太陽にたいする命令によって地球上での日を長くすることができたのだと解釈すべきである。そうであれば地動説から説明できる。[◇18]『天文対話』のトスカナ大公（コシモ二世）への献辞でも、

この自然の書物に読まれることはいずれも、全能な造物主のつくられたものであって非常によく均整のとれたものではありますが、それでもやはり、造物主の仕事と仕業とをわれわれにいっそう偉大なものとして示すものはいっそう完全で価値あるものなのです。そして宇宙の構成こそ、わたくしの信ずるところによると、知りうるあらゆる自然的事物のなかでも第一番目に価値あるものなのです。

この点ではケプラーの見解はガリレオと変わりがない。神の啓示である「自然という書物」は幾何学の言葉で

書かれており、それを解釈することが神の栄光を称えることであった。[19] ケプラーは、プラトンの正多面体をつかって宇宙の構造を明らかにしようとし、その後、ティコ・ブラーエの観測データを精査し、惑星の楕円軌道とその運動の法則を発見したのである。そこに、神の計画によって造られた、壮麗な秩序と調和の宇宙を発見しようとしていた。その精神はアリストテレスの宇宙論をもとに神の栄光を称えたトマス・アクィナスに共通するものである。

ケプラーは『世界の調和』の最後をつぎのような文でむすんでいた。

偉大なるかなわれらが主よ。主の力、主の英知の偉大なることは数えつくせず。ほめたたえるべきかな主の天、ほめたたえるべきかな太陽・月・惑星。汝らの主を認めるため感性を持ち、主をほめたたえるために舌を持つ。ほめたたえるべきかな天界の調和、ほめたたえるべきかな開かれたる調和の造化万物。またわがいのちあるかぎり、ほめたたえるべきかなわが心、汝の造り主。なんとなれば、彼から、彼により、彼のうちにこそ一切がある。感性をもってとらえたものは、精神のうちに認められたものに等しい。われわれにいまだ完全に知られていないものも、やがてわれわれの知るところとなり、未知の部分はほんの少しにさせられる。なんとなれば行く手に多くのものが横たわっているがゆえに。賛美と栄光と高名とは彼にこそ永遠に。アーメン。

ガリレオもケプラーも「自然の書」に数学の言葉で書かれていた宇宙の秩序を発見、その計画者である神の栄光をしめそうとしていたのだ。ガリレオの『天文対話』もケプラーの『宇宙の神秘』『新天文学』『世界の調和』も、神の書いた「自然の書」をめざしたものであった。それは本来であれば教会から咎められるはずのないものであった。たしかに、ケプラーの『宇宙の神秘』『新天文学』『世界の調和』はとくに問題にはならなかった。[20]

ところが、ガリレオの『天文対話』はそうはいかなかった。とくにローマ教会のなかで勢力を有していたイエズス会から反発を買い、いったん検閲を通ったものの、ローマの異端審問所では有罪の判決がくだされる。自説を撤回することで、死刑は免れた。しかし、時代は変化していた。有罪の判決文にたいして、一〇名の枢機卿のうち三名は署名をしていない。教会内部にすらガリレオに好意的なものがいたのである◇21。

判決のあとフィレンツェの郊外に監禁されたガリレオは宇宙論の研究は許されなかったが、ピサ時代から手掛けていた地上物体の研究をまとめあげた。なによりも重要であったのは、慣性の法則と落下する物体運動の法則が明らかにされたことである。スコラ哲学の「いきおい」の理論を受け継ぎながら、新しい運動の法則に仕上げられた。ピサ時代に書いた『運動について』(一五九〇年刊)では「いきおい」の理論でアリストテレスの運動論を批判していたが、『新科学対話』では、地上物体の運動を体系的に論じ、落下運動や放物線運動といった加速運動をめぐる問題を議論する。この『新科学対話』の原稿はイタリアから秘密裏にアムステルダムに持ち出され、一六三八年に刊行された。それは、科学が飛躍するための踏み台となった。

## デカルトの運動の法則と神

デカルトは公刊をやめた『宇宙論』で、地動説にしたがって、天地の創造と天地を貫く統一的な運動の法則を明らかしようとする宇宙論の確立をめざした。宇宙は微粒子の渦動からなるという前提から、宇宙の生成と天体の運動と地上の重力を説明していた。その後、地動説の表明には慎重になるが、ガリレオが個々に問題としてとりあげた天の科学と地の科学を、その基礎的な原理から論ずる。「われ思う、ゆえにわれあり」、どうしても疑いえない自我から出発するデカルトは、完全な精神としての神の存在も証明、その神は、延長を属性とする物体とその物体を創造し、それに運動をあたえたとする。

『宇宙論』から一一年たった一六四四年にデカルトは『哲学原理』を出版し、渦動説による宇宙論をふくむ哲学の体系を論ずることになる。地動説については、地球は微粒子の渦動の中では静止しているが、渦動によって太陽のまわりを回転するといったいいかたをする。この宇宙を構成する微粒子の運動について、

神ははじめに物質を運動および静止とともに創造し、今も、神の協力だけでもって、はじめに立てたと同じだけの運動と静止とを保ちつづけているのである（第二部・三六章）。

という。

完全な神の存在から運動の法則も演繹される。神のみが物質の運動の第一原因であることから、宇宙の運動の量は保存されると考え、それを三つの自然法則にまとめた。第一の法則は、できるかぎり物質は同じ状態を固執する、第二の法則は、すべての運動はそれ自身としては直線運動である、第三の法則は、衝突によって運動量が移される。物活論的な説明を否定するデカルトは、神の一撃の後には、衝突という他の物質との接触で物質の運動を説明する。

第一と第二の法則は慣性の法則、第三の法則は運動量の保存則に相当する。自然は神によってあたえられた最初の運動とこの法則によって自動的に展開するのであって、それによって宇宙の創成も天体の運動も説明しようとする。

神の存在をみとめるデカルトであるが、神が宇宙を一挙にいまある姿に創造したとは考えない。神は物質をつくり最初の衝撃をあたえたが、その後は運動の法則によって無数の微粒子の渦動が生まれ、そこから太陽と無数の恒星が誕生したと見る。そこに惑星の源となる小さな渦動が巻き込まれて太陽系が形成される◇22（図92）。惑星のまわりを回転する衛星についても同じように説明される（図93）。

デカルトの宇宙は微粒子からなる物質に埋め尽くされていて、力の作用はその連続する物質によって伝えられ

る。デカルトはアリストテレスの宇宙論にかわる新しい宇宙論の確立につとめた。

デカルトは神による創造と最初の衝撃を認めるが、神はこの宇宙の始まりの時にしかあらわれない。これがデカルトの宇宙論のもうひとつの特徴だ。パスカルはデカルトを無神論者の一歩手前と評して、「私はデカルトを許せない。彼はその全哲学のなかで、できるならば神なしですませたいものだと、きっと思っただろう」（『パンセ』七七）という。いったいデカルトは神と物質のどちらを信じているのか、とパスカルは問いかける。

もちろん、デカルトの出発点はどうしても疑いえない「自我」にあった。スコラ哲学の神に代わって、宇宙の中心に自我がおかれる。もちろん、宇宙の創造者であり起動者であった神も自我なしには存在しない。こうして、スコラ哲学の神・人間・自然の階層的な秩序が解体された。パスカルにはそれが許せない。

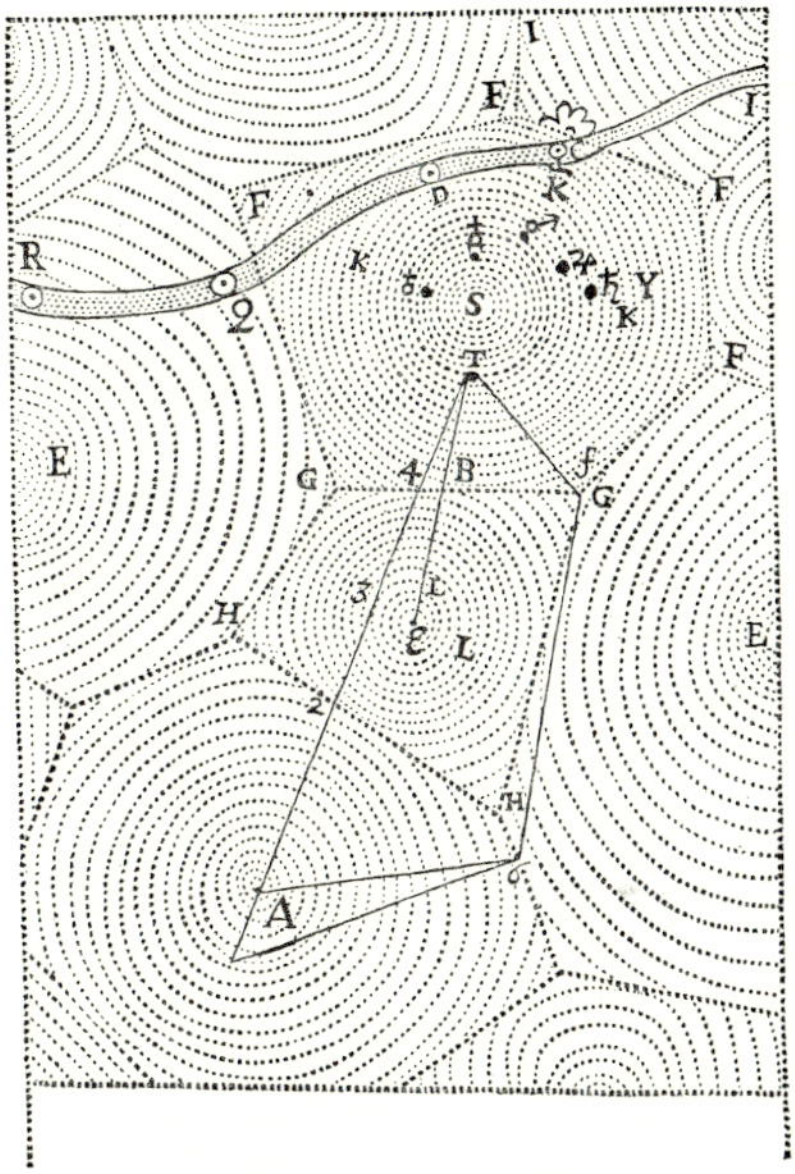

図92◆『宇宙論』に載る渦宇宙。Sは太陽、E、ε、Aは恒星。太陽のまわりには惑星が描かれている。その上方を横切るのは彗星。同じような図は『哲学原理』にも載る（『デカルト著作集・4』大出晁ほか訳、白水社）

図93◆『宇宙論』で惑星の運動を説明する図。Sは太陽、Tは地球。月はA，B，C，Dという楕円にそって回転する（『デカルト著作集・4』大出晁ほか訳、白水社）

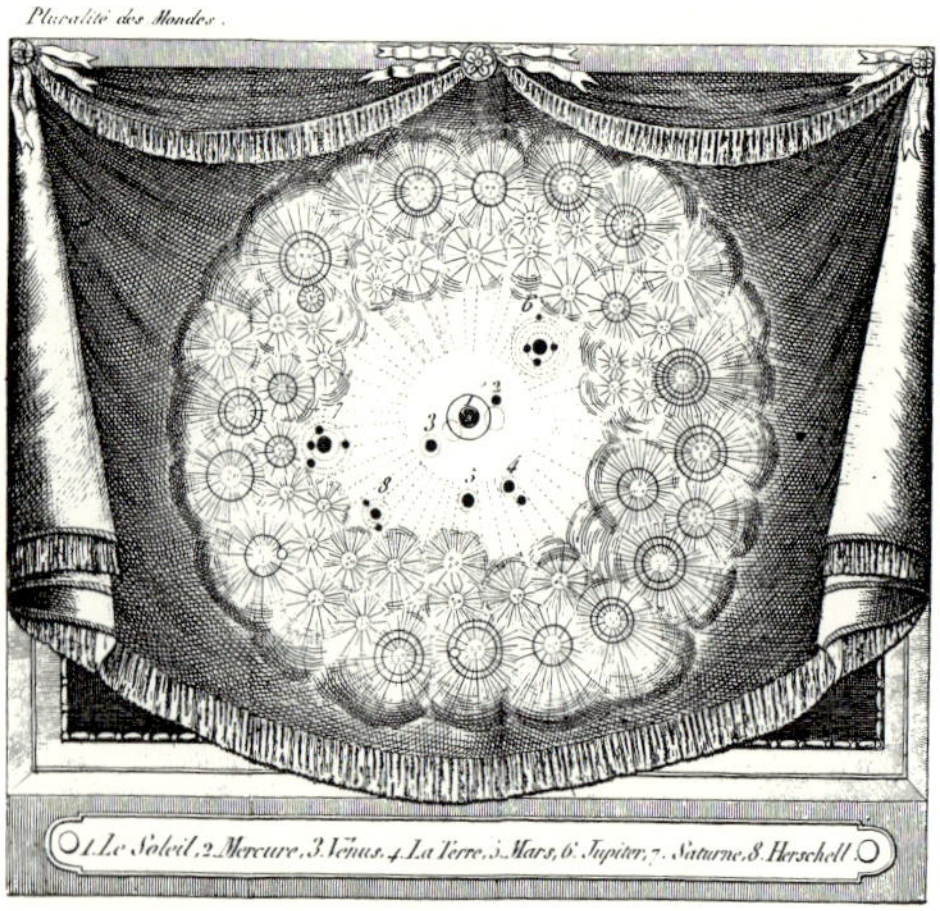


図94◆渦動説にもとづくフォントネルの無数宇宙。『世界の複数性についての対話』の挿図（S. J. Dick, *Plurality of Worlds.* Cambridge University Press）

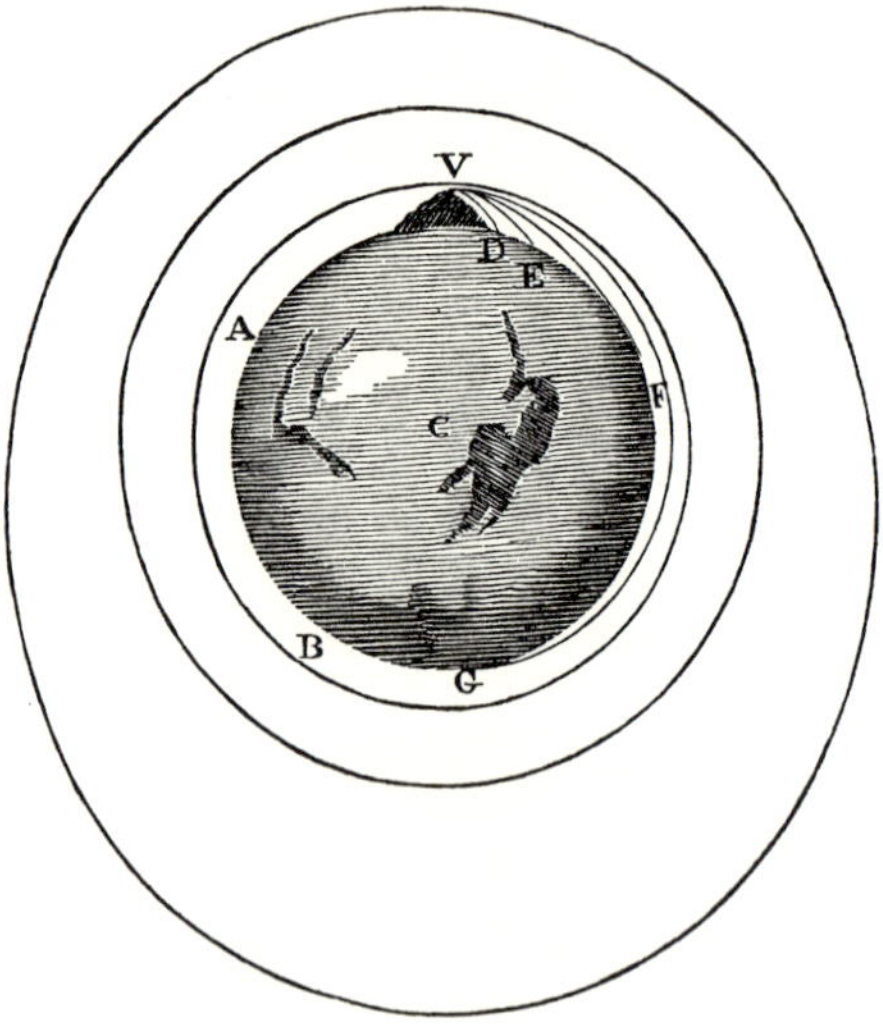


図95◆ニュートンによる地上と地球のまわりを運動する物体の図。ニュートン自身によるとみられている（I. Newton, *Principia,* voll. II, A. Motte trans. University of California Press）

この神の問題よりも、デカルトの宇宙論で致命的であったのは、彼の渦動説では惑星が太陽のまわりを楕円運動することさえも説明できなかったことだ。後継者もそれに成功しなかった。そうではあるが、地動説にもとづく近代科学の啓蒙につとめたフォントネルは、一六八六年に刊行した『世界の複数性についての対話』でも、デカルトの渦動説にもとづく無数宇宙の考えを唱えていた（図94）。

## ニュートンの力学の法則と神

デカルトにつづいて、惑星の運動の研究は、オランダの物理学者のクリスティアン・ホイヘンス、イギリスの物理学者のロバート・フック、クリストファー・レン、エドモンド・ハリー、ニュートンらによってとりくまれた。ホイヘンスは回転運動にともなう遠心力の理論的研究を一六七三年に刊行した『振り子時計』で発表していた。この遠心力と釣り合うためには太陽の引力は距離の二乗に反比例しなければならないことは知られていたが、問題はなぜ楕円運動をするかであった。この問題に最終的な回答を提出したのがアイザック・ニュートン(一六四二―一七二七)であった。

一六六一年にケンブリッジ大学に入学したニュートンは在学中の一六六七年にペストが流行のため帰郷、そのとき微分法と光のスペクトルについての発見とともに、重力の逆二乗の法則を見いだしていた。しかし、重力の逆二乗の法則についての本格的な研究をおこない、公にしたのは天文家のハリーのすすめで『自然哲学の数学的原理(プリンキピア)』を書いたときであった。刊行は一六八七年である。ニュートンは太陽と惑星のあいだの引力が距離の二乗に反比例することから、惑星の運動にかんするケプラーの法則を数学的に証明し、ガリレオの地上の物体の運動法則をも統一する運動の三法則を提示した。具体的な例でいえば、山の頂から水平に打ち出された物体は初速度が小さいときには、ガリレオの研究で示されたように、放物線を描いて地上に落下し、初速度が大きくなると、ケプラーの惑星の研究で明らかにされたように楕円を描いて地球のまわりを回転するようになる(図95)。

この書をまとめるときにはニュートンは微分学を発見していたのだが、それをここでは使用しない。ユークリッド幾何学をつかって、天体と地上の物体の運動を説明しようとした。

ニュートンの理論化にはフックの研究からの示唆があり、さらに、デカルトの渦動説の理論的な欠陥を指摘しながらも、デカルトの『哲学原理』の運動法則の考えを継承する。ニュートンの第一法則（慣性の法則）はデカルトの第一、第二法則と同じ内容のものであり、第三法則（作用反作用の法則）はデカルトの第三法則と同等のものである。だが、ニュートンはデカルトにはなかった物体に働く力と加速度を関係づけた第二法則を打ち立てた。物体には外力に比例する加速度を生ずる。この法則と重力の法則によって、惑星の楕円運動を精確に記述できたのである。同時に、ニュートンは重力の大きさは物体間の距離の二乗に反比例することを明らかにした。天体と地上物体の運動を説明するという点において、ニュートンはデカルトに勝利した。

しかし、宇宙論全体をみると、ニュートンはデカルトよりもずっと神に依存する宇宙論であった。前述のように、『光学』の「疑問三一」によると、「はじめに神は物質を、固い、充実した、密な、堅い、不可入の、可動の粒子に形作り」、その原子から神の目的にかなうようにさまざまな物体を創造した。

有形の事物に秩序を与えることは、それらを創造した者にふさわしいからである。そして、もしそれらが神の御業であるならば、世界の起原を他に求めること、つまり、世界はたんなる自然法則によって混沌から生じたであろうなどと主張することは非哲学的である。

神は創造のときに太陽、惑星などの天体を一挙に創造し、今あるように配置、今あるように一撃を加えて太陽のまわりを回転するようにした。最初に創造された粒子が自然の法則にしたがって、今あるような天体が生成されたなどとは考えない。『創世記』的な宇宙創成論である。デカルトの宇宙論が宇宙を自己完結なものとして、神を余計者としているのを危惧する。◇23 聖書の年代記や『ダニエル書』や『ヨハネの黙示録』の研究に励んでいたニュートンである。一七一三年に出版された『自然哲学の数学的原理プリンキピア』の第二版の「一般注」にも、この、太陽、惑星、彗星の壮麗きわまりない体系は、至知至能の存在の深慮《コンシリウム》と支配《ドミニウム》とによって生ぜられたのでなければほかにありえようがありません。

と述べ、神が創造以降も宇宙を支配しつづけるという。

神は永遠にして無限、全能にして全知であります。すなわち、永劫より永劫に持続し、無限より、無限にわたって遍在するのです。万事を統治したまい、生ぜられるまた生ぜられうる万事を知りたもうのです。

そして、時間空間は神の感官《セソンリウム・ディ》であるとも述べる。無限の能力をもつ神は永遠にして無限の時空間を創造、そして、その永遠にして無限の時空間に偏在、時空間をとおして宇宙を統御しているという。この神の遍在する時間と空間が絶対時間と絶対空間にほかならない。

もちろん、宇宙の統御の基本はニュートン力学による。ニュートン力学は天体と地上の区別なく、全宇宙の物体の運動を精密に説明してくれた。しかし、天体の運動には乱れが生ずる。それについて、ニュートンは、神が時空に偏在、天体の運動に目を光らせている神は必要に応じて運動を矯正すると見ていた。たとえば、土星と木星にみられる不規則運動について、ニュートンはこの不規則運動をもとに戻すために神は関与を止めないという。宇宙の時計を創造した神もときどき調整する必要があるのだ。時計のモデルを好まなかったニュートンは魔術的な神の伝統を受け継いでいた。

ニュートンはデカルトの渦動説によっては説明できなかった天体の運動についての理論を提示できた。しかし、ニュートンの近代的な運動の理論は古代的な神と一体となることで完結できたのである。

## スピノザの「神即自然」

ニュートンと同じくデカルトの影響をうけながら、ニュートンとは逆に神の人格性を排除しようとしたのが哲学者スピノザ（一六三二―一六七七）である。スペインでの迫害から逃れてオランダに移住したユダヤ人の商人の子としてアムステルダムで生まれたスピノザは、若いころにはユダヤ教徒として聖書の研究に励むが、二四歳のとき無神論者としてユダヤ教会から破門されると、数学・自然学の研究に傾注、以後苦学で独自の思想を築く。

主著の『エチカ』は副題の「幾何学的秩序に従って論証された」も示すように、ユーリッド幾何学と同じく定義と公理から定理を帰結しようとした倫理学の書、というよりも哲学一般の書というべきものである。第一部は形而上学、第二部は認識論、第三部は感情論、第四部は倫理学、第五部は自由をあつかう。第一部では神が問題とされており、神が全事物、つまり宇宙と同一であることを証明する。定理一四には「神のほかにいかなる実体も存在しえず、また考えられない」とあり、その系一では「第一に、神は唯一であること、言いかえれば、自然のうちには一つの実体しかなく、そしてそれは絶対に無限なものであることになる」、系二では「第二に、延長した物および思惟する物は神の属性であるが、そうでなければ神の属性の変化であるということになる」とされていた。

スピノザにも宇宙の原理は神であるが、神が自然を創造したり、統御したりすると考えるのではない。ニュートンの神はもとより、デカルトの神も認めない。全自然が神の属性の顕現であると考える。この意味で「神即自然」であった。神の意志は問題とはならない。三角形の本質から三角形の内角の和が二直角であるように、自然の様相は神の本質から必然的に帰結される。神の永遠性と無限性からは宇宙の永遠性と無限性が帰結できる。

全自然が神の属性であるという意味では汎神論ともいえるが、神は宇宙に解消されてしまったともいえる。教会はこのような汎神論を認めない。無神論として攻撃した。しかし、スピノザは幾何学を愛するようにこの神を愛する。神を信仰からではなく、理想からとらえようとする。もっとも知的な神への愛の仕方であった。

物体論や運動論にかんしては、デカルトのそれをほぼそのまま受け継ぐ。たとえば、デカルトによって定式化された慣性の法則にかんしては、『エチカ』で「運動をしている物体は他の物体から静止するように決定されるまでは運動し、また同様に、静止している物体は他の物体から運動に決定されるまでは静止している」（第二部定理一三・補助定理三・系）という。スピノザにとっても神と同一視された宇宙は、運動する粒子の有機的な結合体であった。

## 6 啓蒙の時代の科学と神の追放

### 近代ヨーロッパの盛衰と啓蒙思想

ヨーロッパのリーダーは入れ替わる。貿易と植民活動でヨーロッパで富強を誇ったスペインも十七世紀には衰退、かわって世界の海の覇権を競うようになるのが、オランダとイギリスであった。両国ともフィレンツェと同じように毛織物工業と貿易で力をつけた国である。

十二世紀以来イタリアについで中世都市を発達させていたオランダは一五五六年にスペインの統治下におかれたが、一五八一年には独立を宣言、一六〇九年の休戦条約で事実上の独立を勝ちとった。その間、一六〇二年にはジャワのバタビア（ジャカルタ）を根拠地に東インド会社をおこして、アジアとの貿易にも手をひろげていった。その結果、オランダの都市はヨーロッパの文化の中心地となる。ライデン大学を嚆矢に大学の設立がつづき、ホイヘンスのような物理学者も誕生する。望遠鏡や顕微鏡などの光学機器の製作も盛んとなる。かのスピノザはレンズ磨きをしていたとも伝えられている。光学の研究にも力を注いだホイヘンスは光の波動説の基礎をつくる。

自由都市の伝統は保たれ、そのために思想的に寛容な土地で出版も盛んであった。ガリレオの『新科学対話』の出版地はアムステルダムである。デカルトがオランダで研究生活をつづけ、『方法序説』はライデンで、『哲学原理』はアムステルダムで刊行した。『宇宙論』もオランダで出版の予定であった。

日本との付き合いも長かった。一六〇九年には平戸に商館を設置、徳川幕府がスペインとポルトガルの宣教師を追放してからは、長崎の出島に商館をもったオランダ人が日本貿易を独占した。そのため、日本人はオランダ商館をとおして輸入されたオランダ語の書物によって地動説を知り、ニュートン力学を学ぶことができた。書物でしかヨーロッパの知識を手にいれることのできなかった日本にとって、出版の国オランダと交易ができたことはひとつの幸運であった。

しかし、十七世紀の後半になるとヨーロッパの盟主はイギリスに代わる。オランダよりも二年早く東インド会社をおこし、インドを中心として植民活動に力を入れたイギリスでは中産階級が政治的発言力を増し、一六四九年には国王チャールズ一世を処刑するとともに、共和制に移行する。その後に王制は復活するが、議会政治を発展させた。イギリスは政治でも改革の先頭を走る。市民階級が力をつけ、ニュートンに代表されるような科学者が活躍する時代に、「理性の光」によって人間を暗い無知から解放し、教会の伝統や王朝の権威を打ち破ろうとする啓蒙思想が浮上する。そのなかで、哲学的には経験主義の立場をとり、政治的には主権は人民にあるとして社会契約説をとるロックのような思想家が登場するのもそのような時代であった。

「朕は国家なり」のルイ十四世に代表されるブルボン朝の絶対王制がつづいていたフランスは市民階級の成立という点ではオランダやイギリスよりも遅れをとっていた。しかし、十八世紀になって絶対王制はゆき詰まりを見せると、商工業の発展で富をたくわえた市民がイギリスからフランスにもひろまった啓蒙思想の影響もうけて政治的な発言をするようになる。特権を有した貴族階級とカトリック教会にたいして批判的になり、一七九一年には貴族階級の頂点にたつブルボン朝を倒した。このフランス革命の指導原理となったのも人間の自由と平等を強調する啓蒙思想であった。近代科学の発展をもたらした理性の勝利に支えられた啓蒙思想が社会を大きく動かす。

## ニュートン力学はフランスへ——ヴォルテール

啓蒙思想の高揚するフランスにはイギリスからニュートン力学も導入された。数学者で天文学者でもあったモーペルチュイ（一六九八—一七五九）は一七三二年にイギリスに渡ってニュートン力学を学び、フランスで最初にデカルトの力学を退け、ニュートン力学を擁護した『天体形状論』（一七三八年）を上梓した。

モーペルチュイからニュートン力学の手引きをうけたのがフランス社交界の寵児ヴォルテール（一六九四—一七七八）である。亡命の形で一七二六年にイギリスにわたり、三年間の滞在中にロックの哲学やニュートンの科学を学ぶ（一七二七年にニュートンの国葬も見物している）。そのとき親友のチリオに宛てた書簡の『哲学書簡』では、デカルトの渦動説の力学とニュートンの引力説の力学もとりあげ、「パリでは、地球はメロンみたいな形をしているとあなたがたは想像しているが、ロンドンでは地球の両極は偏平である」（第一四信）と述べていた。デカルト派は地球を縦長、ニュートン派は偏平であると主張していたのである（第一四信）。ヴォルテールの態度は明快である。イギリスの議会制度を礼讃し、フランスの王政とカトリックの教会を攻撃し、ニュートン派の力学の勝利を説き、デカルト派の力を退ける。

地球の形態の論争では一七四〇年からはじめられたフランスの天文家カッシーニ・ド・テュリ（カッシーニ家の三代目）による測定によって、偏平説が正しいことが確認され、フランスでもニュートン力学への支持者が多くなる。ヴォルテールも、一七三七年には愛人で庇護者であったシャトレ公爵夫人からの援助でニュートン力学の解説書『ニュートン哲学の諸要素』を刊行し、数学者であったシャトレ公爵夫人も『プリンキピア』をフランス語に翻訳している。

フランスに渡ったニュートン力学は後述するように、フランスの地で精密な数学的な展開をみせた。しかし、フランスに迎えられたのは、自然の運動を正しく説明してくれる力学の法則のみ、宇宙を創造し、監視し、調整するニュートンの神は別であった。

### ドイツの啓蒙思想――ライプニッツ

ドイツの近代化は遅れた。カトリックとプロテスタントの対立を契機にヨーロッパ諸国を巻き込んだ三〇年戦争は一六四八年に終わったが、戦後の混乱は長くつづいた。思想の世界ではなおスコラ哲学が強い勢力をもっていた。そのような時代に啓蒙思想家としてドイツ哲学の近代化につとめたのがG・W・ライプニッツ（一六四六―一七一六）である。

少年時代にはプラトン、アウグスティヌス、キケロなど読むが、ライプチヒ大学で修めた法学と哲学はスコラ的なものであった。しかし、イエナ大学への留学でピュタゴラス的・プラトン的な宇宙論やガッサンディの原子論に接する。卒業後、一六七二年には外交官としてパリに派遣され、ホイヘンスらの知遇をえて先端科学を学び、一六七五年には、デカルトやパスカルの数学を土台にしてニュートンとは独立に微積分を確立する。スピノザ哲学にも惹かれ、一六七六年のドイツへの帰途、スピノザと会っている（スピノザは翌年死去）。

同じころ、ニュートン力学も知り、ホイヘンスの力学研究を発展させた「活力」の導入による力学の体系化にもつとめた。物体の運動をひきおこす力を測る量として、デカルトは質量と速度の積（mv）を考えたが、ライプニッツはそれにかえて質量と速度の二乗の積（$mv^2$）を導入した。それは力学の数学的な発展と熱をふくむエネルギーの理論に発展する。

空間と時間の観念についていえば、ニュートン力学を学びながらも、実体とは独立に存在するニュートンの絶対空間や絶対時間は受け容れない。空間は共存する実体の秩序、時間は継起する実体の秩序とみる。その実体にかんして、ライプニッツは予定調和のもとで運動をするモナドの集合体という独自な宇宙論に到達、一七一四年に『単子論』を著わす。スピノザの「神即自然」の一元論、デカルトの物心二元論の影響をうけながらも、無数のモナド（単子）を実体とする多元論の宇宙である。

モナドの哲学は原子論を受け継ぐものであるが、モナドはそれまでの原子とは異なる。モナドは生命と精神を有するのではあるが、それでいて、モナドは相互に影響をしあうことはない。そのことを、「単子には物が出たり入ったりすることのできるような窓がない」（『単子論』七）という述べかたをしている。それでいて、全宇宙と調和をたもつ。創造主の神はその調和的な宇宙を最善のものとして選択したという。

なぜ全宇宙は調和をたもつのか。それはモナドのあいだには予定調和が成立しているからであるという。この予定調和を、ライプニッツはホイヘンスの研究で精度が飛躍的に高まった機械時計に譬えていた。二つの時計が同じ時を刻むように、世界は造られているというのだ（『単子論』「新説の第二解明」）。

## カントの宇宙創成論

三〇年戦争ののち近代化を積極的に進めたのがドイツの大国となったプロシアであった。とくに、啓蒙君主のフリードリヒ大王（在位一七四〇―一七八六）は農業と工業の振興につとめるとともに、フランスからヴォルテールを招くなど学術の振興にも力を注ぐ。このフリードリヒ大王の時代に活躍したのが哲学者のイマヌエル・カント（一七二四―一八〇四）である。故郷のケーニヒスベルク大学の哲学部（かつての学芸学部に相当）に入学して六年間在籍、哲学はもとより、ニュートンの力学やライプニッツの数学を学び、卒業論文では当時ライプニッツらが論じていた「活力」にかんする論考「活力測定法」を書く。

ケーニヒスベルク大学の私講師だった一七五五年には最初の本格的な論文『天界の一般自然史と理論』を著わした。副題が「ニュートンの諸原則に従って論じられた全宇宙の構造と力学的起源について」とあることからも分かるように、ニュートンの力学にもとづいて宇宙の構造と創成を論じたものであった。いわゆる星雲説である。

カントは太陽系ももともとは混沌とした物質粒子からなる星雲（雲のように見える天体）のようなものであったとして、『天界の一般自然史と理論』でつぎのようにいう、

われわれの太陽系に属している球天体やすべての惑星や彗星をつくっている一切の物質は、万物の初めにおいては、その元素的な根本素材に解体しており、今日これらの形成された諸天体が回転運動をしている宇宙構造の全空間を充たしていた、とわたくしは仮定する。

「根本素材」からなる原初の宇宙には密度の大小があって、引力の働きで密度の大きいところに密度の小さい部分が引かれ、太陽と惑星が生まれ、太陽の引きつける引力と斥力（蒸気の弾性力のような微粒子に特有な力）によって惑星が太陽のまわりを回転するようになる。その結果、惑星はほぼ同一平面にあり、おなじ向きに回転する。斥力と回転の説明には不明瞭なところが残るが、ニュートンの力学で太陽系の生成を説明しようとした。カントは恒星をふくむ全宇宙についても議論をひろげ、太陽系は他の恒星とともに銀河系宇宙を構成しているとし、この銀河系宇宙の起源についても同様に考えた。

ここでは、ニュートンが考えたように、神が天体を創造し、運動をあたえたとは見ない。物体に働く力による自己形成である。だが、カントは無神論者ではない。宇宙を創造した人格的な神は存在しないが、なお力学法則の制定者としての神は残る。理神論である。しかし、カントでも主役は力学の法則となる。

## カントの空間時間論

ライプニッツの「活力」を研究したカントは空間と時間についてもライプニッツの「共存するものの秩序」である空間と「継起するものの秩序」である時間にしたがっていた。『天界の一般自然史と理論』を書いたころも

このライプニッツの見解をもっていた。一七六〇年代の終わりごろには、あらためてニュートンの絶対空間・時間の観念について考察するとともに独自な空間時間論を展開する。一七七〇年、ケーニヒスベルク大学の教授就任のさいに書いた論文では、空間と時間は人間が先天的に所有する直観形式であるとした。[◇24]「コペルニクス的転回」である。

一七八一年に刊行された『純粋理性批判』では、空間と時間の直観形式をもとに科学認識が成立する根拠を吟味する。それによると、科学的認識は経験を超越するものではないが、その一部は先天的なものであり、幾何学は先天的な空間と時間の直観形式から導かれるとされた。それにたいして、物理学のような自然科学は外的な感覚を空間と時間の直観形式によって秩序づけることから成立する。そうして宇宙は物理学の対象となり、その構造と起源も論じることができるとされた。

空間と時間は人間の先天的な直観形式となった。神との関係もなくなった。神の感官である絶対空間と絶対時間でもないし、神のつくった法則によって創造された実体の関係としての空間・時間でもない。アウグスティヌスも時間を人間の内面のものとしてとらえようとしていたが、根源的には宇宙とともに神の創造と理解していた。『天界の一般自然史と理論』で太陽系と銀河系の起源を明らかにしようとしたカントは、『純粋理性批判』ではあらためて宇宙の時間的な始まりと空間的な広がりについて論じた。しかし、ここでは理性が存在の全体としての宇宙をとらえようとするとき、自己矛盾に陥ることを導いた。カントはそれは二律背反《アンチノミー》という。「世界は時間的な始まりをもち、また空間的にも限界を有する」(四五四)という「正命題」と「世界は時間的な始まりをもたないし、また空間的にも限界をもたない、即ち世界は時間的にも空間的にも無限である」(四五四)という「反対命題」が同時に成り立つと主張するのである。

したがって、時間と空間についての積極的な陳述とはいえない。宇宙の時空的な無限・有限性についての判断は下せないというのである。理性には限界があることを主張しているのでもある。

こうして、理性への信頼にたつ啓蒙主義は、理性には限界があるとの認識に到達した。

## 7　神は不要

### 力学の新展開

十八世紀のフランスではニュートンの力学が理論的に洗練され、あらたな展開をしめしていた。その先駆けともいえるのがディドロに協力して『百科全書』の編集にたずさわったダランベールの研究である（図96）。『百科全書』でも力学・天文学・物理学など数理的科学を重視したダランベールは、一七三四年の『動力学論』では動力学も静力学に還元できるというダランベールの原理を展開していた。ニュートン力学の一般化によってその理論的な豊饒性がしめされた。

形式的には幾何学よりもその論理構造がより明確にされる解析力学の形に定式化されるとともに、質点の力学として出発したニュートン力学は質点系、剛体、流体、弾性体

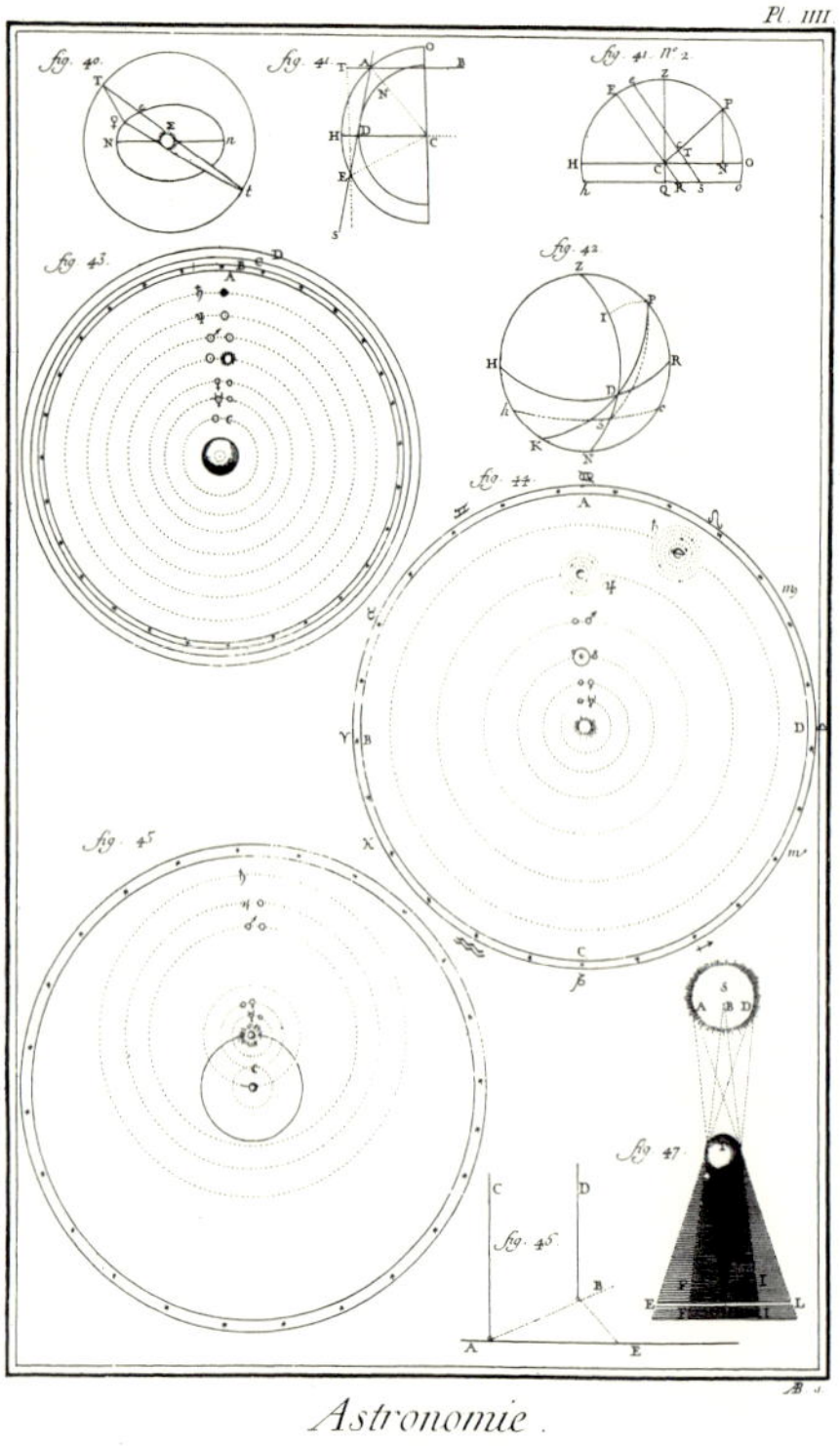


図96◆『百科全書』の天文学に付された図版。アリストテレス、コペルニクス、ティコ・ブラーエの宇宙図が見える（ジャック・プルースト監修『フランス百科全書絵引』平凡社）

の力学に拡大され、その他の自然現象にも適用しようとした。宇宙のすべてがニュートン力学によって決定論的に説明されるという自然観が確立する。イギリスで生まれた力学の理論はフランスを中心に新たな展開をとげたのである。

オイラー（一七〇七―一七八三）は微分学という解析的方法を天体の運動の分析に利用する。クレーロー（一七一三―一七六五）も地球と月と太陽の三体問題にとりくみ、摂動法をもちいて月の運動が円からズレることを説明することに成功した。それを受け継いだのがラグランジュ（一七三六―一八一三）とラプラス（一七四九―一八二七）である。ラグランジュは力学の数学的形式の研究に力を注ぎ、力学の解析的な定式化につとめた。ニュートンやライプニッツによって確立された微積分が力学にとりこまれた。ラプラスはその解析的な力学を天文学に応用する。

ラプラスがとりくんだのは太陽系の運動の問題、ニュートンによっては説明できず、神の問題とされた木星や土星の不規則な運動を摂動法によって理論的に解明することができた。それまで偶然的なズレと考えられていた木星や土星の不規則な運動がじつは九二九年周期の運動であることが明らかになった。ニュートン力学の宇宙はニュートンの考えていた以上に精巧につくられていたのである。補正のための神は必要でなくなった。そうした天体の力学的研究をまとめた『天体力学』は一七九九年から一八二五年のあいだに刊行された。

ラプラスの天文学は神的なものとは無縁である。ラプラスから『天体力学』の献呈をうけた皇帝のナポレオンは、なぜあなたの書物には造物主のことが語られていないのかとの質問をするが、それにたいしてラプラスは、「閣下、私にはそのような仮定の必要はないのです」と胸をはって答えたという。「一切の出来事は、その些細なために自然の大法則とはかかわりのないように思われることも、すべて太陽の回転と同様、その法則的必然の結果なのである」◇25（一八一四年）。数学的法則が神にとってかわった！

ラプラスの天体力学は新しい惑星の発見にも導く。すでに、第七の惑星・天王星は一七八一年にイギリスの天文家F・W・ハーシェルの観測で確かめられていたが、その後、天王星の観測をラプラスの理論と照合した結果、第八の惑星の海王星の存在が予測された。そして、それは一八四六年に確認された。ラプラスの天体力学の確かさが、つまりニュートン力学の確かさと有効さが実証されたのである。

ただ、水星の近日点（太陽にもっとも近づく点）が移動するという現象はニュートン力学によってはどうしても説明できなかった。

## 太陽系の生成——ビュフォンとラプラス

カントは星雲からの太陽系の生成を唱えたが、それよりも少し前の一七四五年にフランスでは博物学者のビュフォン（一七〇七—一七八八）が『博物誌』を著わして、たまたま太陽の縁に巨大な彗星が衝突した結果、太陽から引きちぎられたいくつかの断片が冷却して現在の惑星が生まれたとする説を提示していた。[◇26] それによって、惑星公転の同一平面性と同一方向に回転するようになった理由を説明した。また、惑星の回転運動の遠心力によって、惑星の一部分を放出し、それが衛星の形に凝縮したと考えた。ビュフォンは自然以外の原因に訴えることは慎むべきとの立場から、宇宙論から神を遠ざけた。

ラプラスが一七九六年に『宇宙体系解説』で展開した宇宙創成論も神とは無縁である。しかし、ビュフォンの彗星の衝突説は採らず、当時ハーシェルによって観測されていた星雲に着目し、カントの唱えた星雲説を修正した新しい理論を提示する。

ラプラスは太陽系の起源はゆるやかに自転する高温の星雲状のガス塊であったとする。このガス塊が冷却するにしたがって収縮すると、自転する速度は大きくなる（回転するフィギュアスケートの選手が腕を縮めると回転が速くなるように）。そうすると、塊の赤道部分からガスを放出、ガスの輪が生まれるが、その輪が固まって惑星や衛星となり、最後に残ったガスの塊が太陽となったと考えた。それによって、惑星の運動がほぼ同一の平面内にあって、ほとんど円に近い軌道を、同一方向に運動してしていることが説明された。[27] 宇宙の構造と宇宙の創成にニュートン力学を利用するが、ニュートンの宇宙論に潜む神は不必要とされた。

神が追放され、宇宙のすべての現象は力学の法則によって説明できると考えられる。光についていえば、十九世紀になるとニュートンによって主張された粒子説に代わり、ホイヘンスやフックによって唱えられていた波動説が優勢となる。が、フランスの物理学者A・J・フレネルは絶対空間のなかに満たされたエーテルを媒体とする振動であるという力学的な現象として理解し、その数学的理論を明らかにした。このエーテル説によれば、地球もエーテルのなかを運動している。一八八一年以来、アメリカのA・A・マイケルソンとE・W・モーリーはエーテルにたいする地球の運動を検出しようとする精巧な実験をおこなったのだが、ついに地球の運動を見いだすことができなかった。それでも、水星の近日点移動の問題もふくめて、やがてニュートン力学から説明されるだろうと考えられていた。

## ディドロの無神論

フランスの啓蒙主義の哲学者たちからも神を否定する声があがる。哲学者のラ・メトリ（一七〇九―一七五一）はその著『人間機械論』（一七四七年）で、人間は生命も精神もふくめて機械であるとの見解を披瀝した。デカルトには精神をもつ人間は特別な存在であったが、ラ・メトリにとっては、人間と動物は連続する。猿という一番に頭のいい動物と人間との関係は、「ホイヘンスの惑星時計のジュリアン・ル・ロワの時計に対する関係のごときものである」と述べる。十八世紀前半に活躍したフランスのジュリアン・ル・ロアは、振り子の長さの温度変化を補正して、精度を飛躍的に高めた時計師である。ラ・メトリにとっては、人間も精巧な自動機械にすぎない。神などはどこにも存在しない。

ダランベールの協力のもとに、宗教に背をむけて、科学的知識の全体を集成しようとした『百科全書』を編集したディドロ（一七一三―一七八四）も神にたいする明確な態度をしめした。
最初の哲学的著作『哲学断想』（一七四六年）では神の存在の不合理性を衝きながら、無神論では自然の秩序を説明できないと考え、理神論こそが合理的な見方であると主張していた。しかし、盲人の物理学教授ソンダーソンの名を借りて、みずからの見解を表明する『盲人に関する手紙』（一七四九年）においてディドロは唯物論者、無神論者である見解を表明する。そこでは、ひとりの牧師が自然の秩序の美しさを語り、その創造者としての神の存在を認めさせようとするが、盲人のソンダーソンには通じない。ソンダーソンはいう、私のような盲人を造り出す神とはなんなのか。ニュートンの神を持ち出されても理解できないとして、この世界は混沌の物質の世界であるという。

さまざまな変動を受けやすい一つの複合体であり、その変動は一つ残らずたえず破壊にむかう傾向を示しています。それはつぎつぎに現われて、ひしめきあい、やがて消えてゆく多くの存在のめまぐるしい継続であり、束の間の均衡であり、一瞬の秩序であります。

自然の秩序などといっても長い歴史を考えれば一瞬のもの、真実はさまざまな物質が生成消滅する世界なのである。いまある世界は混沌から進化したものである。そこには神の英知などは認めがたい。
自然の仕組みが科学的に説明しつくされることで、神は幻想でしかなかったことが明らかになる。それは、カトリック教会を背景とする既存の権威との闘争への思想的な武器を提供してくれた。フランス革命が起こるのはディドロが世を去った五年後のことであった。一七八九年七月に民衆がバスティーユ牢獄を襲撃したのをきっかけに、人間の自由と平等をかかげた革命はフランス全土にひろがり、一七九一年にはブルボン王朝は廃され、共和制が宣言された。

## 生物の創造にも神は不要

生物学の世界では十八世紀になってもアリストテレスの見解は生きていた。スウェーデン人のリンネ（一七〇七—一七七八）は種は神によって創造されたもので、現在の種は創造のときの一対の祖先にさかのぼれるという見解のもとに、生物を綱・目・属・種に分類、生物種を属名と種名によって表わす二名法を確立した。リンネも不変な種を単位として、生物界を位階的な体系と見ていたのである。天文学では失われつつあった神の支配が、生物学の世界ではなお維持されていた。

しかし、生物学にも種の不変性にたいする批判が現われる。彗星が太陽に衝突することで惑星が生成されたとの説を唱えた『博物誌』で、ビュフォンは地球には地質学的な変化があり、その変化によって生物の種にも変化が生ずるのであって、神による種の創造は不必要であると主張していた。◇29 そこから、リンネの分類学にも批判の目をむけた。

ディドロもビュフォンの『博物誌』を学ぶことから種の変化に着目した。『自然の解釈に関する思索』（一七五四年）では、「動植物界において一つの個がいわば始まり、成長し、持続し、衰え、死ぬのと同じように、種全体についてもまた同様ではないだろうか？」（五八「諸問題」二）と述べていた。進化論に近づく。『ダランベールとディドロの対談』（一七六九年）でも、鉱物、植物、人間をふくむ動物からなる全自然は連続の存在であると考える。ミレトスのアナクシマンドロスの自然学がよみがえろうとしていた。

もちろん、フランスでもキュヴィエ（一七六九—一八三二）のような進化説の否定論者もいた。現在種と化石との差異が進化の証拠とされるが、それは進化の結果ではなく、天変地異で死滅した生物の遺骸であって、そのつど、生物が創造されたという天変地異説を主張する。『創世記』のノアの洪水は五、六〇〇〇年前に起こった最後の天変地異であったとして、神学と生物学の調整につとめていた。

それでも進化説の支持者が増える。フランスの博物学者ラマルク（一七四四―一八二九）はビュフォンの進化説をうけて、器官の用不用および環境による獲得形質の獲得によって実現されるという進化のメカニズムを提唱した。そのときラマルクは進化の方向として単純なものから複雑なものが生まれると考えていた。それにたいして、チャールズ・ダーウィン（一八〇九―一八八二）は『種の起原』（一八五九年）で、進化のメカニズムを自然淘汰で説明した。太陽系が星雲から生成されたように、人間も他の種から進化した動物である。しかし、それは実証された理論ではない。聖書に反するとの非難はもとより、科学者からの批判が沸き起こる。それでも、ダーウィンの説明には説得力があった。支持者が増える。神が生物の創造者であるとする最後の砦も危うくなった。

コペルニクスが人間の住む地球を他の惑星の仲間であるとの地動説を発表してから三〇〇年あまりたって、人間を他の動物と同じ仲間とする進化論が生まれた。生物学から神が退場するとともに、人間と動物のあいだにあった絶対的な障壁も消滅した。神の存在理由も失われる。

しかし、「自然淘汰」と「最適者生存」の思想は資本主義のもとでの自由競争を正当化する社会ダーウィニズムの論理にもつかわれた。人間に君臨していた神を排除する科学は、人間のあいだでの弱肉強食を根拠づける思想ともなる。

## 十九世紀の科学――科学技術と資本主義

科学は神学から自立した。科学の勝利と発展は人間の理性にたいする信頼のもとに宗教や伝統の権威をうちやぶろうとする啓蒙主義の時代を到来させた。神の役割は小さくなって、科学の舞台からは退場、主役は人間であることが自覚される。「自然の界の主人」（デカルト『方法序説』）との認識が浸透する。そのなかで、科学を専門とするものの社会的な地位が認知され、十九世紀のなかごろには、自然哲学者という呼称にかわって、「物質世界に関する知識《スキンテイア》の研究者」という意味で「科学者 scientist」という用語がつかわれるようになる。科学は伝統的な哲学から「変質」をとげた特殊な「知識」とみなされるようになった。◇30「特殊」な知識というのは、技術への応用が可能である知識であることも意味した。人間は自然を理解するだけでない、自然の仕組みを明らかにすることで自然をより自由に操れるようになった。蒸気や電気の応用とともに、機械時計が自然の比喩であった時代が終わるが、機械時計の仕組みを知り尽くした時計師が精巧な機械時計を組み立てるように、ワットは蒸気機関を動かし、スティーブンソンは汽車を走らせる。

一八三〇年代にイギリスのファラデーによって発見された電気誘導の原理はまもなく発電機と電動機を生み、水車や蒸気機関にかわって工場の動力につかわれ、電車を走らせた。ミレトスのアナクシマンドロスは馬のひく車を比喩にした宇宙論を提唱したが、いまや電気で回転する動力が世界を変えはじめた◇31

科学技術の時代の到来は科学を「技術の侍女」とした。その侍女を自由に使用できたのは生産手段を所有する資本家である。資本主義の発達が科学技術を発達させ、科学技術が資本主義を発展させる。結局、科学は「資本の侍女」となる。

資本主義の発達は生産品を世界中に運ぶと同時に、科学技術としての知識を世界中に運ぶ。資本主義も世界に拡大し、資本主義を正当化するスペンサーの社会ダーウィニズムの思想もひろがる。

そして十九世紀の後半には、とくに新興国プロシアの主導するドイツ帝国を範に、殖産興業と富国強兵を進めようとした。極東の国の日本にも、汽車につづいて電車が運ばれてきた。工場の動力もモーターとなる。同時に、工学だけでなく、数学や物理や化学などの専門化された科学が導入された。その窓口となったのが明治政府が設立した東京大学である。西洋の大学をモデルにして生まれたが、技術が重視された大学であった。スペンサーの哲学も教えられた。それでも、理学部には星学科が設立され、当初は編暦のための天文学が中心であったが、西洋の最新の天文学の教育もはじめられた。

# 第8章　人間はどこへ――現代の宇宙論

一九〇五年九月、ドイツの物理学会誌『アナーレン・デア・フィジーク』に「運動物体の電気力学について」と題する論文が掲載された。後に特殊相対性理論とよばれるようになる論文の著者はスイス・ベルンの特許局に勤める技師アルバート・アインシュタインで、その論文は現代宇宙論の夜明けを告げる鐘となった。

特殊相対性理論によって絶対空間に満たされたエーテルのなかを天体が運動し、光が伝播するという十九世紀を支配していた宇宙像は葬られた。ニュートンの絶対空間と絶対時間は排除され、絶対空間のなかに充満するエーテルにたいする地球の運動を考えることは意味がないことが明らかにされた。マイケルソンとモーリーは地球の運動による光の速度の変化をもとめようとしたのだが、特殊相対性理論によれば、光の速度はすべての観測者にたいして同一である。光の速度の変化が検証できるはずがなかった。

アインシュタインは空間も時間も、物体の運動も相対的であるという物理学の法則を明らかにした。一九〇七年にはこの法則から、質量とエネルギーが相対的であるという $E = mc^2$ の関係を導き出した。物質には膨大なエネルギーが内蔵されている。それはやがて悪魔の兵器・原爆を生み出す原理となるであろう。

特殊相対性理論では時間と空間の等質性と無限性は維持された。なお、ユークリッド幾何学が成立していた。それでも、その衝撃は大きかった。絶対空間と絶対時間を守ろうとする物理学者も少なくなかった。後には、ナチズムの反ユダヤ運動において彼の本は焚書の対象となり、アインシュタインも追われる身となるのだが、物理学界の大御所であったマックス・プランクの支持もあり、革命的な理論は世界の物理学者から認知されてゆく。一九〇九年、三〇歳でチューリッヒ大学の教授に就任する。アインシュタインを招聘したいとの申し出も多くなる。コペルニクスの地動説のときとは状況はちがっていた。

そして、ベルリン大学の時代の一九一六年に発表した一般相対性理論は時間と空間の観念をさらに大きく変え、宇宙論の重大な「転回」をもたらした。そこでアインシュタインは時空間に重力の存在を考慮して、時空間の構造を論じ、重力が時空間を湾曲させることを明らかにした。われわれの住む宇宙ではもはやユークリッド幾何学が適用できない。非ユークリッド幾何学の成り立つ世界となった。それを目に見えるように想像するのはむずかしいが、三角形の内角の和が二直角とならないような世界である。不思議な世界となったのだが、この一般相対性理論を水星の運動に適用することで、ニュートン力学では説明のつかなかった水星の近日点の移動についても説明が可能となった。

翌年の一九一七年にはその宇宙方程式をわれわれの住む宇宙に適用、宇宙は一定の半径をもつ「球形の閉じられた静的な宇宙」であることを示した。宇宙は境界はないが、有限である世界とされた。このアインシュタインの宇宙論は、宇宙は爆発的な膨脹によって生まれたというビックバン宇宙論にとってかわられるのだが、ビッグバン宇宙論もアインシュタインの宇宙方程式を基礎にして導かれた。こうして宇宙論の時代が到来した。宇宙の創成と構造、それに宇宙の未来の問題が科学の問題として活発に議論されはじめる。

# 1　アインシュタインの宇宙論

## 一般相対性理論から導かれた宇宙

ドイツ生まれのユダヤ人であったアインシュタインが数学と物理学を学んだのはスイスのチューリッヒ工科大学の数学・物理教員養成コース、一度失敗しての入学である。卒業後はライプチヒ大学の物理化学者W・オストワルドに助手への採用を懇願する手紙を書くが、それはかなわず、友人の紹介でベルンの特許局の技師に就職した。最新の物理学に接するのはこの技師の時代、独学であった。ただ、アインシュタインは、ベルン大学で哲学を専攻していた学生のモーリス・ソロヴィン、工科大学時代から数学の友人であったコンラッド・ハビヒトによってはじめられ、のちには特許局の同僚であったミケランジェロ・ベッソが加わった「オリンピア・アカデミー」を主宰する。「アカデミー」とはいってもアインシュタインの下宿での読書会、そこでは、マッハ、ポアンカレ、スピノザ、ヒューム、ミル、ヘルムホルツ、リーマン、デデキント、クリフォードらの書物と論文がとりあげられ、熱心な議論はしばしば深夜までおよんだという。物理学の研究でアインシュタインの頭に浮かんだ着想も「アカデミー」の仲間に披瀝され、そこでの議論も参考にしながら吟味が重ねられ、論文に仕上げられていったのである。そうして、一九〇五年には、光量子についての論文とブラウン運動の論文とともに、特殊相対性理論も生まれた。この論文の作成に当たっては物理学や哲学に精進していたベッソが協力をしてくれた。

特殊相対性理論はあらゆる慣性系（たがいに等速で動いている座標系）が平等であって、特権的な絶対空間や絶対時間というものは存在しないという前提のもとに築かれた。◇1　ここには地球を特別視せず、他の惑星と同等視した地動説に通ずる平等の精神がみとめられる。しかし、アインシュタインは特殊相対性理論だけでは満足しなかった。慣性系の間で成り立つ特殊な理論を非慣性系（加速度のある座標系）に一般化しようと努力し、一九一六年に一般相対性理論を完成させる。そこで、アインシュタインは物質の存在がもたらす重力と時空間の構造を関係づけた簡明な宇宙の方程式を導き出す。

つづけて、翌年の一九一七年にはその方程式を全宇宙に適用、そうしてアインシュタインはこの宇宙が「球形の閉じられた静的な宇宙」であるという結論に到達した。三次元の球面である。目に見えるように想像するのが難しいが、次元を一つ下げて考えれば、三次元空間のなかの二次元球面に対応する。さらに次元を下げれば一次元の円、時間を含めれば、円筒的な宇宙となる。

球面や円がそうであるように、アインシュタインの宇宙には中心も境界もない。しかし、広がりは有限である。しかも、その外部というのは存在しない。物質の重力によって空間はぐるっと湾曲させられ、全宇宙は閉じられているのだ。どんどん東に向かうならば、やがては西から同じ場所にもどってくる。物質の量で決まるその球の半径は三〇〇億光年と計算された。

こうして、空間の有限・無限性にかんする二律背反の問題にも新たな光が当てられた。あたかも、近代科学とともに廃棄されたアリストテレスの有限で永遠の宇宙に回帰したかのようであった。アインシュタインの「球形の閉じられた静的な宇宙」はアリストテレスの球形の宇宙と類似の宇宙とうけとられ、多くの物理学者を魅了し、支持もされた。大衆もその意味がよく理解できなくても惹きつけられた。世界的に宇宙論のブームが起こる。一九二二年にはアインシュタインが来日して全国各地で講演や講義をおこなっている。相対性理論と宇宙論のブームは日本にも波及した。◇2

しかし、「球形の閉じられた静的な宇宙」は宇宙の方程式に恣意的な宇宙項（アインシュタインそれをλ《ラムダ》で表わしたのでλ項ともいわれる）を付け加えることでえられたものであった。アインシュタインはもとの方程式では重力のためにつぶれてしまうと考え、そこで宇宙が静的であるようにするために斥力の働きをする宇宙項を付け加えたのである。それによって静的な、そして「球形」という美的な宇宙がえられた。が、実証されたものではない。それに、アインシュタインも認めていたように、宇宙項を付加することで宇宙方程式のほうは美しさを損うことになった。

アインシュタインの静的な宇宙にたいする疑問の声も聞かれるようになる。理論的には、アインシュタインが日本を旅行していた一九二二年にロシアの物理学者A・フリードマンはアインシュタインのもとの方程式を研究して、じつは収縮も膨張もするということを明らかにした。同じころ、ベルギーの神父の物理学者アッベ・ルメートルも独立に膨張する宇宙を研究して、宇宙は「原始原子」とよばれる高密度の状態にはじまると考えた。そのためビッグバンの父とも称されるようになる。静的でない可能性の宇宙が探られていた。

そして、南北戦争後十九世紀末までに世界第一の工業国に躍り出たアメリカは、宇宙の科学でも先頭に立つ。大口径の望遠鏡をもつ天文台が設立されるようにもなり、一九一二年ハーバード天文台のH・S・リーヴィットは小マゼラン銀河のなかのケフェウス（セファイド）型変光星の脈動周期から遠方の恒星や星雲の距離を算出する方法を確立した。[◇3] アメリカの参加によって、宇宙の探究は飛躍的な展開を見せた。

ウイルソン山に設置された口径二・五メートルの望遠鏡で星雲の観測をはじめたハッブルは、一九二二年にアンドロメダ星雲の観測から、それがわれわれの「銀河系」の外部に存在する別の銀河であることを確認する。宇宙はそれまで考えられていたよりもはるかに大きいことが明らかになった。さらに多くの銀河の存在が確かめられ、銀河系は多数の銀河のひとつにすぎなくなった。その後も銀河の観測をつづけたハッブルは一九二九年に第二の発見をする。銀河のなかの星が発する光を分光分析することから、銀河は銀河系からの距離に比例する速さで遠ざかっていることを明らかにした。[◇4] 宇宙は静的でない。膨張しているのだ！

アインシュタインの「球形の閉じられた静的な宇宙」は正しくなかった。アインシュタインも一九三一年にはみずからの宇宙論の誤りを認めた。望遠鏡での天体観測から地動説を確信したガリレオを処罰したローマ教会のような態度はない。アインシュタインの宇宙方程式には宇宙項を付け加える必要がなかったのである。

アインシュタインの「球形の閉じられた静的な宇宙」は誤りであったが、アインシュタインの（宇宙項をつけない）宇宙の方程式は正しかった。それによれば、宇宙は宇宙の全質量がある一定の値よりも小さいときには膨張しつづけ、その値よりも大きいときには膨張と収縮を繰り返す。膨張の場合には宇宙は閉じられていないが、膨張と収縮を繰り返す場合には閉じられた宇宙となる。一般的には非ユークリッド的な世界であるが、ちょうどその値のときには宇宙は膨脹はするがユークリッド幾何学が成り立つ。多様な宇宙の可能性が明らかにされたのである。

われわれの宇宙はどの宇宙に相当するのか。宇宙の全質量が正確に求められないので、われわれの宇宙がどの宇宙に相当するのかは確定できないが、しかし、いずれの場合に相当するのかは別にして、われわれが膨張しつつある宇宙に生きているのは確かである。

## 科学と美

アインシュタインにとって宇宙は秩序的世界、調和のとれた美の宇宙であらねばならない。それが「球形の閉じられた静的な宇宙」であった。ギリシアの科学者に抱かれていた宇宙意識である。物理学の理論も美的であるにちがいない。平等の精神とともに、この美的であるとの信念が特殊相対性理論と一般相対性理論を生み出した原動力でもあった。だから、アインシュタインは「球形の閉じられた静的な宇宙」という美的な宇宙を導き出しながら、一方で同じく美的な観点から宇宙項を付加することに不満を抱いていた。

アインシュタインはその宇宙意識において、民主政治の高揚したギリシアのミレトスにおいて対称性の原理から宙に浮かぶ大地の宇宙を構想したアナクシマンドロスの後裔といえることについては、拙著『科学と科学者の条件』で述べた。◇5 そして、ギリシア人がそうであったように、アインシュタインも科学は芸術家の精神に共通して人間の自由な創造の産物であると考えていた。[6] その着想は組織的な計画からではなく、個人の魂が生み出すのだ。ピュタゴラスやプラトンの精神を再発見した近代科学の流れのなかに生きた科学者だったのであり、その点から、ガリレオやケプラーやニュートンの研究を称賛していたのである。

しかし、芸術とはちがって、科学はその真偽が観測や実験によって検証されるのであって、アインシュタインもハッブルの観測結果に反するということから、「球形の閉じられた静的な宇宙」を放棄せねばならなかった。そこが宇宙の美を神の栄光とむすびつけていたスコラ哲学と異なるところである。

アインシュタインはみずからの宇宙論が誤りであったことを認めたあとでは、宇宙の創成や構造の問題には積極的に関わらず、重力と電磁気力を統一する理論の探求に専念する。物理学の世界では孤立した研究であったが、それは天体と地上物体と包括する力学を完成させようとしたニュートンの仕事に相当する。困難な仕事ではあっても、アインシュタインにとってはどうしても探求せねばならなかったもう一つの宇宙の研究であった。

## 宇宙と神

一九一九年にイギリスの天文家エディントンは皆既日食を利用して、太陽が近くを通る星の光が曲ることを観測して、一般相対性理論の正しさを検証した。それによって、科学界の寵児となったアインシュタインが一九二一年にイギリスを訪問したとき、カンタベリーの大主教から相対性理論が宗教にどのような影響をあたえるかと質問されたのにたいして、「少しも影響はありません。相対性理論は純科学的な事柄ですから、宗教とはなんの関係もありません」と答えていた。[7] ユダヤ人であったアインシュタインはユダヤ人あるいはユダヤ教と科学との関係をよく問われていたが、アインシュタインの意見では「哲学的意味でのユダヤ的自然観なるものは存在しない」のであった（「ユダヤ的世界観なるものは存在するか」一九三四年）。[8] 賛美歌にはこの世の美と偉大さにたいする陶酔的な喜びと賛嘆が見られ、真の科学研究もその精神的な力をそこから汲みとるのだが、ふたつを結びつけるのは子供っぽい愚かなことだ、とも述べている。

とはいっても、アインシュタインをただちに無神論者と見ることはできない。神をとりあげるのが好きなアインシュタインであった。ニールス・ボーアの量子論の統計的な解釈にたいして、「私は神が宇宙でサイコロ投げをしているとは信じることができない」といった反論をしたこともある。一九二九年ころ、あなたは神を信ずるかと質問されたときには、「私はスピノザの神を信じています。それは、存在するものの合法則的な調和の中に自己を顕現する神であり、人間の運命や行為にかかずらう神は信じません」と答えている。[9] 宇宙を創造したという聖書の人格神は信じないが、スピノザの神は認める。デカルトの理神論をも克服した「神即自然」の神である。神はすべての事物に存在し、事物はすべて神のなかに存在する。

翌年に雑誌に寄せた論文の「宗教と科学」では、スピノザの神を「宇宙的宗教性」というよびかたをしていた。[10] スピノザは宇宙の創造者であった神を宇宙＝自然と同一視したとみていたのだ。アインシュタインは、この「宇宙的宗教性」をスピノザのほか、アシジのフランシス、デモクリトスの思想のなかにも見ていた。フランシスコ修道会の創立者であったアシジのフランシスは清貧を尊びながら、被造物である人と自然を愛し、鳥や動物にも友達のように語りかける生活を送ったといわれている。原子論者のデモクリトスは無神論者であり、快楽主義者といわれるが、「すべての快楽をではなく、うるわしいことにおける快楽を選ばねばならない」（『ソクラテス以前哲学者断片集』第六八章B二〇七）という言葉も残されているように、単純な快楽主義者ではなく、美と知性の大切さを説く哲学者であった。清貧と自然愛に生きたフランシスや自然の知的な探究に生きたデモクリトスの思想のなかにも宇宙的宗教性を認めていた。この「宇宙的宗教性」の感情はケプラーやニュートンの科学にも流れ、彼らの研究の最強かつ最高の駆動力であったとアインシュタインはみていた。

その後もアインシュタインはスピノザの神の支持を吐露している。第二次大戦はアインシュタインの心にも深い傷を負わせたのだが、スピノザにたいする敬愛の念は変わりがない。一九四七年には、「私には人格神という観念は、私が本気で信じることのできない人類学的な概念のように思われる。私はまた、人間の圏外にある意志とか目標とかを想像することはできないように感じる。私の見解はスピノザのそれに近い——われわれが謙虚かつ不完全にのみつかむことのできる秩序と調和の美しさに感嘆し、かつその論理的単純さを信ずるのである」[◇11]。なお、重力と電磁気力が統一される秩序と調和の美の存在を確信していたのだが、その宇宙に科学とは対立することのないスピノザの神の存在を信じてもいたのである。アインシュタインには美を追求する精神と神への信仰が共存する。アインシュタインはギリシア的なものとユダヤ・キリスト教的なものに育まれた西洋的宇宙観の伝統を受け継いでいた。

### ビッグバン——宇宙論も繰り返される

アインシュタインは宇宙の創成や構造の問題には積極的に関わらなくなったが、アインシュタインによって切り開かれ、フリードマンらによって引き継がれた一般相対性理論による宇宙論の研究は、一九四六年にロシアで生まれ、レーニングラード大学ではフリードマンに相対性理論の講義をうけた物理学者ジョージ・ガモフ(一九〇四—一九六八)が提唱した宇宙論によって新しい段階を迎えた。一九三四年にアメリカに渡り原子核反応による星の進化を研究していたガモフは、フリードマンの理論にしたがって、いま膨張している宇宙はかつては無限に高温で高密度の火の玉の状態であったと考えた。大爆発、いわゆるビッグバン説とよばれるようになる理論である。

ビッグバン説によると、初期の宇宙は陽子と電子が自由に動きまわるプラズマ状態にあったが、膨張によって温度が低くなると陽子と電子は結合して水素原子が形成され、宇宙の誕生から三〇万年ほどたつと空間は透明になって光が自由に進むことができるようになった。これを「宇宙の晴れ上がり」といい、このときの発せられた光を宇宙背景輻射という。さらに大きな原子も生まれ、一〇億年後には恒星が誕生、銀河が形成される。われわれの太陽も出現、惑星のひとつとして地球も誕生した。コペルニクスによって「宇宙の心臓」といわれた太陽の光と熱の源泉は水素がヘリウムに変わる核融合のさいに放出されるエネルギーであり、そのエネルギーの恵みのもとに地球上に生命が誕生、人間にも進化した。

ビッグバン以前の宇宙はどのようなものであったのか。ガモフは宇宙は膨張と収縮を繰り返しているとみていた。現在はビッグバンの後の膨張の過程にあるが、この宇宙もやがて収縮に転じて、火の玉の状態となり、そこから跳ね返って、膨張をはじめる。[12] 宇宙は永遠に振動をつづける。大火や大水による終末を唱えたプラトンの宇宙論と似たところがある。

一九四八年にH・ボンディ、T・ゴールド、F・ホイルはビッグバン説を否定する理論を提出した。[13] 宇宙は膨張をするが、膨張によって生じた空間を補うように絶えず新しい物質が創成されつづけ、それは銀河を形成して宇宙は同じ状態を保ちつづけると考えた。それによって、宇宙の最初という特異点を避けることができた。そのかわり、質量の保存則には目をつぶり、無からの物質の創造を仮定する。宇宙の密度は一定に保たれることで宇宙の定常性は維持されるとするこの定常宇宙論はアインシュタインの静的な宇宙とは異なるのだが、アリストテレスの宇宙の永遠説に通ずる理論である。

どちらの説が正しいのか。カントのいう二律背反的な問題が再浮上したのだが、カントのときとはちがって、観測によって判定が可能と考えられていた。ガモフはビッグバンのあと空間は透明になって光が自由に進むことができる「宇宙の晴れ上がり」のときに発せられた宇宙背景放射は今でも観測されうると予言していた。その存在が一九六五年にA・ペンジアスとR・ウイルソンによって偶然に発見されたのである。その結果、ガモフのビッグバン説が確かめられたとして多くの支持を獲得する。

しかし、その後、宇宙の起源についての議論が活発となり、ガモフの振動する宇宙という考えには疑問が投げかけられるようになる。一九六七年、S・ホーキング(一九四二―)とR・ペンローズ(一九三一―)は一般相対性理論からビッグバンの状態の宇宙は無限に小さくなる特異点であることを数学的に明らかにした。ホーキングはその状態を量子論的な問題として分析、ビッグバン以前には宇宙は存在しなかったとの理論をつくりだした。宇宙だけでない、時間もビッグバンとともに生まれたとされた[◇14]。永遠に振動しつづけるという宇宙論は退けられた。一九八〇年代にはいると、ウクライナ生まれの物理学者のA・ビレンケン（一九四九―）も特異点を量子論的にあつかえば、宇宙は「無」の状態から生成されたとの記述が可能だと考え、「無からの宇宙創造」と題する物理学の論文を発表した[◇15]。

どちらもあたかもアウグスティヌスの「無からの創造」の再現のようである。アウグスティヌスの『神の国』が述べた「世界が時間のうちにつくられたのではなく、時間とともにつくられたのであることは疑いをいれない」（一一・六）ということばも想起されよう。現代の宇宙論でも、宇宙は時間のなかで生まれたのでなく、時間とともに生まれたとされる。彼ら現代の宇宙論者は量子論の数学的な操作で、宇宙と時間が無から創造されたことを証明しようとしたとも思われる。もちろん、ビッグバンの存在は確かめられても、観測によってそれ以前についてのことを確かめることはできない。宇宙の始まりの特異点にはキリスト教の神が存在していて、「宇宙論者の数学という言葉」で宇宙を創造したかのようである。

ビッグバンによって生成された銀河宇宙のひとつであるわれわれの「銀河系」の場合には約二〇〇〇億個の恒星が渦巻き状の形をもち、その直径約一〇万光年、厚さ約三〇〇〇光年である。他の銀河宇宙でも渦巻き状のものが多いが、楕円形のものや不規則形のものもある。その数は数千億、その銀河宇宙が現在約一五〇億光年の空間に分布、なお膨張をつづけている（図97）。古代の原子論者やブルーノらによって唱えられていた無数宇宙論の現代版といえよう。ところが、生成されたのは、このわれわれの宇宙だけでない、ほかにも無数の宇宙を誕生させたのであって、この数千億の銀河宇宙からなるわれわれの住む宇宙はその一つにすぎないとの説もある[◇16]。

ビッグバン説は宇宙の未来についても語る。もしも宇宙がやがて収縮する場合であるのならば、宇宙は始まりの状態に回帰する。ビッククランチに陥り宇宙の一生を終える。宇宙がこのまま膨張をつづける場合でも、水素を燃料にして輝いている恒星はその質量によって、軽いほうから白色矮星、中性子星、ブラックホールとなって一生を終え、最終的には宇宙はブラックホールだけの暗黒の世界となると考えられている。聖書の宇宙がそうであるように、宇宙は一回かぎりと考える。

地球に光と熱を送りつづける太陽も白色矮星となって終わりのときを迎えるのだが、それ以前の五〇億年ほどたって燃料の水素が尽きはじめるころには太陽は赤色巨星となり、この段階で水星や金星はもとより、地球をも呑みこんでしまう。地球の海の水はもとより、岩石も溶解、蒸発、それまで人間が生存していたとしても、もはや人間の住める惑星ではなくなる。太陽も月も打ち壊された天から火が地上に降り注ぐというこの世の破局、『ヨハネの黙示録』の世界である。

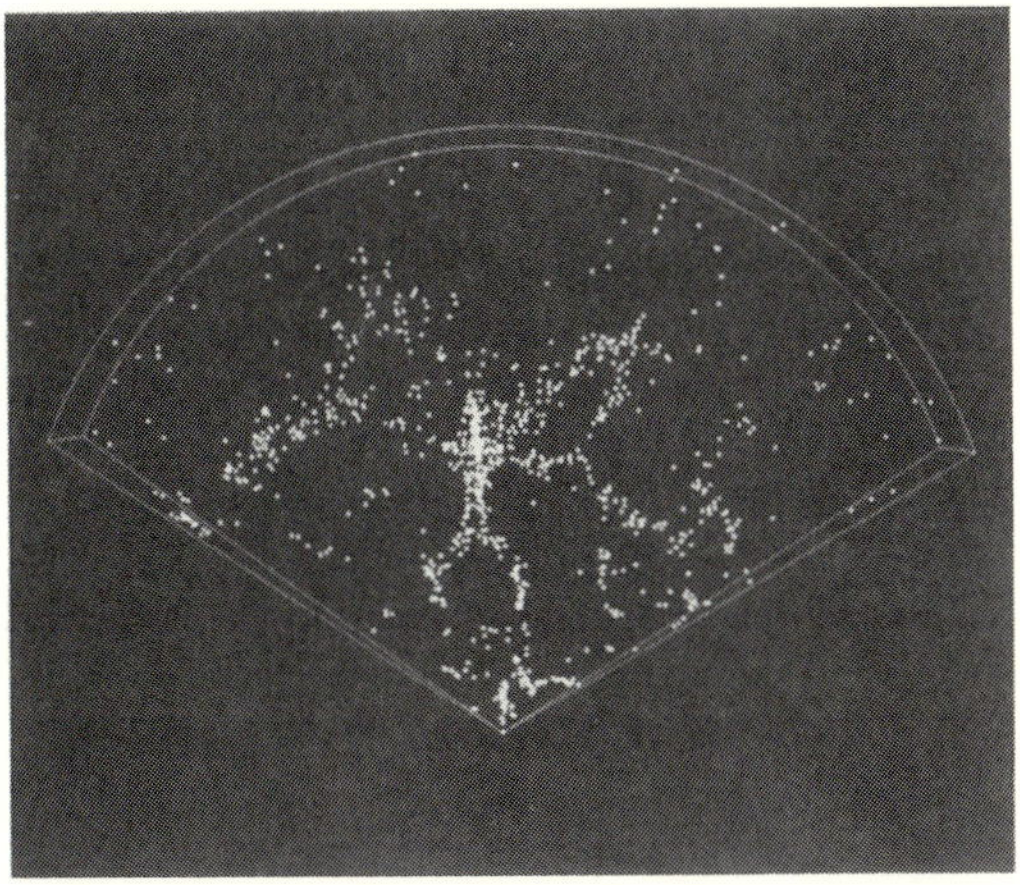

図97◆銀河の分布の様子。銀河は泡のような集団の構造をもつ（野本陽代『宇宙はどこまで見えてきたか』岩波書店）

振動する宇宙、定常宇宙、無から創造された宇宙、そして時間。さらには、無数の宇宙の生成。宇宙の終末。ギリシア哲学やキリスト教に現われた宇宙論が現代にも姿を変えて登場する。宇宙論も繰り返されるのだ。宇宙には神が存在しなくても、宇宙論者の心には伝統の神が生きつづける。科学の新しい成果だけでなく、西の宇宙観に底流する古い宗教の精神とも切り離せない。その数学的な手法は理解しがたくても、西の宇宙観の歴史を学んできた私たちには、現代の宇宙論の基本的な考えは異様なものとは見えない。人間はそれほど斬新な思考はできないということを物語ってもいる。

## 2　宇宙への回帰

### 天の科学から地の科学へ

「神学の侍女」であった科学が自立、科学の原理によって宇宙の創成と構造と未来を説明しくれた。このとき、人間は神の支配から解放されたのでもあった。

神にとってかわっただけに、科学の威力は大きかった。科学は天体だけでない、地上のあらゆる物体の運動の原理ともなった。その原理を利用して人間は自然を加工して物を造り、自然の力を制御して物を動かすようになる。科学は技術の原理ともなった。人間が自然の支配者となる。ガリレオが『機械学』でテコや滑車を論じていた時代とは様相が一変する。十九世紀に入ると科学技術の役割は大きくなり、とくに電信と電話、発電機と電動機といった電気技術の成功は科学にたいする認識を大きく変えた。科学は人間を神の支配から解放してくれただけでない、人間の生活をかぎりなく豊かにしてくれるものとも考えられるようになる。

二十世紀になって飛躍的に発展した科学がもたらしてくれた大量生産と大量輸送の技術の普及によって、人間は過酷な労働から解放され、豊かな生活が保証されるユートピアが出現するのではないかとも思われた。しかし、すべての人々が豊かになったのではない。豊かさを享受できたのは資本家階級である。そこでは、「神学の侍女」であった科学は技術と資本主義の強力な侍女として立ち振る舞う。物だけでない、人間をも統御する手段となる。

科学技術を結合した資本主義は生産力を拡大したが、しかし、同時に貧富の差を拡大もした。資本主義の活動が全地球的に広がることで、地球上には飽食とともに飢餓の世界も生み出す。自然淘汰を原理とすることで神を排した進化論は貧富の差の拡大を肯定する思想とも解釈された。そのような資本主義の論理をもとに全地球を舞台とする植民地競争がはじまる。二度の大戦はおびただしい数の非戦闘市民を凄惨な状況に追いやった。

もちろん、資本主義を終焉させようとする社会主義の運動も全地球的な広がりをみせた。社会主義も科学技術を社会発展の原動力に位置づけたのだが、社会主義国は資本主義国との国際的な経済競争に敗北する。その結果、以前にもまして、人間の関係を物の関係に還元してしまう物神崇拝が蔓延することになった。近代科学が神からの人間性の回復の運動であったのとは逆に、今日では物神崇拝が人間性をかぎりなく喪失させる。

図98◆ダリの「ビキニの３つのスフィンクス」、1947年。諸橋近代美術館蔵。一番手前のきのこ雲のなかにはアインシュタインのシルエットが、２番目の樹木にはフロイトの横顔が隠されている。アインシュタインとフロイトは第二次大戦前、戦争について意見を交換をしている（ロベール・デシャルヌ、ジル・ネレ『ダリ全画集』タッシェンジャパン）

それはあらゆる場面に見られるのだが、その明白な例が科学と軍事との結託である。最先端の科学技術が駆使されて最先端の兵器が開発・製造される。第一次世界大戦では爆撃機、戦車、毒ガスなどの科学兵器が投入され、それによって一般国民も戦闘にまきこまれるようになる。第二次世界大戦では殺傷能力を飛躍させた兵器が開発される。多数の科学者と技術者を動員したマンハッタン計画はたった二発で二〇万人の市民の命を奪った原爆を製造した。その理論的な基礎となったのは特殊相対性理論から導かれた質量とエネルギーの関係と原子核物理学で、現代の宇宙論を生み出した科学が悪魔の兵器を生み出したのである。この惨劇を知りながら、あるいは知っているから今でも地球上のすべての人間をなんども殺戮できる原爆と水爆を生産し、より性能と効率の高い兵器を開発しつづける（図98）。美しい侍女は醜い侍女にも変貌した。

神が地上に洪水を送り、人類を滅亡させようとしたのはこのような時ではなかったか。神はいなくても、われわれはみずからが造りだした文明によって自滅するという終末の時を迎えているのではないのか。

## 宇宙論者アインシュタインが教えること

現代は不安と危機の時代である。未来が見えない。しかし、われわれ人間は歴史という遺産をもっていることを忘れてはならない。たしかに、いつの時代にも物と金への執着はあった。それでも、人間は物と金を超えるものへの価値も見いだそうとしていた。それによって、不安と危機の時代を乗り越えてきたのだ。

カナンの地に定住したユダヤ人の神への信仰も豊穣から宇宙の創造者への信仰となる。地中海の対岸で工業と商業によって経済的な力をつけたギリシア人にとっては、宇宙は哲学の対象となった。宇宙に秩序と美の論理を発見しようとする知的な好奇心に導かれたものであった。だから、プラトンにとっては宇宙の研究は善のイデアの探求に通ずるものであった。

宇宙を創造した神の信仰にたつキリスト教は、世界の終末と神の国の到来を説いて技術と軍事の大国ローマの暴走を押さえようとした。たしかに、キリスト教の浸透は技術主義と軍事主義のローマを衰退させた。しかし、ローマの権力とむすびついたキリスト教が人間にたいする抑圧の宗教となったとき、そのキリスト教から人間の解放に道を開いてくれたのはギリシア科学の再発見によって形成された近代科学の宇宙論であった。コペルニクスの地動説は神の支配から人間を解放する確かな第一歩となる。なお、神を放棄するには時間を要したのだが、しだいに主役は人間にとって代わられる。近代の宇宙論は解放の思想でもあった。宇宙は人間の生き方と不可分であった。

現代の宇宙論も近代科学の宇宙論者がそうであったように、なおギリシア的な精神とキリスト教の精神を受け継いでいる。科学からは神が排されたが、科学者の心には聖書の神が生きつづける。それを自覚して生きた宇宙論者が現代宇宙論の出発点にたつアインシュタインであった。

アインシュタインは、「球形の閉じられた静的な宇宙」は誤りであったにしても、なおプラトン的な宇宙を追求した物理学者であった。その一方で、第二世界大戦後には、原爆の基礎となる理論の発見者であることとともに、アメリカ大統領ルーズベルトに原爆開発の推進を促す書簡を送ったことの責任を感じ、原水爆の禁止を訴えつづけたのだが、そのアインシュタインの説いたのが「宇宙的宗教性」であった。ギリシア的なものとキリスト教的なものを真正面からうけとめ、そこに物や金を超えて確かに存在する、美と宗教性を見る。宇宙の本質を知ることは人間の生の意味をさぐることでもあった。

宇宙論者アインシュタインは現代の宇宙論への道を開いてくれただけでなく、人間を科学技術のくびきから解放してくれる道も教えてくれていた。アインシュタインが宇宙的宗教性を見いだしたように、われわれも物と金の拘束から自由になるために宇宙的なものを求めつづけねばならない。

西洋の宇宙観の歴史からも未来に生きる道を学ばねばならないということでもある。

# あとがき——日本人と西洋の宇宙観

徳川幕府はイエズス会によって日本に伝えられたキリスト教を危険視し、追放したが、キリスト教と一緒に運ばれてきた西洋の宇宙論にたいしてはとくに警戒をしなかった。そのため、その後もアリストテレスの天球地球説だけでなく、コペルニクスの地動説もなんの抵抗もなく導入された。ブルーノらによって唱えられていた無数宇宙説さえも受け容れられる。地動説をめぐる宗教裁判などには縁がない、宇宙観には寛容な国であった。

というよりも、徳川幕府だけでなく日本人が総じてそのような原理的な問題に関心をしめすことがなかったのである。アインシュタインの相対性理論にたいする態度でも変わりがない。空間と時間の相対性や曲がった空間と時間にも反論はほとんど見られない。新奇なものを新奇なものとして素直に受け容れる。

ほんとうに大地は球形なのか、どうして地球は動いているといえるのか、空間と時間とはなにか、といった原理的な問題に頭を悩ますことはない。原理的なことに煩わせられないから、先進の文明が先進の文明との理由だけで日本に入ってきた。理解されなくても入ってきた。むしろ、真底から理解されないから入ってくる。西洋にたいして理解をしめしていた新井白石も、「彼方の学のごときは、たゞ其形と器に精《くわ》しき事を、所謂《いわゆる》形而下なるものゝみを知りて、形而上なるものはあづかり聞かず」(『西洋紀聞』)と述べて、西洋の学の原理的、形而上学的なところを見ようとしない。

キリスト教が日本の地に根づかなかったのも幕府の政策が原因というだけではない。善悪を峻別する原理的な神ヤハヴェの信仰に根ざすキリスト教を受け容れる精神的な土壌が日本にはなかったからである。そのかわり原理的な思考が問われない技術は日本でよく育った。おかげで、技術大国になり、経済大国になった。物と金の信仰がもっともよく受け容れられた国となった。すでに二十世紀のはじめに、夏目漱石も「地球が地軸を回転するのは何の作用かわからないが、世の中を動かすものは慥《たし》かに金である」(『吾輩は猫である』)と述べていたようにである。

原理的なもの、論理的であることは重視されない。憲法さえもがそうだ。規則よりも現実が優先する。言葉のもつ重みのなさ、「ことば」は真実の一部にすぎない「事の端《は》」、言葉が論理《ロゴス》であるのとは対極にある。だから、あらゆる場面で、物は言いようが通用する。責任などということはほとんど死語となる。

現実はそうなのだが、それを日本的といって容認するならば、未来はないだろう。新しい社会を築くことはできないだろう。未来の日本に期待をもとうとするならば、西洋的宇宙観を支えている論理性と倫理性にも学ばなければならないのは明らかだ。物と金の現実主義を抜け出て、言葉が正しく機能し、善と悪を明確に区別できる日本人とならねばならない。

それに、現代の日本人も心のどこかで物と金の至上主義の空しさに気づきはじめているのではなかろうか。奢侈と飽食にありつけても心底からの安らぎはえられない。今の生活には満ち足りても、将来にたいする不安は消えない。日本人も世界的な終末を感じとっているのだ。つぎの時代を生き抜くための宇宙観が求められているということだ。

◇

ということで、以前に『日本人の宇宙観——飛鳥から現代まで』を上梓したのだが、そのときから、西洋の宇宙観もまとめたいと考えていた。あわせて東洋の宇宙観も書かねばならないとも思っていた。「日本人の宇宙観」をさぐるのにはそれが欠かせないからだけでなく、地球に生きる人間として、人類の歴史としての宇宙観を学ばねばならないと信じていたからである。

ところが、私の周囲の状況はそれを許してくれなかった。大学で改革の動きが強まっていたのである。国の文教政策をとおして、産業界から実学重視と管理の強化の攻勢が以前にもまして強くなったことはいうまでもないが、大学の教師の意識にも大きな変化がみられていた。批判の精神は見事に消え失せ、大勢の態度は、実学重視と管理の強化の動きに抵抗するのではなく、早々とそれにどう順応すべきかに切り替えられていった。じつは、推進する側にまわっていたのである。だから、国立大学の独立行政法人化でも、結局のところ、当然のようにそれを受け容れた。

いったい教育とはなんであったのか。教育基本法のいう「人格の完成」や大学における「教養教育」の意味はどこにあったのか。大学が大学らしさを喪失しようとしているのも、日本の大学の現場には「人格の完成」も「教養教育」が定着しなかったことに最大の原因があったのではなかったか。そうして、私は「修己治人」が目標に掲げられていた江戸時代の儒教教育にまでさかのぼって、教育の意味を考えねばならなかった。自由になる少ない時間はそれに費された。大学のありかたを批判する私自身がそれに無理解では話にならない。

この教育の問題はなお私の手から離れていないのだが、しかし、「宇宙」のテーマは教育の問題とも深く関係することも認識していた。教育の内容のほうにも力を注がねばならない。プラトンにとって、宇宙の探求は「人格の完成」と結びつけられていたのではないのか。私にとっても、教養教育に相応しい課題と考えて「宇宙」を学生に講じてきたのだ。なにをどう教えるのか、それについても書かねばならない。

それでも、シュメール時代から現代までの宇宙観をひとつの歴史として語ることは、私には容易なことではなかった。ただ、未来にむけた人間の生き方を学ぼうとするには過去の人間の宇宙観にも目を向けなければならなたい、学生に語りつづけなくてはならないという信念だけは失わなかったから、なんとか、ここまでたどりつけたといえよう。

その信念をこのような形にまとめることができたのは、紀伊國屋書店出版部の力添えがあってのことであるのはいうまでもない。しかも、アインシュタインの最初の宇宙論というべき特殊相対性理論が発表されてちょうど一〇〇年目という記念すべき時に刊行できたのは望外の喜びであった。それは、ひとえに水野寛さんの奮闘努力のお陰である。『東と西の宇宙観』という本書のタイトルも水野さんの提案である。当初、私はそれなら『西と東の宇宙観』をと強く主張したのだが、いまでは『東と西の宇宙観』でよかったと考えている。心からのお礼を申し述べたい。

## 注

（古典的な文献については「文献リスト」を参照のこと）

### 第1章　神々の天地――メソポタミア神話の宇宙観

◇1　印章は壺の封印のためなどに使われたと考えられている。初期のものは粘土に押して型をつけるスタンプ式の印章で、それはエジプト、ヨーロッパ、インド、中国に広まった。が、楔形文字が出現したころのシュメールでは回転させて型をとる円筒印章が主流となる。印章の材料は石英、紅玉髄、ラピスラズリなど、図5・6・7・10などに見られように守護神や神話的、祭祀の場面の図像が彫られていた。

◇2　N・クレーマー『歴史はスメールに始まる』佐藤輝夫・植田重雄訳、一九五九年、一九ページ。

◇3　中島健一『古代オリエント文明の発展と衰退』校倉書房、一九七三年、一〇七ページ。

◇4　牛や野生のロバにつながれた車の技術は前三千紀のうちにヨーロッパ（古ヨーロッパ）やインド（インダス文明）に普及した。前二〇〇〇年ごろには北メソポタミアで馬が繋がれ、車輪にスポークが使われた戦車が開発された。この馬の戦車もヨーロッパ、エジプトからインド、中国にも伝わる（荒川紘『車の誕生』海鳴社、一九九一年）。

◇5　『古代オリエント集』杉勇ほか訳、筑摩書房、一九七八年、三八ページ。

◇6　アッカド語にはアッシリア、バビロニアの二大方言があるので、アッシリア・バビロニア語ともよばれた。日常語はアッカド語となっても、文学や学問の用語としてのシュメール語は命脈をたもち、新バビロニア時代までつかわれた。

◇7　前田徹『メソポタミアの王・神・世界観』山川出版社、二〇〇三年、五五ページ。

◇8　前掲、クレーマー『歴史はスメールに始まる』八二ページ。

◇9　同個所。

◇10　シュメールでは「宇宙」はアンキとよばれた（前掲、クレーマー『歴史はスメールに始まる』七七ページ）。この創成神話が語るように、天アンと大地キからなると見られていたのである。中国で宇宙が「天地」と称されていたのと同じようにである。

◇11　H・フランクフォート、H・A・フランクフォート、ジョン・A・ウイルソン、トーキルド・ヤコブセン『古代オリエントの思想と神話』山室静・田中明訳、社会思想社、一九七八年、二〇〇ページ。

◇12　前掲、クレーマー『歴史はスメールに始まる』八一ページ以下。

◇13　前掲、フランクフォートほか『古代オリエントの思想と神話』八二ページ。

◇14　前掲、クレーマー『歴史はスメールに始まる』一〇三ページ。

◇15 同書、一〇五ページ。
◇16 前掲、『古代オリエント集』一〇七ページ。
◇17 前掲、フランクフォートほか『古代オリエントの思想と神話』二一一ページ。
◇18 Jeremy Black *Gods,Demons ands Symbols of Ancient Mesopotamia.* British Museum Press, 1992, p. 56.
◇19 荒川紘『龍の起源』紀伊國屋書店、一九九六年、一〇八ページ。
◇20 前掲、中島健一『古代オリエント文明の発展と衰退』六〇ページ。
◇21 M・リュッタン『バビロニアの科学』矢島文夫訳、白水社、一九六二年、一〇四ページ。
◇22 C・ブラッカー、M・ローウェ編『古代の宇宙論』矢島祐利訳、海鳴社、一九七六年、五五ページ。
◇23 平田寛『科学の起源』岩波書店、一九七四年、一六〇ページ。
◇24 M. Huxley "The Shape of the Cosmos According to Cuneiform Sources." JRAS 3 : 7 : 2 (1997).
◇25 大熊座は中国でも天子の乗る「帝車」と称されていた。
◇26 アンドレ・パロ『ニネヴェとバビロン』並木居斉二訳、みすず書房、一九五五年、一一六ページ。
◇27 同書、一一七ページ。
◇28 H・フランクフォート『古代オリエント文明の誕生』曽田淑子・森岡妙子訳、岩波書店、一九六二年、七七ページ。
◇29 ニーダム『中国の科学と文明3』吉川忠夫ほか訳、思索社、一九六一年、三九五ページ。おなじような占星術の記述は中国の『史記』「天官書」にも見られ、ニーダムもバビロニアからの伝播説を支持している。
◇30 前掲、平田寛『科学の起源』一四四ページ。
◇31 前掲、リュッタン『バビロニアの科学』一二九ページ。
◇32 同書、四三ページ。
◇33 前掲、フランクフォート『古代オリエント文明の誕生』一八一ページ。
◇34 同書、一六九ページ。
◇35 同書、一七四ページ以下。
◇36 J・チェルニー『エジプトの神々』吉成薫・吉成美登里訳、六興出版、一九八八年、五四ページ以下。
◇37 同書、六三ページ以下。
◇38 同書、六六ページ。
◇39 前掲、平田寛『科学の起源』三三ページ。

## 第2章　唯一神による万物の創造――ユダヤ教の宇宙観

◇1 山形孝夫『聖書の起源』講談社、一九七六年、八八ページ以下。
◇2 G・E・ライト『概説聖書考古学』山本七平訳、修文社、一九六四年、一九ページ。
◇3 高橋正男『旧約聖書の世界』二七三ページ。前八世紀の南ユダの総人口は二五万人ほどと推定されている。
◇4 シーセル・ロス『ユダヤ人の歴史』みすず書房、一九六六年、四四ページ。前五一五年に神殿の再建がなった。
◇5 S・H・フック『オリエント神話と聖書』吉田泰訳、山本書店、一九六七年、一七七ページ。

◇6 エロヒームはカナンの最高神エルの複数形である。ここにもカナン神話の影響がみとめられるが、複数形がつかわれている理由は判然としない。多神教の名残りとか権威の表現と説かれている。もちろん、聖書の編者は一人の神と考えていたのであって、そこに使われる動詞は単数の主語をうける動詞である。エロヒームとヤハウェとは同格の神とみており、第四章からはヤハウェがつかわれ、第二章では二神を橋渡しするかのように「主なる神」ヤハウェ・エロヒームとよばれる。

◇7 米倉充『創世記』人文書院、一八八四年、二四ページ。

◇8 リン・ホワイト『機械と神』青木靖三訳、みすず書房、一九七二年、七六ページ以下。

◇9 前掲、『古代オリエント集』一五ページ。

◇10 マルコム・ゴドウィン『天使の世界』大瀧敬裕訳、青土社、一九九三年、一七九ページ以下。

◇11 前掲、ロス『ユダヤ人の歴史』五三ページ。

◇12 岡田明憲『ゾロアスターの神秘思想』講談社、一一六ページ。

◇13 同書、二六ページ。

## 第3章　美と幾何学の発見——ギリシア哲学の宇宙論

◇1 荒川紘『東と西の宇宙観　東洋篇』紀伊國屋書店、二〇〇五年、二七ページ。

◇2 オケアノスは子のアケロオスが下半身を蛇の姿をとることもあって、蛇の神と考えられる。そのためであろう、大蛇オピオンにかわってオケアノスが大地を取り囲んでいるとされた（R・グレーブス『ギリシア神話・上』紀伊國屋書店、一九六二年、二〇ページ）。

◇3 ギリシア人が円形の天と大地の観念をバルカン半島に南下する以前から抱いていた可能性も否定できない。平原に住む人々が大地を円形と見るのは自然であって、ギリシア人と同じインド・ヨーロッパ語族のアーリア人も『リグ・ヴェーダ』のなかでアーリア人の主神インドラが天と地を車軸の両側の車輪のように創造したと述べていた。

◇4 W・K・C・ガスリー『ギリシア人の人間観』岩田靖夫訳、白水社、一九七八年、四五ページ。

◇5 前掲、グレーブス『ギリシア神話・上』一七ページ。

◇6 同書、一二一ページ。

◇7 荒川紘『科学と科学者の条件』海鳴社、一九八九年、一六五ページ以下。

◇8 B・ファリントン『ギリシャ人の科学・上』出隆訳、岩波書店、一九五五年、四六ページ。

◇9 アナクシマンドロスの宇宙論については、前掲、荒川紘『科学と科学者の条件』で詳説した。

◇10 J・バーネット『初期ギリシア哲学』西川亮訳、以文社、一九七五年、一〇三ページ。

◇11 中国の渾天説では、天体は天球とともに大地のまわりを回転するが、大地は方形で、水の上に浮かぶ。宙に浮く球形の大地の観念を知るのはイエズス会の宣教師が中国にアリストテレスの宇宙論を伝えたときである（前掲、荒川紘『東と西の宇宙観　東洋篇』二〇二ページ）。

◇12 前掲、荒川紘『東と西の宇宙観　東洋篇』七八ページ。

◇13　T・L・ヒース『復刻版ギリシア数学史』平田寛・大沼正則・菊池俊彦訳、共立出版、一九九八年、八六ページ。
◇14　前掲、平田寛『科学の起源』二五七ページ。
◇15　廣川洋一『プラトンの学園アカデメイア』岩波書店、一九八〇年、一二二ページ。
◇16　G・E・R・ロイド『初期ギリシア科学』山野耕治・山口喜久訳、法政大学出版会、一九九四年、一二四ページ。
◇17　前掲、ヒース『ギリシア数学史I』八八ページ。
◇18　前掲、平田寛『科学の起源』一四四ページ
◇19　A・H・アームストロング『古代哲学史』岡野昌雄・川田親之訳、みすず書房、一九八七年、五七ページ。
◇20　実際には輝くということ。そこから、後には光を伝える媒質の意味でつかわれた。アナクサゴラスは火をアイテールとよんでいた。
◇21　前掲、アームストロング『古代哲学史』一二二ページ。
◇22　前掲、平田寛『科学の起源』三八二ページ。

## 第4章　科学の宇宙から心の宇宙へ――ヘレニズム・ローマの時代

◇1　この値はエウドクソスとクリッポスとみられている「数学者」の見解である。この数値は現実の値や後述のエラストテネスがえた値よりもかなり大きいが、アリストテレスの門下のディカイアルコス（前三〇〇年ころ）は実際に近い三〇万スタディオンと計算していた（前掲、平田寛『科学の起源』三九八ページ）。
◇2　アレクサンドリアとシエネは同経度、その間の距離は五〇〇〇スタディオンとされていた。夏至のときには、シエネでは太陽はちょうど真上にあって影はできないが、アレクサンドリアでは七度一二分の影をつくった。
◇3　スタディオンの長さは時代と場所によって変わる。一七八メートル説では四万四五〇〇キロメートルとなる。
◇4　地球中心説によると、太陽と水星と金星の回転周期には違いがない。そのため、その順序を決定することが難しかった。
◇5　織田武雄『地図の歴史』講談社、一九七三年、三二ページ。
◇6　伊東俊太郎『科学の源流』中央公論社、一九七八年、一二三ページ。
◇7　G・E・R・ロイド『後期ギリシア科学』山野耕治・山口義久・金山弥平訳、法政大学出版会、二〇〇〇年、二五六ページ。
◇8　Ch・シンガー、E・A・アンダーウッド『医学の歴史1』酒井シズ・深瀬泰旦訳、朝倉書店、一九八五年、四八ページ以下。
◇9　同書、六一ページ以下。
◇10　『ウィトルーウィウス建築書』森田慶一訳注、東海大学出版会、一九七九年、二五七ページ。
◇11　前掲、平田寛『科学の起源』四九五ページ。
◇12　E・グラント『中世の自然学』横山雅彦訳、みすず書房、一九八二年、一二八ページ。
◇13　前掲、アームストロング『古代哲学史』一六八ページ。
◇14　ジャン・ブラン『ストア哲学』有田潤訳、白水社、一九八二年、一〇〇ページ。
◇15　B・ラッセル『西洋哲学史』市井三郎訳、みすず書房、

一九六九年、二六三ページ。
◇16　同書、二六五ページ。
◇17　ジャン・ブラン『エピクロス哲学』有田潤訳、白水社、一九八〇年、一六ページ。
◇18　前掲、アームストロング『古代哲学史』二三五ページ。
◇19　同書、二五四ページ。
◇20　E・フォースター『アレクサンドリア』中野康司訳、晶文社、一九八八年、一二一ページ。

## 第5章　無からの創造——キリスト教の宇宙観

◇1　トーマス・クーン『コペルニクス革命』常石敬一訳、紀伊國屋書店、一九七六年、一五二ページ。
◇2　ジョン・ドレイパー『宗教と科学の闘争史』平田寛訳、社会思想社、一九七八年、七五ページ。
◇3　前掲、織田武雄『地図の歴史』四八ページ。
◇4　A・D・ホワイト『科学と宗教との闘争』森島恒雄訳、岩波書店、一九六八年、一五ページ。
◇5　前掲、グラント『中世の自然学』二二ページ。
◇6　平石善司『フィロン研究』創文社、一九九一年、一三七ページ以下。
◇7　同書、二一四ページ。
◇8　同書、三三八ページ。
◇9　M・エリアーデ『世界宗教史II』島田裕也・柴田史訳、筑摩書房、一九九一年、三八七ページ。
◇10　山本由美子『マニ教とゾロアスター教』山川出版社、一九九八年、三三ページ
◇11　半田元夫・今野國雄『キリスト教史1』山川出版社、一九七七年、二四三ページ以下。
◇12　前掲、トーマス・クーン『コペルニクス革命』一五一ページ。
◇13　同個所。
◇14　Ch・シンガー『魔術から科学へ』平田寛・平田陽子訳、社会思想社、一九六九年、九〇ページ。

## 第6章　ユダヤとギリシアの融合——スコラ哲学の宇宙観

◇1　中村廣次郎『イスラム』東京大学出版会、一九九六年、四四ページ。
◇2　嶋田襄平『イスラム教史』山川出版社、一九七八年、三三ページ。
◇3　佐藤任『古代インドの科学思想』東京書籍、一九八八年、二四六ページ以下。ギリシア語で書かれたプトレマイオスの天文学が訳されて『アルマゲト』が生まれるのは八世紀末、その前にプトレマイオスの天文学を記したインドのアーリヤバタの『アーリヤバティーヤ』がアラビアに伝えられていた。
◇4　藪内清『中国の天文暦法』岩波書店、一九六九年、二四三ページ以下。このイスラムの天文観測の装置は元代の中国とムガール帝国のインドにも伝えられた。アレクサンドリアの天文学はイスラムを介してアジアにも拡大した。
◇5　S・メイスン『科学の歴史・上』矢島祐利訳、岩波書店、一九五五年、九八ページ。

◇6 海野一隆『地図の文化史』八坂書房、一九九六年、四七ページ。
◇7 前掲、嶋田襄平『イスラム教史』一二九ページ。
◇8 ハワード・R・ターナー『図説・科学で読むイスラム文化』久保儀明訳、青土社、二〇〇一年、一〇一ページ。
◇9 同書、二一八ページ。
◇10 アウン・ド・リベラ『中世の哲学史』阿部一智他訳・新評論、一九九九年、一三四ページ。
◇11 F・C・コプルストン『中世の哲学』箕輪秀二・柏木英彦訳、慶応通信、一九六八年、六八ページ。
◇12 M・J・アドラー『天使とわれら』稲垣良典訳、講談社、六四ページ。
◇13 稲垣良典『トマス・アクィナス』清水書院、一九九二年、三四ページ。
◇14 田中千里『イスラム文化と西欧』講談社、一九九一年、一五四ページ。
◇15 前掲、稲垣良典『トマス・アクィナス』一六三ページ。
◇16 前掲、アドラー『天使とわれら』一二二ページ。
◇17 佐々木英也『天使のためのルネサンス』日本放送出版協会、二〇〇〇年、一八ページ。
◇18 前掲、シンガー『魔法から科学へ』一二一ページ。
◇19 A・C・クロムビー『中世から近代への科学史・下』渡辺正雄・青木靖三訳、コロナ社、一九六八年、五三ページ以下。
◇20 伊藤勝彦『デカルト』清水書院、一九八九年、五七ページ。
◇21 前掲、クロムビー『中世から近代への科学史』七〇ページ。
◇22 オットー・マイヤー『時計じかけのヨーロッパ』忠平美幸訳、平凡社、一九九七年、五四ページ。水車仕掛けの天文時計はイスラム世界で製作されており、ヨーロッパに伝えられた。
◇23 前掲、グラント『中世の自然学』一一〇ページ以下。
◇24 同書、一一六ページ。
◇25 A・コイレ『閉じた世界から無限宇宙へ』横山雅彦訳、みすず書房、一九七三年、五ページ以下。
◇26 同書、一一ページ。
◇27 荒川紘『日本人の宇宙観』紀伊國屋書店、二〇〇一年、二六二ページ。
◇28 前掲、荒川紘『東と西の宇宙観　東洋篇』二六九ページ。
◇29

## 第7章　宇宙の主役は人間に――近代科学の成立

◇1 高橋憲一訳・解説『コペルニクス・天球回転論』みすず書房、一九九三年、七九ページ。
◇2 A・ケストラー『コペルニクス』有賀寿訳、すぐ書房、一七七八年、一八二ページ。
◇3 前掲、クーン『コペルニクス革命』一八五ページ。
◇4 村上陽一郎『西欧近代科学』新曜社、一九七一年、九七ページ。
◇5 同書、九五ページ。
◇6 A・ケストラー『ヨハネス・ケプラー』小尾信弥・木村博訳、河出書房新社、一九七一年、二〇四ページ。
◇7 ジョルダノ・ブルーノ『無限、宇宙および諸世界につい

◇8 て』清水純一訳、岩波書店、一九八二年、二八八ページ。

◇9 空虚（真空）の存在をめぐっておこなわれたデカルトとガッサンディ論争は、一六四一年から四六年までつづけられた。そのようななかで、パスカルの真空の実験もおこなわれた。

◇10 『デカルト著作集第三巻』三宅徳嘉ほか訳、白水社、二〇三ページ。

◇11 H・バターフィルド『近代科学の誕生・下』渡辺正雄訳、講談社、一九七八年、三四ページ。

◇12 前掲、マイヤー『時計じかけのヨーロッパ』一二〇ページ。

◇13 同書、一二四ページ。

◇14 青木靖三『ガリレオ・ガリレイ』岩波新書、一九六五年、三六ページ。

◇15 Ch・シンガー、E・A・アンダーウッド『医学の歴史1』酒井シヅ訳、朝倉書店、九七ページ。

◇16 同書、一二五ページ。

◇17 R・S・ウェストフォール『近代科学の形成』渡辺正雄・小川真里子訳、みすず書房、一三三ページ。

◇18 中村禎里『近代生物学史論集』みすず書房、二一三ページ以下。

◇19 ジョルジョ・ド・サンティリャーナ『ガリレオ裁判』一瀬幸雄訳、岩波書店、一九七三年、九四ページ以下。

◇20 渡辺正雄編『ケプラーと世界の調和』共立出版、一九九一年、五六ページ（E・J・エイトン論文）。

ケプラーの書物はガリレオの『天文対話』と比較してはるかに難解であるからとの見方もある。

◇21 前掲、サンティリャーナ『ガリレオ裁判』五八九ページ以下。

◇22 そうして生まれた地球には地殻が形成され、その上には人間をふくむさまざまな物体が生成された（『哲学原理』第四部）。デカルトは生命の起源については言及しないが、それも、太陽や地球とおなじ原理、力学的な法則のみで生成されたと考えていたはずである（『人体の記述』）。

◇23 前掲、バターフィルド『近代科学の誕生・下』二一ページ。

◇24 野田又夫『世界の名著32・カント』中央公論社、一九七二年、三八ページ。

◇25 近藤洋逸・藤原佳一郎『科学思想史』青木書店、一九五九年、一四九ページ。

◇26 ジャロップ・ロジェ『大博物学者ビュフォン』ベカエール直美訳、工作舎、一九九二年、一四四ページ以下。

◇27 鈴木敬信『天文学通論』地人書館、一九八三年、四三六ページ

◇28 特殊相対性理論とおなじ一九〇五年にアインシュインが発表した論文「光の変脱と変換に関する一つの発見的な見地について」で提唱された光量子説で光の粒子説は復活し、光は波動と粒子の二面性をもつことが明らかにされた。

◇29 前掲、バターフィルド『近代科学の誕生・下』一六五ページ。

◇30 村上陽一郎『科学者とはなにか』新潮社、一九九四年、三九ページ。

◇31 荒川紘『世界を動かした技術＝車』海鳴社、一九九三年、一〇二ページ以下。

## 第8章　人間はどこへ――現代の宇宙論

◇1 特殊相対性理論の時空構造を空間と時間とが融合する四次元空間として数学的に定式化したのが、数学者のヘルマン・ミンコフスキーである。それが発表されたのは一九〇七年、そのときミンコスキーはゲッチンゲン大学の教授だったが、以前に勤務していたチューリッヒ工科大学ではアインシュタインの数学の師だった。学生時代のアインシュタインを怠け者であったと回顧するミンコフスキーは、特殊相対性理論の意義を認識した最初の一人である。アインシュタインもまたミンコフスキーの時空間の理論を高く評価した（C・ゼーリッヒ『アインシュタインの生涯』広重徹訳、東京図書、一九七四年、一九ページ）。

◇2 雑誌『改造』を発行していた改造社の招待で一九二二（大正一一）年一一月一七日に来日、東京、仙台、名古屋、京都、大阪、福岡で講演、一二月二九日に帰国した。東京大学での連続講義では、特殊相対性理論と一般相対性理論につづいて宇宙論もとりあげられた。（金子務『アインシュタイン・ショック』河出書房新社、一九九一年）。

◇3 ケフェウス型変光星の脈動周期とその星の明るさには一定の関係が存在するので、脈動周期の測定からその星の本来の明るさがわかる。一方、星の見かけの明るさは、その距離によって決まるので、ケフェウス型変光星の見かけの明るさを測定することから、星までの距離が算出できる。

◇4 ハッブルは多くの銀河にふくまれるケフェウス型変光星を観測して銀河の距離を算出するとともに、その銀河の星の放つ光のスペクトルを分析、銀河が観測者から後退することで銀河の放つ光の波長がのびる赤方偏移の大きさを求めた。その結果、個々の銀河は星の距離に比例する速度でわれわれの「銀河系」から後退していることが明らかになった。

◇5 前掲、荒川紘『科学と科学者の条件』二八一ページ以下。

◇6 P・フランク『アインシュタイン』矢野健太郎訳、岩波書店、一九三一年、三九五ページ。

◇7 同書、二六四ページ。

◇8 『アインシュタイン選集3』井上健・中村誠太郎編訳、共立出版、一九七二年、二二八ページ。

◇9 B・ホフマン『アインシュタイン』鎮目恭夫・林一訳、河出書房新社、一九七四年、九〇ページ。

◇10 前掲、『アインシュタイン選集3』五八ページ。

◇11 B・ホフマン『アインシュタイン』鎮目恭夫・林一訳、河出書房新社、一九七四年、九〇ページ。

◇12 J・ガモフ『1、2、3……無限大』白揚社、一九五一年、四二七ページ。

◇13 F・ホイル『宇宙の本質（第2版）』鈴木敬信訳、法政大学出版会、一九七五年、一一六ページ。

◇14 S・W・ホーキング『ホーキング　宇宙を語る』林一訳、早川書房、一九八九年。

◇15　佐藤勝彦『宇宙はわれわれの宇宙だけではなかった』同文書院、一九九一年、一九八ページ。

◇16　同書、一八〇ページ。

## 文献リスト

◇ここには本書にでてくるすべての書物をあげてはいない。文章を引用したものであること、また日本での刊行物となっていることを基準として掲載した。
◇タイトルの五十音順に並べた。


『アストロノミコン』（マルクス・マリニウス）、有田忠郎訳『占星術または天の聖なる学』、白水社、1978年。

『アルマゲスト』（プトレマイオス）、藪内清訳、恒星社厚生閣、1982年。

『イリアス』（ホメーロス）、呉茂一・高津春繁訳『世界古典文学全集１・ホメーロス』筑摩書房、1964年。

『宇宙の神秘』（ケプラー）、大槻真一郎・岸本良彦訳、工作舎、1982年。

『運動について』（ガリレオ）、伊東俊太郎『人類の知的遺産31・ガリレオ』講談社、1985年）、

『エチカ』、畠中尚志訳、岩波書店、1975年。

『エピクロス』、出隆・岩崎允胤訳『エピクロス・教説と手紙』、岩波書店、1969年。

『エヌマ・エリシュ』、杉勇ほか訳『筑摩世界文学大系１・古代オリエント集』筑摩書房、1978年。

『エンキとニンフルサグ』、杉勇ほか訳『筑摩世界文学大系１・古代オリエント集』筑摩書房、1978年。

『オディッセイア』（ホメーロス）、呉茂一・高津春繁訳『世界古典文学全集１・ホメーロス』筑摩書房、1964年。


『神の国』（アウグスティヌス）、服部英次郎訳、岩波書店、1983年。

『機械学』（ガリレオ）、豊田利幸ほか訳『世界の名著21・ガリレオ』中央公論社、1973年。

『幾何学原論』（エウクレデス）、田村松平編、『世界の名著９・ギリシア科学』中央公論社、1972年。

『ギリシア哲学者列伝』（ゲオゲネス・ラエルティオス）、加井彰俊訳、岩波文庫、1984年。

『ギルガメシュ』、杉勇ほか訳『筑摩世界文学大系１・古代オリエント集』筑摩書房、1978年。

『形而上学』（アリストテレス）、出隆訳『アリストテレス全集12』岩波書店、1968年。

『建築書』（ウィトルーウィウス）、森田慶一訳注『ウィトルーウィウス建築書』東海大学出版会、1979年。

『光学』（Ｉ．ニュートン）、阿部良夫・堀伸夫訳、岩波書店、1983年。

『洪水伝説』、杉勇ほか訳『筑摩世界文学大系１・古代オリエント集』筑摩書房、1978年。

『告白』（アウグスティヌス）、服部英次郎訳、岩波書店、1976年。

『国家』（プラトン）、藤沢令夫訳『プラトン全集11』岩波書店、1976年。

『コーラン』、井筒俊彦訳、岩波書店、1964年。

『仕事と日』（ヘシオドス）、松平千秋訳、岩波書店、1986年。

『自省録』（マルクス・アウレニウス）、鹿野治助編『世界の名著13・キケロ、エピクテトス、マルクス・アウレニウス』中央公論社、1968年。

『自然の解釈に関する思索』（ディドロ）、小場瀬卓三・平岡昇監修『ディドロ著作集・第1巻』法政大学出版会、1976年。

『新科学対話』（ガリレオ・ガリレイ）、今野武雄・日田節次訳、岩波文庫、1937年。

『動物の心臓ならびに血液の運動に関する解剖学的研究』（W.ハーヴェイ）、暉峻義等訳、岩波書店、1961年
『ジュリアス・シーザー』（シェイクスピア）、福田恆存訳、新潮社、1985年
『純粋理性批判』（カント）、高峯一愚訳、河出書房新社、1989年。

『神学大全』（トマス・アクィナス）、高田三郎ほか訳『神学大全』、創文社、1972—2005年。

『神曲』（ダンテ）、野上素一訳『筑摩世界文学大系6・ダンテ』筑摩書房、1962年。

『神統記』（ヘシオドス）、廣川洋一訳、岩波書店、1984年。

『スキピオの夢』（キケロ）、鹿野治助編『世界の名著13・キケロ、エピクテトス、マルクス・アウレリウス』中央公論社、1968年。

『砂粒を算えるもの』（アルキメデス）、田村松平編『世界の名著9・ギリシア科学』中央公論社、1972年。

『星界の報告』（ガリレオ）、山田慶児・谷泰訳『星界の報告他一篇』岩波書店、1976年。

『聖書』新共同訳、日本聖書協会、2001年
『世界の調和』（ケプラー）、『世界大思想全集31・ガリレオ、ケプラー』河出書房新社、1963年。

『ソクラテス以前哲学者断片集』、内山勝利編、岩波書店、1996—98年。

『ソクラレスの思い出』（クセノフォン）、佐々木理訳、岩波書店、1994年。

『ソクラテスの弁明』（プラトン）、久保勉訳、岩波書店、1991年。


『太陽と月の大きさと距離について』（アリスタルコス）、田村松平編『世界の名著9・ギリシア科学』中央公論社、1972年。

『単子論』（ライプニッツ）、河野与一訳、岩波文庫、1951年。

『ティマイオス』（プラトン）、種山恭子訳『プラトン全集12』岩波書店、1975年。

『哲学原理』（デカルト）、三輪正ほか訳『デカルト著作集・3』白水社、1973年。

『哲学書簡』（ヴォルテール）、串田孫一編『世界の名著29・ヴォルテール、ディドロ、ダランベール』中央公論社、1980年。

『哲学序説』（デカルト）、落合太郎訳、岩波書店、1967年。

『天界の一般自然史と理論』（カント）、高峯一愚訳『カント全集第10巻』理想社、1972年。

『天球の回転について』（コペルニクス）、矢島祐利訳『天体の回転について』岩波書店、1953年。

『天体論』（アリストテレス）、村治能就・戸塚七郎訳『アリストテレス全集4』岩波書店、1968年。

『天文対話』（ガリレオ・ガリレイ）、青木靖三訳、岩波文庫、1959年。


『偽金鑑識官』（ガリレオ・ガリレイ）、豊田利幸編『世界の名著21・ガリレオ』中央公論社、1973年。

『人間機械論』（ラ・メトリ）、杉捷夫訳、岩波文庫、1957年。

『人間の創造』、杉勇ほか訳『筑摩世界文学大系１・古代オリエント集』筑摩書房、1978年。

『年代記』（タキトゥス）、国原吉之助訳、岩波書店、1981年。


『バアールとアナト』、杉勇ほか訳『筑摩世界文学大系１・古代オリエント集』筑摩書房、1978年。

『パイドン』（プラトン）、松永雄二訳『プラトン全集１』岩波書店、1975年。

『パンセ』（パスカル）、前田陽一編『世界の名著24・パスカル』中央公論社、1966年。

『バビロンの新年祭』、杉勇ほか訳『筑摩世界文学大系１・古代オリエント集』筑摩書房、1978年。

『法律』（プラトン）、森進一ほか訳『プラトン全集13』岩波書店、1976年。

『法律について』（キケロ）、鹿野治助編『世界の名著13・キケロ、エピクテトス、マルクス・アウレリウス』中央公論社、1968年。


『無限、宇宙と諸世界について』（Ｊ.ブルーノ）、清水純一訳、岩波文庫、1982年。

『盲人に関する手紙』（ディドロ）、小場瀬卓三・平岡昇監修『ディドロ著作集・第１巻』法政大学出版会、1976年。

『物の本質について』（ルクレティウス）、樋口勝彦訳、岩波書店、1961年。


『歴史』（ヘロドトス）、松平千秋訳、岩波書店、1971年。

## 人名索引

### ア

## カ



## サ

## マ



## ヤ



## ラ

■著　者：荒川《あらかわ》　紘《ひろし》
1940年福島県生まれ。東北大学理学部卒。現在、静岡大学人文学部教授。科学思想史専攻。著書に、『日本人の宇宙観』『龍の起源』（以上、紀伊國屋書店）、『古代日本人の宇宙観』『日時計＝最古の科学装置』『科学と科学者の条件』『車の誕生』『世界を動かす技術＝車』（以上、海鳴社）など。

東と西の宇宙観〈西洋篇〉

2005年10月1日　第1刷発行

BOOKS KINOKUNIYA

発行所　株式会社　紀伊國屋書店
東京都新宿区新宿3−17−7
出版部（編集）電話 03(5469)5919
ホールセール部（営業）電話 03(5469)5918
東京都渋谷区東3−13−11
郵便番号 150-8513


ISBN4-314-00995-0 C0021
Printed in Japan

印刷・製本　中央精版印刷